Klaus Köhn

Psychoanalyse und Verbrechen

Grundlagen einer psychoanalytischen Kriminologie

Klaus Köhn

Psychoanalyse und Verbrechen

Grundlagen einer psychoanalytischen Kriminologie

Springer Fachmedien Wiesbaden GmbH

Die Deutsche Bibliothek — CIP-Einheitsaufnahme

Köhn, Klaus:
Psychoanalyse und Verbrechen : Grundlagen einer psychoanalytischen Kriminologie / Klaus Köhn.
(DUV : Psychologie)
ISBN 978-3-663-01642-7 ISBN 978-3-663-01641-0 (eBook)
DOI 10.1007/978-3-663-01641-0

Satz: Angelika Zierer-Kuhnle, Berlin

ISBN 978-3-663-01642-7

Für Marlene

Schicksal, das wußte er jetzt,
kam nicht von irgendwo her,
es wuchs in seinem Innern.

Hermann Hesse

Inhalt

Vorbemerkung

Das Verbrechen ist nicht das Schicksal, das uns von außen zuwächst, sondern es ist in uns. 35 Jahre im Polizeidienst des Landes Nordrhein-Westfalen haben mir diese Erkenntnis im Umgang mit den menschlichen Schattenseiten vermittelt.

Nach neun Jahren Dienst in der Schutzpolizei sammelte ich von 1963 bis 1971 meine Erfahrungen als kriminalpolizeilicher Sachbearbeiter in der praktischen Verbrechensbekämpfung.

Von 1972 bis 1989 war ich beim Polizeipräsidenten in Bonn mit der statistischen Erfassung der Kriminalität und mit Kriminalitätsanalysen befaßt. Darüber hinaus verwaltete ich in diesen Jahren Akten über Menschen, die – wie es in der Amtssprache der Polizei heißt– kriminalpolizeilich in Erscheinung getreten sind. Jede Akte beinhaltet ein menschliches Einzelschicksal, das auf dem Prüfstein steht, wenn zu entscheiden ist, ob die Akte vernichtet oder weiter aufbewahrt wird. Danach habe ich die Leitung der Fahndung übernommen. Meine Erfahrungen habe ich seit 1978 als nebenamtlicher Lehrbeauftragter für Kriminologie an der Fachhochschule für öffentliche Verwaltung des Landes Nordrhein-Westfalen in Köln umgesetzt, so daß ich meine kriminologisch-kriminalistische Arbeit vor Ort mit einer Lehrtätigkeit verbunden habe.

Wissenschaft und Praxis haben mich angeregt, Kriminologie als Lehre von den Entstehungszusammenhängen und Erscheinungsformen des Verbrechens aus psychoanalytischer Sicht zu betrachten, um einen Erklärungsansatz für die Menschen aufzuzeigen, die mit ihren Schatten leben. Der Schatten ist das narzißtische Spiegelbild des Menschen, dem das Gemeinschaftsgefühl fehlt.

So wende ich mich an alle, die mit der Aufgabe leben, sich mit diesen Schatten auseinanderzusetzen, um ihnen zu helfen, mit diesen Schatten umzugehen – bis hin zu dem Ziel, sich von diesen Schatten zu lösen.

Ich danke allen, die mich durch Anregungen, Informationen und hilfreiche Gespräche unterstützt haben, dieses Buch zu schreiben.

Bad Honnef, im Juni 1991 *Klaus Köhn*

Daß Weltgeschichte von Zeit zu Zeit umgeschrieben werden müsse, darüber ist in unseren Tagen wohl kaum Zweifel übrig geblieben. Eine solche Notwendigkeit entsteht aber nicht daher, weil viel Geschriebenes aufgedeckt wurde, sondern weil neue Ansichten gegeben werden, weil der Genosse einer fortschreitenden Zeit auf Standpunkte geführt wird, von denen sich das Vergangene auf eine neue Weise überschauen und beurteilen läßt.

J.W. Goethe

1. Einleitung

Im Vergleich zu dem großen Umfang an psychoanalytischer Literatur gibt es wenig Lehr- und Sachbücher über eine psychoanalytische Kriminologie. Zwar verzichten Autoren selten darauf, auf tiefenpsychologische Ansätze hinzuweisen, aber sie bleiben meistens in einer Kritik stekken, die allenfalls noch einzelfallbezogene Deutungen der Kriminalität zuläßt. In vielen Fällen beschränken sie sich auf die orthodoxen Lehrer Sigmund Freud, Theodor Reik, August Eichhorn, Franz Alexander und Hugo Staub.

Die ursprüngliche theoretische Grundlage hat Sigmund Freud "Metapsychologie" genannt. Sie wird zum einen durch die Grundannahme, daß alles determiniert und vieles unbewußt sei, begründet. Zum andern stützt sie sich auf eine Reihe topografischer, quasi-räumlicher, triebdynamischer, lust-unlust-orientierter und schichtenstruktureller Vorstellungsmodelle eines psychischen Apparates. Diese Grundannahmen sind in weiteren Forschungsrichtungen differenziert und eingeschränkt worden.

Die Aussagekraft der Psychoanalyse wird durch andere Ansätze, insbesondere durch soziologische, verdrängt. An dieser Verdrängung mag schon das Unbehagen teilhaben, den Spekulationen über seelische Nabelschau, die den Verbrecher in uns entlarvt, ausgesetzt zu sein. Rüdiger Herren (1973) und Tilmann Moser (1970) gehören zu den wenigen, die Kriminologie aus psychoanalytischer Sicht dargestellt haben. Herren weist dabei zu Recht auf die unausgeschöpften Forschungsmöglichkeiten und Perspektiven in der psychoanalytischen Kriminologie hin. Im wesentlichen konzentriert er sich auf Freud und seine Schule. Moser setzt im Teil II seines Buches "Jugendkriminalität und Gesellschaftsstruktur" große kriminologisch-psychologische Forschungsarbeiten über jugendliche Kriminelle und ihre Familien vor dem Hintergrund tiefen- und lernpsychologischer Erkenntnisse kritisch zu den Kriminalitätsursachen in Beziehung.

Die Vernachlässigung der Psychoanalyse in den meisten kriminologischen Lehrbüchern hat auch dazu beigetragen, daß kaum Erkenntnisse über die sogenannten orthodoxen Lehrer und Klassiker der psychoanalytischen Schule hinaus für die Kriminologie umgesetzt worden sind. Die Psychoanalyse, einst epochemachende und aufsehenerregende Wissenschaft, wird in der Kriminologie klein geschrieben. Sie wird als zu spekulativ, bisweilen als zu phantastisch zurückgewiesen. Die Vielfalt psychoanalytischer Betrachtungsweisen ist oft verwirrend, die ihr zugrundeliegenden Denkmodelle sind zu komplex und kompliziert. Die Gefahr ist groß, den Boden unter den Füßen zu verlieren. Im Neben- und Gegeneinander hat sich die Psychoanalyse in den letzten Jahren beträchtlich verzweigt. Ihre Hauptstränge entspringen den Abkömmlingen von Adlers Individualpsychologie und von Jungs komplexer Psychologie, die bis zur humanistischen Psychologie von Fromm reichen.

Die in der Psychoanalyse verwendeten Begriffe scheinen uns häufig zu subjektiv an Erfahrungen ausgerichtet und in der Alltagssprache schon so weit verbraucht zu sein, daß ihr wissenschaftlicher Aussagewert in Frage gestellt wird. Das Faszinierende, aber auch manchmal Suggestiv-Gefährliche der Psychoanalyse liegt in der genialen Sprache ihres Begründers. Freud versuchte sprachschöpferisch streng erfahrungs- und naturwissenschaftliches Vorgehen mit an Orientierungsbedürfnissen ausgerichteten Begriffsformulierungen von nahezu dichterischer Qualität zu verbinden. Viele Fragen bleiben offen, und es zeigen sich auch zur Kritik herausfordernde Widersprüche. Nicht alle Kernaussagen der Psychoanalyse erklären zufriedenstellend und bestimmt genug aufhellungsbedürftige Zusammenhänge, sondern deuten und interpretieren nur Verhaltensweisen anhand komplexer und flexibler Wahrscheinlichkeiten, die sich von psycho-dynamischen Wirkmechanismen ableiten.

Diese Einschränkungen sind jedoch kaum geeignet, die Psychoanalyse für die Kriminologie an den Rand zu drängen oder sie zu einer Glaubensfrage zu machen. Der Spielraum für die individuelle Verarbeitung unbewußter Mechanismen begründet ebenso Vorurteile gegen psychoanalytisches Denken wie die Annahme eines streng determinierten Menschenbildes. Diesen Widerspruch habe ich angenommen, um die Grundzüge einer psychoanalytischen Kriminologie vorzustellen. Besonderes Fachwissen über die Psychoanalyse wird dabei beim Leser nicht vorausgesetzt. Auch auf die Gefahr hin, bislang Bekanntes zu wiederholen, werden zwar Prämissen und Grundzüge des psychischen Apparates aufgezeigt, aber auf die Entstehungszusammenhänge und Erscheinungsformen des Verbrechens und ihres Umfeldes bezogen. Dazu gehören insbesondere Ich- und Über-Ich-Defekte auf Grund von Sozialisationsmängeln. Das Individuum wird dabei nicht nur einseitig auf seine frühkindliche Entwicklung - so wichtig diese auch für viele Autoren sein mag - reduziert. Ich folge auch den Ansichten, die dem ganzen Leben eines Menschen mehr Freiheit für Wahlentscheidungen einräumen.

Herangezogene Fallbeispiele sollen nicht dazu herhalten, um anhand von Einzelfällen scheinbar schlüssige Theorien empirisch abzusichern, sondern um psycho-dynamisches Geschehen in seinen unterschiedlichen Wirkweisen zu veranschaulichen. Die Psychoanalyse stellt kein abgeschlossenes System dar, sondern gerade ihre Offenheit macht sie für kriminologische Betrachtungen wertvoll. Ihr Wert liegt insbesondere in der psycho-therapeutischen Behandlungspraxis, die für die Straffälligen und für die Prävention unzureichend ausgeschöpft wird.

Wenn Psychologie das menschliche Verhalten und dessen innere Beweggründungen zu erforschen versucht, so geht es in der Psychoanalyse um die unbewußten inneren Begründungen, die unser Verhalten bestimmen, steuern, verstärken oder abschwächen, und um Reaktionsbildungen. Die unbewußt wirkenden Komplexe, aus denen sich die Begründungen ableiten, sind persönlichkeitsabhängig und werden sowohl in den tieferen Schichten des Individuums als auch im soziokulturellen Persönlichkeitsbereich entwickelt.

"Soziokulturelle Persönlichkeit" bedeutet, daß soziale Bezugspersonen und -gruppen die biologischen Triebstrukturen überformen und formen, um das naturhaft Vorgegebene in sozial gebilligte Verhaltensmuster umzusetzen. So bildet die soziokulturelle Persönlichkeit das Ergebnis der Vermittlung von biologischen und psychologischen Faktoren, den sozialen Instanzen, den sozialen Normen und Rollenerwartungen. Sie ist Nahtstelle zwischen Individuum und Außenwelt. An dieser Nahtstelle stellt die psychoanalytische Kriminologie den normalen, neurotischen, psychopathischen und psychotischen Verbrecher vor. Sie zeigt die Phänomene auf, die - in die Zusammenhänge von Geschlecht und Kriminalität gestellt - in ihren Bezügen zu den Erscheinungsformen des Verbrechens und Verbrechers in Verbindung mit der sie umgebenden Kultur besonders beleuchtet werden.

Die Kultur mit ihrem Fortschreiten ist der äußere Rahmen für die sittliche Evolution des Menschengeschlechts.

Erich Wulffen

2. Grundlagen

2.1 Der Verbrechensbegriff und seine normative Wertung

Kriminalität ist eine soziale Tatsache und daher als ein wesentlicher Bestandteil unseres sozialen Lebens zu verstehen. Sie beinhaltet das Verbrechen als kriminelle Tat, die das Ergebnis aus der anlage- und entwicklungsbedingten, persönlichkeitsgestaltenden und tatgestaltenden Umwelt ist.

Das Verbrechen läßt sich in seiner Komplexität nicht absolut definieren, so daß die Begriffsbildung der ständigen Diskussion und Wertung unterliegt.

Hermann Mannheim (1974) sieht im Verbrechensbegriff vor allem einen juristischen Begriff, der ein nach dem Strafrecht strafbares Verhalten kennzeichnet.

Nach Günther Kaiser (1976) beruht das Verbrechen allgemein auf keinem genetisch vorgegebenen Defekt der Persönlichkeit. Staat und Gesellschaft bestimmen, welches sozialschädliche Verhalten als Verbrechen beurteilt wird.

Hans Joachim Schneider (1974) unterscheidet das Verbrechen als Verhalten, das unter bestimmten tatbestandlichen Voraussetzungen in Strafgesetzen mit bestimmten Deliktsfolgen bedroht wird, von dem sozialabweichenden Verhalten, wie z.B. dem Alkoholismus, Rauschmittelmißbrauch und Selbstmord.

Hans Göppinger (1971) spricht zu Recht vom "schillernden und komplexen Verbrechensbegriff" und faßt zusammen, daß es einen verbindlichen, allgemeingültigen und inhaltlich identischen Verbrechensbegriff nicht gibt. Er kommt zu dem Schluß, daß ein Verhalten erst durch "normative Wertungen" zum Verbrechen wird.

Armand Mergen (1967) sieht im Verbrechen eine Handlung, die nicht etwa gegen allgemeingültige und überall bestehende Normen verstößt, sondern die stets in bezug auf die Gesellschaftsordnung festgelegt ist.

Übereinstimmend kann über das Verbrechen und das sozialabweichende Verhalten auf dieser Basis ausgesagt werden, daß in jedem Fall Normabweichung zugrunde liegt. Wir prüfen, ob der Lebensstil eines Menschen von einer der allgemein üblichen Verhaltensweisen, die gegenwärtigen sozialen Normen entsprechen, abweicht und/oder ob sein Verhalten eine Strafrechtnorm verletzt. Wir messen dann daran, ob er sich sozialabweichend und/oder kriminell verhält. Dabei kann das Strafrecht in seiner Funktion formeller Sozialkontrolle lediglich nur zum Schutz minimaler ethischer Verhaltensforderungen dienen. Die Problematik, auch im Zusammenhang von psychoanalytischen Überlegungen, ergibt sich aus der Beurteilung des Verhaltens, das als Norm und damit als *normal* gilt. Der Normbegriff ist ebenso vielschichtig und komplex wie der des Verbrechens. Er wird in sehr unterschiedlicher Bedeutung verwendet: als eigentliche Norm, in der die Verhaltensforderung definiert wird, als eine Verhaltensgleichförmigkeit, worunter der Brauch zu verstehen ist, und letztlich als eine Verhaltensbewertung, die die Moral widerspiegelt. Die Verhaltensbewertung richtet sich nach den sozialen Werten. Das sind hinter den kulturellen Normen stehende Imperative bzw. kulturspezifische Maßstäbe, an denen sich Menschengruppen orientieren.

Diese Maßstäbe garantieren die für das gesellschaftliche Handeln notwendige Gleichmäßigkeit, stimmen das gegenseitige Handeln und die gegenseitigen Erwartungen ab, stellen das Spiegelbild der Werteordnung im Menschen selbst dar, das als persönliche Ordnung empfunden wird und das das Gefühl des Geordnetseins und der eindeutigen Zielsetzung vermittelt.

Im Fall der Normabweichung erfolgt soziale Sanktion. Nicht das Ausmaß der Verhaltensgleichförmigkeit, der -anpassung und Übereinstimmung, sondern der Geschehnisablauf selbst entscheidet im Fall der Normabweichung darüber, was Norm ist oder nicht. Dabei ist ein Toleranzbereich von verschiedenen Verhaltensweisen zu berücksichtigen, die als konform gelten oder zumindest noch geduldet sind. Sanktionen greifen dann erst jenseits dieses Spielraums ein. Die Verbindlichkeit der Norm und die Schwere des Verbrechens zeigt sich dann an der Reaktion, die auf das abweichende Verhalten folgt und die der Norm- bzw. Rechtsbrecher als Sanktion zu spüren bekommt.

Das bekannteste deutsche Strafgesetzbuch des Mittelalters, die "Peinliche Gerichtsordnung von Karl V" von 1532 behandelte u.a. Gotteslästerung, Ehebruch, Urfehdebruch, Zauberei, Untreue des Rechtsfreundes, selbst den Selbstmord als Verbrechen. Die fahrlässige Tötung war dem römischen Recht fremd. Erst das deutsche Mittelalter bringt sie in die Rechtsordnung ein. Die Tötung im Raufhandel wird ebenfalls erst im Mittelalter zur qualifizierten Tat. Straftatbestände über den Zweikampf und die Bestrafung von Jagdrechtsverletzungen gibt es erst seit der zweiten Hälfte des Mittelalters. In das 17. Jahrhundert fällt auch die unheilvolle Entwickung des Verbrechens der Hexerei, die mit dem Feuertod barbarisch bestraft wurde. Die modernsten Erscheinungsformen heutiger Verbrechen sind u.a. Umweltschutzdelikte und Computerkriminalität. Vielleicht wird im nächsten Jahrtausend der Diebstahl von Raumfahrzeugen und die Raumfahrtpiraterie zum besonderen Straftatbestand.

Die von Lacassagne stammende Aussage, daß jede Gesellschaft die Verbrechen hat, die sie verdient, muß daher auch auf den Zusammenhang von Kultur und Verbrechen bezogen werden.

In diesem Sinn gilt nach wie vor der Satz von Adolphe Quetelet (1889): "Die Gesellschaft selbst erzeugt das Verbrechen und bewehrt den Arm des Verbrechers."

Was als Norm gilt, verändert sich im Lauf der Zeit innerhalb ein und derselben Kultur. Der Ehebruch und die Homosexualität unter erwachsenen Männern waren z. B. noch in den sechziger Jahren strafbar. Sexuelle Beziehungen unter Unverheirateten galten noch als unzüchtig. Ihre Förderung wurde als Kuppelei bestraft. Heute sind diese Verhaltensweisen längst entkriminalisiert und gelten kaum mehr als sozialabweichend. Normen können auch schon schichtspezifisch zur gleichen Zeit in einer Gesellschaft unterschiedlich bewertet werden. Der kleinbürgerliche Rechtsbrecher, vor allem im Bereich der Vermögenskriminalität, wird eher auf Mißbilligung stoßen als sein prominenter Zeitgenosse aus Politik, Kunst und Sport. Es gilt das Motto: Wenn zwei dasselbe tun, ist es noch lange nicht das Gleiche. Da der Tätertypus des Gewaltverbrechers weitgehend den Unterschichtsangehörigen zugeschrieben wird, fällt es immer wieder schwer, im Gebildeten einen Mörder zu sehen. Die Tat eines von der Normvorstellung abweichenden

Verbrechers wird daher oft anders, eben weniger als kriminell beurteilt, wie z.B. im folgenden Fall von Dr. W.

Der angesehene, in einer deutschen Großstadt lebende Akademiker erstach seine Geliebte. Die Richter und sein Verteidiger hielten eine solche Handlung bei dem akademisch gebildeten Angeklagten nicht so ohne weiteres für möglich und eben nicht normal. In den Kreisen von Dr. W. sind derartige Konfliktlösungen nicht üblich und daher a priori auch nicht denkbar. Das Gericht und die Verteidigung beriefen einvernehmlich Gutachter, die dem Angeklagten den für einen zunächst erfolgten Freispruch erforderlichen Affektstau zubilligten. Erst im zweiten Rechtszug wurde Dr. W. wegen Totschlags zu einer noch relativ geringen Freiheitsstrafe verurteilt. Da sich die Verteidigung mit dieser Verurteilung nicht abfinden konnte, mußte der Bundesgerichtshof die Verurteilung noch bestätigen. Wie wäre wohl von Anfang an ein Unterschichtsangehöriger verurteilt worden, in dessen Kreisen Konfliktlösungsmodelle mit Gewalt als weitgehend normal, zumindest aber als üblich angenommen werden?

Wie sehr Verhaltensbewertung auch in unserer Gesellschaft von den einem Menschen zugeschriebenen sozialen Rollen abhängig ist, drückte sich in der Presseberichterstattung über den Fall "Bachmeyer" aus. Frau Bachmeyer erschoß am 6. März 1981 im Lübecker Gerichtssaal den mutmaßlichen Mörder ihrer Tochter. Die Sympathien galten zunächst einseitig der armen Mutter, die für viele verständlich, ja so *normal* handelte. Im Laufe der Ermittlungen schlugen während der Prozeßdauer erst unmerklich, dann aber immer krasser Verständnis und Mitgefühl in Ablehnung um. Dazu trug entscheidend der durch die Medien immer mehr in der Öffentlichkeit verbreitete Lebenswandel der Angeklagten bei. Der Lebenswandel, vor allem geprägt durch die sexuellen Beziehungen der Angeklagten, paßte nun nicht mehr zu der Rolle der Verständnis verdienenden Mutter, die aus Verzweiflung über den offentsichtlichen Mord an ihrem Kind nun selbst getötet hatte.

Diese Beispiele veranschaulichen, wie der Begriff des *Normalen* sich an der Übereinstimmung mit allgemein anerkannten Maßstäben des Verhaltens und der Gefühle innerhalb einer bestimmten Gruppe, die solche Maßstäbe ihren Mitgliedern auferlegt, ausrichtet. Alles erhält einen sozial anerkannten Stellenwert. Er bildet den sozial sanktionierten und kulturell typisierten, psychisch internalisierten Standard, der für Richtung, Intensität, Ziel und Mittel des Verhaltens von Angehörigen des betreffenden Kulturkreises maßgeblich ist. Jedoch verändern sich diese Standards mit einer Kultur, einer Zeit, einer Gesellschaft und selbst in einer Gesellschaftsschicht in bezug auf Alter, Geschlecht und soziale Rollen. Diese eher in der Soziologie geläufigeren Befunde gelten auch - wie noch zu vertiefen sein wird - in der Psychoanalyse.

2.2 Der psychoanalytische Verbrechensbegriff

Der Verbrechensbegriff schließt Verhaltenskomplexe ein. Die Soziologen beschränken sich dabei weitgehend auf die Beschreibung des abweichenden Verhaltens in Systemen. Aber die soziologischen Begriffe lassen das innerseelische Geschehen und den Menschen als Triebwesen außer Betracht. Eine psychoanalytische Kriminologie muß sich jedoch mit dem Verbrechen als psychodynamischen Prozeß auseinandersetzen. Die psychoanalytische Betrachtungsweise hat nicht eine bloße Beschreibung eines normabweichenden Verhaltens an sich im Blick und richtet sich nicht an einem funktionalen oder legalen Verbrechensbegriff aus, sondern berücksichtigt im wesentlichen Triebabkömmlinge. Wenn der Mensch nach Freud als Triebwesen geboren wird, dann gibt es keinen qualitativen Unterschied zwischen dem Normalen und dem Verbrecher. Der Unterschied besteht nur darin, wie der einzelne mit seinen Trieben umgeht. Der Verbrecher lebt seinen aggressiven Trieb auf nicht sozial gebilligte Weisen aus. Das Wie und Warum bilden die komplexe Struktur, die in ihrer Eigendynamik zum Gegenstand einer psychoanalytischen Kriminologie wird. Ferner vertritt die Psychoanalyse eine weitere, vom üblichen Verständnis abweichende Auffassung, nach der die unbewußten Komplexe einen besonderen Stellen- und Interpretationswert erhalten. Damit wird der Verbrechensbegriff aus der Statik einer bloß beschreibenden Phänomenologie herausgenommen. Die ihm hier zugeschriebene Dynamik macht ihn für die Kriminologie offen, so daß er sich einer abschließenden Definition entzieht. Dabei darf jedoch nicht uneingeschränkt der Auffassung von Sigmund Freud gefolgt werden, verallgemeinernde Behauptungen über die menschliche Natur aufzustellen, die sich auf die ganze Menschheit beziehen.

Freuds Psychologie und Menschenbild sind naturwissenschaftlich-darwinistisch geprägt und im wesentlichen an der Evolutionstheorie des

19. Jahrhunderts orientiert. Der Freud-Biograph Ernest Jones [1] hat ihn den "Darwin der Seele" genannt. Jones (1967) reduziert die Psychoanalyse in ihrem Wesen auf eine genetische Psychologie, wonach also der Mensch von seiner Anlage her festgelegt ist. Das Verbrechen wäre für den Einzelmenschen unausweichliches Schicksal. Gegen diese enge Determiniertheit hat sich die Psychoanalyse in ihrer Weiterentwicklung ebenso gewehrt wie gegen eine Verallgemeinerung, die von einer universalen menschlichen Kultur ausgeht. Sind in unserer Kultur Tötungshandlungen auf Eifersucht zurückzuführen, so dürfte das kein ungewöhnliches Motiv sein, weil Eifersuchtsphänomene Bestandteil der Geschlechterbeziehungen unserer Kultur sind. Eine Verallgemeinerung dieses Motivs würde jedoch fragwürdig, wenn in bezug auf Eifersuchtsempfindungen in den menschlichen Haltungen von vielfältigen Unterschieden ausgegangen wird. Es gibt Kulturen, in denen beide Geschlechter eine individuelle Eifersucht überhaupt nicht kennen, wie andere, wo eine außergewöhnliche Eifersucht normal ist. Bei uns gilt Eifersucht schon als *niederer* Beweggrund, der eine Tötung zum Mord qualifiziert; anderswo rechtfertigt sie die Tötungshandlung als normales Verhalten.

Hier wäre die Frage zu stellen, welche psychologischen Faktoren, z.B. Besitzgier bzw. Besitzrechte, in bezug auf das andere Geschlecht verhaltensbestimmend sind.

Ein weiteres Beispiel ist die Eigentumskriminalität, die nur in der Kultur von Bedeutung ist, in der Eigentum ein Wert an sich ist, in der es Recht und Anspruch auf ein Eigentum gibt.

Wenn bei Freud im Sinne einer Naturgeschichte des Verbrechens der Vatermord und Inzest [2] als sogenanntes *Urverbrechen*, verglichen mit dem "delitto naturale" von Raffaele Garofalo [3] , anzusehen sind, dann wird es schon zweifelhaft, z.B. den Diebstahl für alle Kulturen als Verbrechen zu verallgemeinern. Hier stellt sich die Frage einer für die ge-

1 Jones, E.: Das Leben und Werk von Sigmund Freud, 3 Bd., I: Die Entwicklung zur Persönlichkeit und die großen Entdeckungen 1856 - 1900, II: Jahre der Reife 1901 - 1919, III: Die letzte Phase 1919 - 1939, Bern/Stuttgart 1969 - 1962

2 Vergl. Kap. 8.Phänomene des Urverbrechens in diesem Buch

3 Garofalo entwickelte eine Lehre vom "natürlichen Verbrechen". Danach wurde unterstellt, daß es ohne Rücksicht auf Ort, Zeit, Land und Volk überall gleich schutzwürdige Rechtsgüter gebe.

samte Menschheit gültigen Normalpsychologie, die es zumindest unter diesem Aspekt ebensowenig gibt, wie sozialabweichendes Verhalten und Verbrechen sich nicht absolut für die gesamte Menschheit definieren lassen. Unser Fehler besteht darin, sich daran gewöhnt zu haben, von dem Verhalten der Menschheit im allgemeinen zu sprechen, anstatt von dem eines bestimmten Individuums in einer bestimmten Kultur und Rechtsordnung. Die weitgehende Annahme einer universalen Menschheitskultur hat psychoanalytische Ansätze in der Kriminologie beträchtlich erschwert und zur Kritik herausgefordert. Hans Joachim Schneider (1974) schreibt, daß die Dogmatik der Psychoanalyse dem kriminologischen Problemdenken fremd ist. Die psychoanalytischen Prämissen werden von den meisten Kriminologen nicht ohne weiteres angenommen bzw. ernst genommmen.

Das Dilemma der Kriminologie besteht darin, daß viele psychoanalytische Überlegungen und Ansätze in der Überbetonung des biologischen Ursprungs steckenblieben. Freud muß das unbestrittene Verdienst eingeräumt werden, ein rein kausal–mechanistisches Denken überwunden zu haben; er hat jedoch die Determiniertheit von den Naturwissenschaften übernommen. Freud nahm z.B. an, daß Instinkte oder Objektbeziehungen, die unserer Kultur eigen sind, den biologisch bestimmbaren Menschen darstellen, oder daß aus determinierten Situationen, wie sie z.B. die sogenannten prägenitalen Entwicklungsstufen darstellen, der Ödipuskomplex ableitbar ist. Das mag einen Zusammenhang mit Caesare Lombroso [4] herstellen, der mit seiner Annahme vom *geborenen Verbrecher* die anlageorientierte Auffassung vertrat, daß der Verbrecher körperlich stigmatisiert sei: z.B. durch Besonderheiten der Schädel-

---

4 Lombroso (1836 - 1909), Arzt und Psychiater aus Turin, war zunächst davon überzeugt, daß Verbrechen von *geborenen Verbrechern* (delinquente nato) begangen werden. Sie unterschieden sich von Nichtkriminellen vor allem durch körperliche Merkmale, sogenannte Stigmata. Er stützte sich dabei auf die anthropologische Forschung seiner Zeit (u.a. Franz Gall, 1758 - 1828; Joh. Caspar Lavater, 1741 - 1801). Ernst Seelig (1954) meinte dazu, daß Lombroso insoweit geirrt habe, "indem er nach Merkmalen des Verbrechers suchte, den er sich als einheitliche Abart des Menschengeschlechts vorstellte". So einseitig Lombroso heute zitiert wird, war er jedoch nicht. Er gestand später Irrtümer ein und berücksichtigte auch psychopathologische und psychologische Merkmale, die er in soziologische Zusammenhänge stellte. Lombroso hat das Verdienst, sich als erster systematisch wissenschaftlich mit dem Verbrechen und Verbrecher befaßt zu haben. Er gilt als Begründer der kriminalanthropologischen Schule der Kriminologie.

und Gesichtsbildung, einer Asymmetrie des Körperbaus und psychisch herabgesetzter Schmerzempfindlichkeit, starken Neigungen zur Grausamkeit und zum Aberglauben sowie primitiver Verständigungsmittel. Es amüsiert heute noch, bei Lombroso (1907) nachzulesen, "daß die schlimmsten Verbrecher quadratisches Gesicht haben" und "daß, je schwerer der Verbrecher ist, um so quadratischer das Gesicht wird" und "daß die dreieckigen, runden, rhombischen Gesichter Individuen angehören, die relativ geringfügig zu delinquieren pflegen."

Solche Stigmata hielt Lombroso für atavistische Merkmale, also Rückschlagserscheinungen auf Urformen in der menschlichen Entwicklung. Auch Freud geht u.a. wie Lombroso von der Theorie aus, daß das Verbrechen ebenso auf ein solches Atavismusphänomen zurückzuführen sei. Dabei muß eingeschränkt werden, daß die Psychoanalytiker von einem unbewußten Seelenleben im Menschen ausgehen und den Aspekt sogenannter körperlicher Degenerationsstigmata beiseite lassen. Rüdiger Herren (1973) schreibt dazu:

> Lombroso erfaßt den Verbrecher als somatisch-psychischen Rückschlag, wobei die anatomischen Stigmata (Körper- und Schädelmessung) im Vordergrund der Betrachtung stehen. Freud hingegen klammert den somatischen Aspekt aus.

Eine Psychoanalyse, die in so unmittelbare Nähe zu Lombroso gerückt wird, die hinsichtlich ihrer Theorienbildungen zumindest umstritten erscheint und die in ihrem Wissenschaftsanspruch in der Kriminologie nach der Kritik von Schneider (1974) nicht einmal durch eine ausreichende Zahl von psychoanalytischen Einzelfallstudien nachgewiesen erscheint, hat in der überwiegend soziologisch orientierten Kriminologie nur geringe Chancen, eine größere Bedeutung zu gewinnen. Eine psychoanalytische Kriminologie durch die Zuschreibung eines guten sozialpsychologischen Ansatzes auf lediglich nur eine gute Ausgangsposition für eine Neuentwicklung der Kriminologie zu beschränken, wie es Schneider tut, dürfte zu wenig sein. Man kann die von Freud (1913) ursprünglich auf die Religionen bezogene Aussage in "Totem und Tabu" in bezug auf das Verbrechen wie folgt abwandeln [5]:

> Von der Psychoanalyse, welche zuerst die regelmäßige Überdeterminierung psychischer Akte und Bildungen aufgedeckt hat, braucht man nicht zu besorgen, daß sie versucht sein werde, etwas so Kompliziertes wie *Verbrechen* aus einem einzigen Ursprung abzuleiten.

Freud könnte seine Aussage dahingehend weitergeführt haben, daß erst eine Synthese verschiedener Forschungsergebnisse darüber entscheiden kann, welche relative Bedeutung der Psychoanalyse für das Verbrechen zukommt. Wenn auch die auf dem Prüfstein stehenden Verallgemeinerungen, auch Thesen und Hypothesen, über die menschliche Natur überaus kritisch zu bewerten sind, so wird keine Theorienbildung oder Modellvorstellung ohne solche Annahmen auskommen können. Es ist sicherlich auch nicht im Interesse der Psychoanalyse und ihrer Anwendungsbereiche, sich nur auf die Schule ihrer orthodoxen Lehrer zu beschränken. Für einen sinnvollen psychoanalytischen Ansatz in der Kriminologie sind neue Wege, auch in interdisziplinären Zusammenhängen, ebenso zu erschließen, wie es auch dabei belassen werden muß, Grundlagen anzuerkennen und Verallgemeinerungen auf ein möglichst breites Spektrum eines weit umfassenden Ursprungs zu stützen. Man geht zunächst von einem Denkmodell aus, um es dann anhand empirischer Daten zu stützen oder zu verwerfen.

2.3 Körper und Psyche

Verallgemeinernd wird in der Psychoanalyse nicht nur von einem Grundkörperbau des Menschen, sondern auch von einem Grundmodell der menschlichen Psyche, einem psychischen Apparat, ausgegangen. Der Körperbau des heutigen Menschen hat sich im Verlauf einer stammesgeschichtlichen Entwicklung (Phylogenese) ausgebildet. Der Weg der Evolution wird ganz offentsichtlich von den Umweltbedingun-

5 Im Freud-Zitat wurde das Wort *Religion* durch das Wort *Verbrechen* ausgetauscht. Keinesfalls bedeutet diese Textveränderung eine Gleichsetzung von *Verbrechen* und *Religion*. Vielmehr soll gezeigt werden, daß Freuds Ausführungen auch auf das Verbrechen, das ebenso alt wie die Religion sein dürfte, zutreffen könnten. Freud hat in "Totem und Tabu" viele Erscheinungsformen unseres Lebens als "infantile Wiederkehr des Totemismus" und als Rudimente früher, primitiver Bewußtseinsstufen aufgedeckt.

gen bestimmt. Konrad Lorenz [6] (1983) hält diese Entwicklung mehr oder weniger sogar für zufallsabhängig, weil "eine bestimmte Erbänderung in einer ebenso bestimmten, augenblicklich vorhandenen Umwelt mit einem Selektionsvorteil" belohnt wird. Dieser Weg hinterläßt nach Lorenz (1983) "seine Spuren in Gestalt einer Anpassung von gestern." Er nennt diese Anpassung "einen Prozeß, durch den sich der Organismus Information einverleibt, die in der Umwelt vorhanden und für sein Überleben von Bedeutung ist,..."(1973). Damit stellt der Verhaltensforscher die Frage nach der Zweckmäßigkeit einer genetisch programmierten Struktur nur in bezug auf ganz bestimmte Umweltbedingungen. Der primäre Zweck evolutionärer Organbildungen ist danach die Arterhaltung. Nach Lorenz (1983) richtet sich "die Zweckmäßigkeit des Körperbaus wie des Verhaltens jeder Lebewesen ausschließlich und nachweislich auf die Erzeugung möglichst reichlicher Nachkommenschaft, d. h. auf das Überleben der Art – auf sonst nichts." Er bezeichnet es als ein Glück für den Stammesgeschichtsforscher, daß stammesgeschichtliche Relikte nicht mehr gebrauchter Strukturen dann oft in einer Weise benutzt werden, die ursprünglichen Zwecken "entfremdet" sind. Lorenz bezeichnet diesen Prozeß auch als "Funktionswechsel".

Auch der psychische Apparat muß eine der Entwicklung angepaßte Ausbildung erfahren haben, denn die Psyche ist wesentlich mit den erworbenen und ererbten Verhaltensantrieben, -steuerungen und -mustern verbunden und gibt Hinweise auf die Gründe, die hinter dem Verhalten stehen. Am Anfang dürften Verhaltensweisen und erste Handlungsketten instinktiv ausgelöst worden sein. Es handelt sich hierbei um angeborene Verhaltensmuster, die bei Tieren, die in Gruppen leben,

6 Prof. Dr. med. Dr. phil. K. Lorenz (7.11.1903 - 27.02.89), österreichischer Mediziner, Biologe, Psychologe und Verhaltensforscher, u.a. Gründer des Instituts für vergleichende Verhaltensforschung (1949) in Altenberg und Direktor für Verhaltenspsychologie am Max-Planck-Institut in Seewiesen bei Starnberg (1961 - 1973), erhielt 1973 neben zahlreichen wissenschaftlichen Ehrungen und Auszeichnungen den Nobelpreis für Medizin und Psychologie. Lorenz fragt in seinen Arbeiten eindringlich nach den Ursachen der Zerfallserscheinungen in unserer Zivilisation und Kultur. Im hohen Alter hat er sich insbesondere in therapeutischer Absicht der Wiederbelebung und Förderung nichtrationaler und emotionaler Leistungen, die in unserer von der Ratio beherrschten Zeit zu verkümmern drohen, gewidmet. Er hoffte, daß durch eine Neuorientierung auf universelle menschliche Werte die dem Menschen drohenden Gefahren abzuwenden sind.

der Anpassung dienen. Lorenz (1963) versteht darunter eine phylogenetische Ritualisierung. Er hat solche ritualisierten Vorgänge u.a. am Beispiel der Stockente typisch für alle Ritualisierungen dargestellt, "daß eine neue Instinktbewegung entsteht, deren Form diejenige einer veränderlichen und von mehreren Antrieben verursachten Verhaltensweise nachahmt." Hier wird ausdrücklich eine sogenannte "Genokopie" von einer "Phänokopie" als Gegenstück unterschieden. Genotypisch ist ein Verhalten, bei dem bei der Ritualisierung eine neu entstehende Erbanlage Verhaltensformen kopiert, die vorher phänotypisch durch das Zusammentreffen sehr verschiedener Umwelteinflüsse verursacht worden sind. Es wird durch äußere, individuell wirksame Einflüsse ein Erscheinungsbild, die "Phänokopie", hervorgerufen. Lorenz (1963) hat gerade den durch Ritualisierungen entstehenden Trieben die bedeutsame Rolle zugewiesen, "gegen Aggressionen" zu opponieren und sie in unschädliche Kanäle abzuleiten. Daneben gibt es gleichfalls Riten, die im Geschichtsverlauf menschlicher Kulturen entstehen und die kein Bestandteil eines genetisches Codes sein dürften, weil sie durch Traditionen weitergegeben werden. Der Mensch, ein Produkt aus Anlage und Umwelt, ist sowohl Genotypus als auch Phänotypus; jedoch gibt es bis heute keine klaren Grenzziehungen, welche Kopien geno- oder phänotypisch sind. Es dürfte eine Wechselwirkung vorliegen, wenn eine genetische Struktur in bezug auf bestimmte Umweltbedingungen gesehen wird. Lorenz (1963) begründet, warum sowohl in der phylogenetischen als auch kulturellen Ritualisation neue Verhaltensmuster entwickelt werden, die eine "besondere Art" von Selbständigkeit dadurch erhalten, daß daraus entstehende Riten zur autonomen Motivation des Verhaltens werden. Diese Entwicklung führt nicht nur zur Aggressionskontrolle, sondern auch zum sozialen Zusammenhalt, der sich in den Entstehungszusammenhängen der Normbildung sehr entscheidend auswirkt. Was für die Organbildung und Ritualisation gilt, dürfte auch für die Ausbildung des psychischen Apparates zutreffen. Auch der Zweck des psychischen Apparates dürfte daher primär an der Weitergabe des Lebens, an der Lebenserhaltung, Anpassung, Aggressionskontrolle und -kanalisation sowie insgesamt an der Triebsozialisation ausgerichtet sein. Hier wird die Parallelisierung von Leib und Seele angesprochen. Lorenz [7] (1973) führt zum "Parallelismus" des "Leib-Seele-Problems" aus:

> Auch die eingehendste Erforschung physiologischer und insbesondere nerven- und gehirnphysiologischer Vorgänge könnte uns dem Verständnis des Leib-Seele-Problems um nichts näher bringen. Selbst wenn wir auf der Erlebniskette sämtliche der Forschung zugänglichen Vorgänge bis zur utopischen Voraussagbarkeit so genau durchschauen würden wie die physiologischen, so wären wir, wie Gustav Kramer sarkastisch gesagt hat, nur zu der Aussage berechtigt, daß der psycho-physische Parallelismus in der Tat höchst parallel sei.

Es gibt letztlich keine durchschlagenden Gründe, allenfalls Vorbehalte, die gegen eine ebenfalls phylogenetische und kulturelle Entwicklung des psychischen Apparates sprechen. Der auf die evolutionäre Entwicklung zurückzuführende hohe Differenzierungsgrad menschlicher Organbildung dürfte auch seine Entsprechung in der Ausbildung des psychischen Apparates haben. Die Analyse des organischen Systems ist für uns selbstverständlich. Sie ist für die Erforschung von Funktionsstörungen unbestrittene und notwendige wissenschaftliche Untersuchungsmethode. Die Psychoanalyse beinhaltet nichts anderes als die Anwendung des gleichen Prinzips auf das Seelenleben, das sich im psychischen Apparat manifestiert. Wie auch vieles erst im organischen Bereich entdeckt wurde, nachdem Krankheiten aufgetreten waren, so haben Störungen im Seelenleben den Weg zum psychischen Apparat gewiesen. Die Forschungen von Freud führten erst zur Entdeckung des psychischen Apparates, als er den Verhaltensstörungen (Neurosen und Hysterien) nachging. Die organischen Systeme gelten solange als gesund, wie ihre Funktionen im Gleichgewicht gehalten werden. Sowohl Unter- als auch Überfunktionen gefährden das System. Ein solches Gleichgewicht ist vergleichbar mit einem Biotop. Veränderungen, die nicht mehr innerhalb des Systems ausgeglichen werden können, führen in die Krise und wenn nicht zum Zusammenbruch, dann zumindest zu Störungen. Das System wird behandlungsbedürftig. Der psychische Apparat, entwicklungsgeschichtlich jünger, aber ebenso komplex, dürfte jedoch formbarer, noch abhängiger von Umwelteinflüssen und daher störanfäl-

---

7 Lorenz bezieht sich in der nachfolgend zitierten Aussage auf Kramer, G., In: Macht die Natur Kontruktionsfehler? Wilhelmshavener Vorträge, Schriftenreihe d. Nordwestdt. Univers.-Ges. 1, 1 -19, 1949

liger sein. Die höhere Formbarkeit der Psyche, ihre subtilere Struktur ist nicht nur zweckmäßig, sondern auch für den Gleichgewichtserhalt notwendig, weil die durch die Umwelt an sie gestellten Anforderungen auch subtiler sind und rascher wechseln können. Die Anpassungsvorgänge müssen sich oft schneller vollziehen. Einerseits zeigt auch der psychische Apparat nach seinem evolutionären Weg "seine Spuren in Gestalt einer Anpassung von gestern"; andererseits muß er aber so funktionieren, daß er sich auf augenblickliche Gegebenheiten einstellen kann. Solche "Spuren", die auf onto- oder phylogenetische Entwicklungsstufen zurückschlagen, werden im Regressionsphänomen sichtbar. Dieser Vorgang unterliegt einem Wiederholungszwang, wenn Anpassungsmechanismen versagen.

Der psychoanalytischen Theorie zufolge vollzieht die Ontogenese in einer verkürzten Rekapitulation die Menschwerdungs- und Kulturgeschichte in einer Abfolge von Krisen, Anpassungsschüben und Entwicklungsstufen, was auf ein sogenanntes "Biogenetisches Grundgesetz" [8] und auf das Prinzip einer Parallelisierung hinausläuft.

Leib und Seele sind nur Teile einer Einheit, die den ganzen Menschen bestimmen. Die psychosomatische Medizin hat sich große Verdienste erworben, die sich auf das Erkennen und Behandeln von Zusammenhängen zwischen psychischem Geschehen und körperlichen Krankheiten beziehen. Ihre großen Forschungsfelder sind Krankheit als Ausdruck eines Konflikts und des psychischen Geschehens, Krankheit als Gegensymptom unangemessener Problemlösung und Krankheiten infolge von Spannungen in sozialen Gruppen des privaten Raumes und der Arbeitswelt. Da psychosomatische Krankheiten vermehrt bei Neurotikern auftreten, die dazu neigen, Konflikte durch die Flucht in die Krankheit zu somatisieren, stellt sich auch die Frage nach dem Zusammenhang mit dem Verbrechen. Das Verbrechen wird oft zur Abwehr oder infolge einer Neurose begangen. Diese Zusammenhänge werfen die Frage auf, inwieweit Verbrechen zur Abwehr einer Krankheit dient

---

8 Das "Biogenetische Grundgesetz" drückt aus, daß die Entwicklung des Individuums (Ontogenese) die stammesgeschichtliche Entwicklung (Phylogenese) in Zeitraffer nachvollzieht. Ernst Haeckel hat 1866 dieses Gesetz aufgestellt; vgl. Haeckel, G.: Die Welträtsel. Gemeinverständliche Studien über Monistische Philosophie, Leipzig 1908, und Der Kampf um den Entwicklungsgedanken, Berlin 1905.

oder Ausdruck eines psychischen Ungleichgewichts ist. Auf diese Fragen versucht eine psychoanalytische Kriminologie Antworten zu finden.

2.4 Das Verbrechen als Regressionsphänomen

Das "Biogenetische Grundgesetz" ist als Hypothese wissenschaftlich heftig umstritten, obwohl in Onto- und Phylogenese auffällige Übereinstimmungen aufgedeckt worden sind. Dieses Gesetz impliziert, daß die Phylogenese im genetischen Code verankert und weitergegeben wird. Bei allen Spekulationen über solche Vorgänge haben die biologischen Forschungen und die Verhaltensforschung, wie u.a. Konrad Lorenz belegt, ernstzunehmende Ergebnisse hervorgebracht, die durch weiterführende Forschung zu ergänzen sind. Michael Balint (1932) hat gleichfalls im Seelenleben auffällige Parallelen zum "Biogenetischen Grundgesetz" gefunden, so daß die Annahme begründet werden kann, daß nicht nur der Körper, sondern auch die Psyche die Artenentwicklung wiederholt. Auch Freud ging davon aus, daß der Mensch in den ersten Lebensjahren die Entwicklung vom steinzeitlichen "Primitiven" bis zum heutigen Kulturmenschen nachvollzieht. Sein Biograph Jones schrieb, "daß das Kind in seinen ersten drei oder vier Lebensjahren in modifizierter Form zwanzig- oder dreißigtausend Jahre geistiger Entwicklung rekapitulieren muß." Hans Zulliger (1950) interpretiert seine Beobachtungen, die er bei Kindergruppen in den Schweizer Bergen, fernab jeglicher Beeinflussung durch die Zivilisation, gemacht hat, als "psychische Naturvölker-Reaktion". Die dabei beobachteten Verhaltensweisen schreibt er der den Kindern in ihrer Entwicklung eigenen "magischen Denkstufe" zu.

Die Erfahrungen eines Kindes im 2. Weltkrieg veranschaulichen durchlebte und durchlittene "magische Denkstufen":

Ein kleiner Junge betete jeden Abend um Schutz vor den nächtlichen Bombenangriffen. Eines abends vergaß er diese Fürbitte in seinem Nachtgebet. Die Stadt wurde in einer einzigen Nacht nahezu ausgelöscht, Freunde und Verwandte des Kindes getötet. Das Kind litt Jahre darunter, den Angriff durch die vergessene Fürbitte verschuldet zu haben.

Wer kennt nicht die kindlichen Wünsche, in bestimmten Situationen Gegenstände und Menschen *wegzuzaubern* oder *herbeizuzaubern?* Ohne Analogieschlüsse simplifizieren zu wollen, werden in bestimmten

Entwicklungsstufen, in Krisen und in Grenzsituationen Parallelen zu totemistischen Kulturen aufgedeckt, wie es Freud (1913) beschreibt. Alice Balint (1966) sieht die Kinderstube als Treffpunkt von Urzeit und Zivilisation.

Von manchen Erwachsenen sagt man, daß sie wieder zum Kind werden. In der Alltagssprache versteht man darunter die positiven Eigenschaften, die dem Kind zugeschrieben werden. Psychoanalytisch gesehen, bedeutet infantil, nicht mehr als erwachsener Kulturmensch im Sozialverhalten berechenbar zu sein, wenn ein Rückschlag auf die bereits durchlebte Stufe kindlicher Entwicklung erfolgt. Das geschieht oft in Grenzsituationen, in denen Urängste aufbrechen, in der Abgeschiedenheit unserer Zivilisation und in Situationen, die nicht mehr den Maßstäben mühsam entwickelter Kultur unterliegen. Dann wird der Kulturmensch wieder zum "Wilden". [9] Viele Kriegssituationen sind dafür Beispiele. Der "Wilde" fürchtete sich vor der Dunkelheit, die er nicht auf naturwissenschaftliche Weise erklären konnte. Bekanntermaßen vermieden viele wilde Stämme den nächtlichen Angriff.

Das Kind fürchtet heute noch die Dunkelheit und kann sie nicht erklären. Selbst der Erwachsene unserer Zeit hat häufig Schwierigkeiten, mit der Nacht fertig zu werden, obwohl ihm die Wissenschaft die Dunkelheit als Naturerscheinung erklärt. Dennoch wird die Nacht oft genug noch mit geheimnisvollen, magisch–okkulten und abergläubischen Vorgängen belastet. Wer denkt dabei nicht an die Balladen "Der Knabe im Moor", "Der Schatzgräber" oder "Der Erlkönig" u.a.

Es wird deutlich, wie dünn die Kulturdecke ist, unter der die archaischen Kräfte schlummern, die dem Menschen zum Verhängnis werden können, wenn sie nicht mehr zu kanalisieren und zu steuern sind. Gleiches gilt für psychisch Kranke und ist auch auf außergewöhnliche Verbrecher zu übertragen. Der Denkansatz geht von den Parallelen aus, die zu dem Seelenleben des Kindes, des Urmenschen, Neurotikers, Verbrechers und Primitiven angenommen werden. In dieser Parallelisierung steckt der grundlegende Gedanke aus dem "Biogenetischen Grundgesetz". Außergewöhnliche Verbrecher geben hinreichend Anhaltspunkte für eine hohe Wahrscheinlichkeit solcher Annahmen.

9 Freud drückt in "Das Unbehagen und die Kultur (1930) die pessimistische Haltung aus, daß der innerste Kern des Menschen ungezähmt, potentiell destruktiv ist. Er wird lediglich von einer dünnen Schicht Zivilisation überdeckt.

1985 erregte in Krefeld der Prozeß einer Frau Aufsehen. Die Angeklagte hatte nicht nur ihren Geliebten getötet, sondern auch seine Leiche zerstückelt, die Leichenteile eingemacht und eingefroren. Ein solches Verbrechen legt die Erklärung einer Regression in den Kannibalismus der "Wilden" nahe.

Der Kannibalismus muß nicht unbedingt den Leichenverzehr einschließen, wie es bei dem Massenmörder Denke [10] angenommen wurde. Er kann sich auf die Leichenzerstückelung beschränken.

In den ersten Januartagen 1986 wurde in der Nähe von Bonn die Leiche einer Frau in ihrer Wohnung gefunden, die wahrscheinlich in der Sylvesternacht oder am Neujahrstag ermordet wurde. Die Leiche war nackt, ihre Brüste abgeschnitten und in Katzenfutternäpfen zerstückelt, der Körper mit Getreidekörnern übersät, und in den Genitalien steckten Messer und Gabel. Offentsichtlich wurde die Tote zur *Mahlzeit aufbereitet.*

Die von Freud (1913) angenommene Bedeutung des "Totenmahls" weist auf Wiedergutmachung und Beruhigung der Schuldgefühle hin. Gleichzeitig wiederholt sich das Urverbrechen, das regressiv vollzogen wurde. Solche Phänomene zeigen die Zusammenhänge von Kannibalismus in Verbindung mit Leichenzerstückelung und Sexualität auf, so daß sich darin der Durchbruch gewaltiger Triebkräfte erneut bestätigt.

Nach dem Prinzip der Parallelisierung steckt im erwachsenen Kulturmenschen von heute sowohl das Kind als auch der Urmensch und Wilde. Bei vereinfachter Sicht läuft eine solche Annahme auf eine *Vererbung* psychischer Dispositionen hinaus, die zunächst in der Lebenszeit erworben wurden. Dies steht im Gegensatz zur Unveränderlichkeit des Erbgutes im Menschen. Hier geht es aber nicht um das in einer Lebenszeit Erworbene, sondern um die in der Evolution erfolgten Anpassungen, die die psychischen Prädispositionen wahrscheinlich machen und

---

10 Karl Denke lebte in der Kleinstadt Münsterberg nahezu unauffällig. Am 21.12.1924 versuchte er in seiner Wohnung einen Bettler hinterrücks zu erschlagen. Als sich das Opfer zufällig umdrehte, kam es zum Kampf. Die herbeigerufene Polizei nahm Denke in Gewahrsam, wo er sich, 58-jährig, erhängte. In seiner Wohnung fand man gepökeltes und eingewecktes Menschenfleisch, ausgelassenes Menschenfett, abgehackte Leichenteile, Utensilien aus Menschenhaut (z.B. Hosenträger) und fast 400 Zähne. Aufgrund sehr exakter Aufzeichnungen über die Opfer, ermordete Denke 26 Männer und 5 Frauen. Vgl. Fallschilderungen bei Wulffen, E: Kriminalpsychologie, Berlin 1926.

die - wenn es soweit kommen sollte - im regressiven Verhalten aufgedeckt werden. Psychische Gegebenheiten müssen in ihren Wahrscheinlichkeiten neben das Faktische der Genetik gestellt werden. Wenn es um Rückschlagserscheinungen geht, die sich als Verbrechen zeigen, so haben kannibalistische Phantasien, Schuldkomplexe und Mechanismen, die paranoid-schizoiden Komplexen zugeschrieben werden, ihre eigenen Bedeutungen. Der Zugang zu Freuds (1913) Gedankenwelt in "Totem und Tabu" erschließt sich, wenn die Übertragung des "Biogenetischen Grundgesetzes" auf das Seelenleben angenommen wird und Rückschlagserscheinungen sowohl auf die Urmenschen (phylogenetisch) als auch auf die Entwicklungsstufe des Kindes (ontogenetisch) für möglich gehalten werden.

Rudolf F. Lehmann (1959) hat über den Hexenglauben einiger Negerstämme berichtet und aufgezeigt, daß sich ganz verblüffende Parallelen zu unserem heutigen kriminellen Aberglauben ergeben. Der Unterschied zu den *Wilden* besteht lediglich darin, daß physische Vernichtung der Verhexten und Hexen ein legitimes Mittel zur Beseitigung des Hexenbanns ist. Nur in der zivilisierten Welt muß dieser Drang unterdrückt werden. Aber er bestätigt sich immer wieder. Satanskult, Okkultismus und Aberglaube sind seit jeher ein verhängnisvolles und gefährliches, lebensvernichtendes Bündnis mit dem Verbrechen eingegangen. Sogenannte Gruftis, Hexen und Teufelspriester haben in den achtziger Jahren begonnen, besonders auffällig Schlagzeilen zu machen. Magisch-okkulte Praktiken, vor allem unter den Jugendlichen, sind zum Massenphänomen einer Kultur geworden, die das rationale Denken als einzige Erkenntnisquelle ansieht. 1983 - 1985 gingen in den USA mehr als 800 Morde auf das Konto der Satansanbeter. Die Mörder werden als Märtyrer glorifiziert.

In der Musikszene hat die Verbindung von Hardrock, Heavy Metal und Satanskult seit den sechziger Jahren Tradition. Am 6. Dezember 1969 wurde in San Francisco der 18jährige Farbige Meredith Hunter auf der Bühne erstochen, als die "Rolling Stones" gerade ihr "Sympathy for the Devil" sangen. Welche archaischen Gefühle geweckt werden können, zeigen die Auftritte der "Black-Metal-Bands" der achtziger Jahre. Da hämmern Klänge jenseits der Schmerzgrenze von der Bühne herunter. Maschinenpistolen rattern ein erbarmungsloses Stakkato. Eine lebensgroße Figur einer nackten Frau hängt mit gespreizten Beinen von der Decke herunter. Dann kommt der Satansstar mit seinen Requisiten: Peitsche, Messer und Äxte. Ein Beilhieb spaltet die Puppe. Frauenkörper werden mit Dolchen gequält und aufgeschlitzt. Zerstückelte Embryos fliegen ins Publikum. Die 13- bis 20jährigen Fans toben in Ekstase und finden das Spektakel wahnsinnig *geil* und *affenstark*. Diese Leute seien gefährlich und absolut satanistisch, warnt die "Evangelische Zentralstelle für Weltanschauungsfragen". Wie gefährlich, das offenbart ein Interview, das ein "Mercyful-Fate-Sänger" einem Rock-Magazin gibt:

> Privat bin ich der gleiche Typ wie auf der Bühne. Ich sammle Kreuze und Reliquien, die ich aus Kirchen stehle. Die meisten Leute denken, wenn sie etwas von schwarzen Messen hören, gleich an Menschenopfer. Die Leute wollen nicht verstehen, daß Babies geopfert werden, weil ihr Blut das Unschuldigste und Reinste ist, was es gibt.

Im US-Bundesstaat Nevada haben im Juli 1990 Eltern gegen die Heavy Metal Band "Judas Priest" und deren Plattenfirma eine Klage auf Schadenersatz erhoben. Ihre Söhne, Raymond (18) und James (20), haben am 23. Dezember 1985 eine "Judas Priest" Langspielplatte gehört und beschlossen zu sterben. Bevor sie sich mit einem Jagdgewehr in den Kopf schossen hatten, sprach James zwei Liedzeilen dieser Band laut nach: "Leave this life with all its sin/It's not fit for living in." [11] Die Aufforderung wurde in die Tat umgesetzt: Raymond starb kurz darauf; James überlebte noch fast drei Jahre seinen Freund und starb 1988 an Drogenmißbrauch und den Folgen seines Suizidversuchs.Daraus eine grob vereinfachte Parallelisierung von Kind, Verbrecher, Psychisch-Kranken und Wilden abzuleiten, hat zu Recht Widerspruch herausgefordert. Dennoch macht eine solche Parallele den Kern einer Atavismustherorie aus, wenn auch damit nicht das Verbrechen schlechthin durch die Annahme einer bloßen Rückschlagserscheinung zufriedenstellend erklärt werden kann. Jedoch erschließen zugrunde gelegte Analogien nach beobachteten Übereinstimmungen in der Onto- und Phylogenese einen Deutungsansatz für viele Verbrechen, die nur als Ausfluß ungebändigter archaischer Tiebkräfte erklärt werden können. Dieses Triebpotential muß in der Wechselwirkung unterschiedlicher und komplexer Sozialisationsfaktoren gesehen werden. Dabei spielt im

---

11 "Verlaß das Leben mit all seiner Sünde/Darin Weiterleben macht keinen Sinn."

Gewaltverbrechen das *freie*, also nicht gebundene Aggressionspotential die entscheidende Rolle. Es wird in bestimmten Situationen entfesselt.

Es ist nicht entscheidend, ob Aggression nach dem Erklärungsansatz der Verhaltensforscher als angeborener Trieb oder nach der Psychoanalyse lediglich als Triebäußerung angesehen wird. Zweck und Abbaumöglichkeiten des Aggressionspotentials müssen sich nicht nach voneinander abweichenden Theorien [12] unbedingt gegenseitig ausschließen. Der Zweck dürfte - wahrscheinlich sogar primär - in der Arterhaltung und aus den unter die Arterhaltung zu stellenden Aspekten der Reviergrenzung, des Schutzes der Nachkommenschaft und der Ausbildung einer Rangordnung (nach Lorenz) abzuleiten sein. Das schließt aber nicht den Zweck der Verhinderung der Selbstzerstörung und Entlastung des Triebhaushaltes (nach Freud) aus. Wenn die Verhaltensforschung den Abbau des Triebpotentials vornehmlich durch Abreaktion an Ersatzobjekten sieht, so trägt die psychoanalytische Auffassung, nach der der Abbau durch positive Gefühle, z.B. über Identifizierungs- und Sublimierungsvorgänge, erreicht werden kann, zu einem weitergehenden Verständnis bei. Aggressive (psychische) Energie wird an Objekte gebunden, d.h. es erfolgt durch Bindungen eine Objektbesetzung. Dadurch, daß ein Teil ungerichteter Aggression zum Aufbau positiver Beziehungen verbraucht wird, z.B. durch enge Bindungen des Kindes an das Elternobjekt, tritt nicht nur erwünschte Triebentlastung ein, sondern auch die Bildung eines sozialen Bandes. Dieses Band fügt sich in das soziale Beziehungsgeflecht einer sozialen Struktur ein. Dadurch ergibt sich ein Bündel notwendiger sozialer Normen, Rollen, Herrschaftsbeziehungen und Statusgliederungen, wodurch Rechte, Verpflichtungen, Zugehörigkeiten und damit ein relativ abgegrenztes stabiles Gefüge von Verhaltensmustern entstehen kann. Es geht also nicht um die Verhinderung oder Ausschaltung von Aggression, sondern um die Abwendung ihrer negativen Folgen, die sich u.a. im Verbrechen und Kulturzerfall ausdrücken. Gewalt ist daher nach Friedrich Hacker (1971) die ungebundene *freie Erscheinungsform von Aggression*. Deshalb ist Ag-

---

12 Im Gegensatz zu den Auffassungen von Lorenz und Freud werden die Theorien vertreten, daß aggressives Verhalten erlernt wird (vgl. Bandura, A.: Sozialkognitive Lerntheorie, 1979) oder aber die Folge von Frustrationen sei (vgl. Dollard, J. und Miller, N.E.: Frustration and Aggression, New Haven 1937, dtsch. Weinheim 1979).

gression selbst, bzw. das für Aggression maßgebliche Triebpotential, sozial zu binden.

Was sich in der geschilderten Gewaltszene des Black-Metal-Auftritts abgespielt hat, ist exakt eine Umkehrung der Bindung. Das Geschehen bot entfesselte Gewalt, in die nur die nun freie Aggression der rasenden Fans einzufließen brauchte, um sich im Fanal orgiastisch und orgastisch auszutoben.

Mithin ist das Verbrechen als Rückschlagserscheinung keine ultima ratio, sondern eher eine Versagungsfolge, die als eigentliche Ursache gesetzt wird.

2.5 Determiniertheit und Kausalität

Der Zugang zur Psychoanalyse scheint für viele allein durch die Barriere eines determinierten Menschenbildes verbaut zu sein. Die Ursprünge der Psychoanalyse gehen ebenso auf den Darwinismus zurück wie die des Determinismus. Eine Determiniertheit beinhaltet, verallgemeinernd gesagt, daß der Mensch und sein Wille nicht frei sind. Daraus folgt, daß man die Vorwerfbarkeit der Tat und die Verantwortlichkeit des Handelns in Frage stellt. Damit wird an den Grundfesten eines Schuld- und Willensstrafrechtes gerüttelt.

Unbestritten ist, daß niemand heute an dem Glauben an die absolute Freiheit festhält. Lorenz (1973) hat uns die Bedeutung aufgezeigt, die "ritualisierte Normen", die unsere Kultur tradiert, für das Sozialverhalten haben. Sie "stellen ein kompliziert stützendes Skelett der menschlichen Gesellschaft dar, ohne das keine Kultur bestehen kann." Aber er erkennt auch den Preis, den uns diese Funktion kostet. "Sie müssen nämlich stets gewisse Grade der *Freiheit* ausschließen".

Die Freiheit des Individuums ist zweifelsfrei relativ, weil der Bezugsrahmen für die menschliche Entwicklung und für menschliches Verhalten vorgegeben ist. Körperliche und psychische Gegebenheiten sowie Entwicklungsstufen bestimmen menschliche Grenzen und Möglichkeiten.

Alexander Mitscherlich (1965) weist auf Adolf Portmann hin und betont, daß der Mensch im ersten Lebensjahr noch ein "sozialer Uterus" ist. Die unmittelbare Umwelt des Kindes vertritt "den Mutterkörper" und übernimmt "die Rolle des mütterlichen Leibes". Biologen, u.a. Portmann (1956), begründen die Auffassung, daß der Mensch als sogenannte "Frühgeburt" zur Welt kommt. Nicht neun, sondern ca. 21 Monate wären notwendig, einen *reifen* Menschen im Mutterleib auszutragen. Die "Frühgeburt" erfüllt den Sinn, daß der Mensch maßgeblich das individuelle Schicksal und seine Entwicklung mitbestimmt. Möglichst früh sollen Reifungs- und Lernvorgänge ineinandergreifen. Das entspricht, wie Mitscherlich mit Hinweis auf Portmann erneut zitiert, "der Besonderheit der humanen Weltbeziehung, die wir eine geistige oder weltoffene nennen".

Schicksale und Entwicklungsstufen bis hin zu steuerbaren, gesteuerten und ungesteuerten Außenreizen sind zu komplex, um sie von vornherein absolut festzulegen. Der Streit entzündet sich daran, ob, wann und wo die Weichen für den Schicksals- und Entwicklungsverlauf gestellt werden und welche Mechanismen an dieser Weichenstellung beteiligt sind, inwieweit der Streckenverlauf in seiner Richtung festgelegt bzw. bis zu welchem Zeitpunkt eine Richtungsänderung noch möglich sein könnte. Der Sozialisationsprozeß entscheidet also maßgeblich über die Sozialanpassung. Jeder hat damit die Chance, kriminell zu werden, so daß Kriminalität insgesamt als allgemeine menschliche Erscheinung anzunehmen ist. Die Entwicklung des Menschen zum Verbrecher hängt folglich überwiegend von seinem individuellen Lebensschicksal - zugleich auch von seiner Persönlichkeitsreife - und nicht ausschließlich von seiner Anlage ab. Keinesfalls ist dabei das Verbrechen für den einzelnen unausweichliches, allenfalls - wenn überhaupt - drohendes Schicksal. Ebenso wie es keine scharfe Grenzziehung zwischen Ererbtem und Erworbenem gibt, scheint es sie auch nicht zwischen kriminell und nichtkriminell zu geben.

Wilhelm Stekel (1912) unterstreicht die Unmöglichkeit der Grenzziehung vom Ursprung her, wenn er das Kind als "universell kriminell" bezeichnet. Er meint natürlich nicht, daß es kriminell an sich ist, sondern nur ein Wesen "mit allen angeborenen Trieben" und "in bezug auf die Sitten und Gesetze der herrschenden Kultur".

Das determinierte Menschenbild, das Freud von den Naturwissenschaften übernommen hat, soll keinen Gegensatz zum freien Willen ausdrücken. Die psychische Determinierheit geht von der Ansicht aus, daß psychisches Geschehen nicht zufällig, sondern auf Ursachen zurückzuführen ist. Der Begriff der *Ursache* war gerade zur Zeit der Anfänge der Psychoanalyse mit einem sehr engen Verständnis von Determiniertheit verbunden und ist bis heute immer wieder Mißverständnissen ausgesetzt. Ausgesagt werden soll aber, daß es für keinen Menschen ein voraussetzungsloses Handeln ohne Motive gibt. Der Psychoanalyse geht es in der Kriminologie nicht um die Klärung der Freiheitsfrage, sondern um die Erforschung der inneren Begründungen, die zum Verbrechen führen. Hilde Kaufmann (1971) schreibt zutreffend in der Einleitung zu ihrer Kriminologie, "daß es überdies nicht einmal in bezug auf einen einzigen Täter klare und einfache Antworten auf die Ursachenfrage zur Verfügung stehen, vielmehr ein kompliziertes Geflecht von Faktoren zur Tat führt, das nur partiell bekannt ist." Kaufmann hat daher den auch hier mißverständlichen Begriff der Ursache durch Entstehungszusammenhänge ersetzt. Determiniertheit und Kausalität werden damit für eine psychoanalytische Kriminologie modifiziert.

Bei der psychischen Determiniertheit geht es mehr um Wahrscheinlichkeiten, zu denen man gelangt, bestimmte Erscheinungen *richtig* zu deuten, und nicht um einen Gegensatz zum freien Willen. Ein Individuum kann im hohen Maß mit innerer Sicherheit in der Lage sein, bewußt darüber zu urteilen, für welche unter mehreren möglichen Alternativen es sich entscheiden soll. Irrig ist, daß der Psychoanalytiker jeden Vorgang erklären kann. Die psychische Determiniertheit ist auch keine Voraussetzung dafür, daß alle psychischen Ereignisse Abfolgen und Wechselwirkungen sind, die kausal zusammenhängen.

Alfred Adler stellt in seiner Individualpsychologie [13] auf finales Denken ab und verläßt die weitgehend von Freud vorgegebenen kausalen Determinanten.

Karen Horney [14] rebelliert gegen Freuds biologischen Determinismus, indem sie immer wieder das dem Menschen innewohnende Entwicklungs- und Wachstumspotential betont. Sie teilt die feste Überzeugung, daß der Mensch zu einem Wandel fähig ist, solange er lebt, und daß die Erziehung für die Entwicklung des Individuums viel entscheidender ist als allein die Anlage. Die Nachfolger Freuds legen den Menschen nicht allein auf die im frühkindlichen Alter vollzogene Entwicklung fest.

---

13 Vgl. Kap. 6.2 Der individualpsychologische Ansatz

14 Vgl. Kap. 6.4 Der "neurotische Mensch" von Karen Horney

Eine personale Tiefenpsychologie, die sich stärker an den Selbstformungskräften im "Personwerden" orientiert, durchbricht bloßes deterministisches Denken.

Erich Fromm (1968) sieht auch in Freud keinen Deterministen, der an die Unwiderruflichkeit der kausalen Determination glaubt, sondern er hält auch bei Freud offen, daß man einen bereits eingeschlagenen Weg noch ändern könne. Er führt einen falsch verstandenen Determinismus darauf zurück, daß wir gewohnheitsmäßig von der Willensfreiheit des Menschen im allgemeinen anstatt von der eines bestimmten Individuums sprechen. Fromm hebt hervor, daß es eine freie Wahl zwischen *Gut* und *Böse* überhaupt nicht gibt, sondern "nur konkrete und spezifische Handlungsweisen, die Mittel zum Guten sind, und andere, die Mittel zum Bösen sind, immer vorausgesetzt, daß man Gut und Böse richtig definiert". Fromm schreibt dazu weiter:

> Freiheit ist ein Wort, ein abstrakter Begriff. Es gibt nur eine Realität: Den Akt des Sich-befreiens im Prozess der Entscheidung.

Danach ist die kausale Determination für das heutige psychoanalytische Verständnis kein Dogma. Fromm sieht die Möglichkeit einer Veränderung in der Fähigkeit des Menschen begründet, "sich der Kräfte bewußt zu machen, die ihn sozusagen hinter seinem Rücken antreiben", um die Freiheit zurückzugewinnen [15]. Mehrere Motivationen bestimmen den Menschen in seinem Handeln. Ein ganzes Motivbündel kann als ursächlich für Tun oder Unterlassen angenommen werden. Welche von mehreren, sich wechselseitig beeinflußbaren Motiven die mächtigste Wirkursache schließlich bildet, hängt davon ab, ob der Mensch sich bewußt ist, in welchem Augenblick die Entscheidung fällt. Fromm (1968) sagt dazu:

> Es gibt nichts, was nicht eine Ursache hätte, aber nicht alles ist determiniert (im Sinne eines harten Determinismus).

Erich Wulffen (1908) schrieb, was auch noch für heute gültig ist, daß "der Wille sehr wohl ein Vermögen" ist, "welches, so sehr es einerseits, wie wir an der langen Kette der physiologischen und psychologischen Ereignisse gesehen haben, bedingt ist, dennoch aus eigener Kraft heraus selbständig neue Ursachen setzen kann und solche Ursachen zu setzen

---

15 Vgl. auch Fromm, E.: Jenseits der Illusionen, Zürich 1962

sich üben kann". Wulffen hält die Schlußfolgerung des einzelnen, daß er sich bei der erkannten Notwendigkeit der Kriminalität leichter als sonst zum Verbrechen entschließen könne, für einen Trugschluß sophistischer Art. Er schreibt dazu:

> Der irrt sich im Wesen des verbrecherischen Menschen, wer glaubt, er fühle sich auf seiner dunklen Bahn glücklich, freudig und frei.

Die Frage, ob man dem Täter die Freiheit des Handelns zuschreiben kann, falls er über einen Willen dazu verfüge, wird offenbleiben müssen. Sie läßt sich nicht pauschal für alle Menschen beantworten. Das heißt jedoch nicht, dem zum Determinismus neigenden Strafrechtslehrer Franz von Liszt [16] uneingeschränkt zu folgen und den Streit um die Willensfreiheit für das Strafrecht mehr oder weniger bedeutungslos zu halten. Die Annahme eines freien Willens als blinde Willkür würde das menschliche Zusammenleben in ein Chaos verwandeln. Werte- und Normsysteme würden beziehungslos nebeneinander stehen. Daher dürfe wohl immer ein Einfluß von Motiven auf das Verhalten angenommen werden, wobei auch das Ich von einer Selbstdeterminierung niemals ganz frei ist. Das Kausalgesetz wird zwar dabei nicht aufgehoben, aber im Motivbündel wird dem Ich eine besondere Stellung eingeräumt werden müssen. Wenn unter dem Willen der Inbegriff aller Neigungen, Triebe und Begehrensdispositionen verstanden wird, muß der Wille naturgemäß unfrei sein, weil von einem solchen Verständnis her alle Inhalte unter die Kausalität fallen. Es geht aber um einen darüber hinausgehenden Willen, dem die Fähigkeit zugestanden wird, mit diesen Inhalten fertig zu werden bzw. damit umzugehen. Diese Fähigkeit ist eine Ichfähigkeit, die die Regulierung von Motiven zuläßt. Die Standortbestimmung der Willensfreiheit auf der Skalenbreite vom Ja bis zum Nein, die nicht auf die Punkte des *Entweder-oder* zu bringen ist, hängt von der Ichstärke oder Ichschwäche ab. Gerade die Psychoanalyse hat uns die Erkenntnis gebracht, daß sich das Ich im Laufe der Zeiten aus dem dumpf-dunklen Triebzustand zu einem helleren Wachsein entwickelt

---

16 Franz von Liszt (1851 - 1919), Strafrechtslehrer, gehörte zum Beginn des 20. Jahrh. zu den führenden Köpfen der Strafrechtswisssenschaft und der Kriminologie. Er betrachtete den Verbrecher als sozialpathologische Erscheinung und maß den gesellschaftlichen Faktoren größere Bedeutung zu als den individuellen. Im Ergebnis blieb jedoch der Verbrecher für ihn ein Produkt aus Anlage und Umwelt (Vereinigungstheorie).

hat. Diese Erkenntnis hat auch wesentlich zum Verständnis der historisch–soziologischen Betrachtungsweise beigetragen. Der Struktur des psychischen Apparates gemäß ist phylo– und ontogenetisch die Triebsozialisation bzw. die Zurückdrängung von Trieben unterhalb der Schwelle bewußter Inhalte entscheidend für die Entwicklung. Damit wird das Freiheitsproblem an den Entwicklungsfaktor gebunden. Dieser *determiniert* nicht absolut, grenzt jedoch den freien Willen ein. Mit der Reife wächst die persönliche Freiheit des Individuums, und dort, wo ein Freiheitsgefühl im Menschen lebendig ist, muß das Verantwortungsgefühl für das Handeln vorausgesetzt werden. Wenn der Wille an die Entwicklung gebunden ist, dann setzt der Mensch in seinem Sozialisationsprozeß mit seinen Antrieben, die auch zum Verbrechen führen können, die Mäßstäbe für die Moral, die sein Gewissen prägen. Der psychische Apparat arbeitet sowohl aufnehmend–assoziativ als auch aktiv–gestalterisch, sowohl erfahrend als auch erlebend, so daß ein weiterführendes psychoanalytisches Verständnis nicht nur auf ein Entweder–oder begrenzt bleibt, sondern ebenfalls zum Sowohl–als–auch hinführt.

Wir träumen von Reisen in das Weltall. Ist denn das Weltall nicht in uns? Die Tiefen unseres Geistes kennen wir nicht. Nach innen geht der geheimnisvolle Weg. In uns und nirgends ist die Ewigkeit mit ihren Welten, die Vergangenheit und die Zukunft.

Novalis, 1798

3. Der psychische Apparat

3.1 Modellvorstellungen

Die Konzeption des psychischen Apparats, wie er weitgehend in der Psychoanalyse noch heute zugrundegelegt wird, geht in ihren Anfängen auf das letzte Jahrzehnt des 19. Jahrhunderts zurück. Zunächst ist es Freud gewesen, der Behandlungsmethoden seelischer Störungen mit einem grundsätzlichen Denkansatz [17] für das Verständnis seelischer Funktionen und ihrer Erkrankungen in einem sogenannten "Affekt-Trauma-Modell" vorstellte. Gemäß diesem Modell ging er davon aus, daß äußere seelische Verletzungen, vor allem in der Kindheit, in einer normalen Anpassung an die Wirklichkeit nicht bewältigt werden können. Unerträgliche Vorstellungen können verdrängt werden und zu starken Affekten führen.

Für die Weiterentwicklung des psychischen Apparates waren dann topische und strukturelle Vorstellungen entscheidend. Freud versuchte, seelisches Erleben *räumlich* einzuordnen und brachte seine Überlegungen in einer ersten systematischen Darstellung des psychischen Apparates mit seinen Funktionsweisen in die "Traumdeutung" (1900) ein. War bei den ersten Überlegungen vordergründig die Anpassung des Individuums an äußere Ereignisse von Bedeutung, so rückte in der weiteren Konzeption die Anpassung an die im Innern des Menschen wirkenden Kräfte in den Vordergrund. Daher ordnet Freud psychische Vorgänge in die Systeme *unbewuß*t, *vorbewuß*t und *bewuß*t ein.

Dennoch stellten sich Schwierigkeiten heraus, psychische Inhalte in die hier aufgezeigten *Räume* unterzubringen, weil sie sich überschnit-

17 Freud erhielt durch einen Aufenthalt bei Prof. Charcot in Paris (1885/86) den Anstoß, über die Ursachen hysterischer Störungen nachzudenken und das Ergebnis in den "Studien über Hysterie" (1893 - 1895) niederzulegen. Dabei basierten seine theoretischen Aussagen auf klinischen Erfahrungen mit Patienten.

ten[18]. Freud (1923) entwickelte daher zur Problemlösung eine erste Systematik zur Darstellung einer strukturellen Konzeption mit der Einteilung der Psyche in die Systeme *Es, Ich* und *Über-Ich*. Die Struktur erklärt, in welcher Beziehung psychische Inhalte zum *Bewußtsein* stehen.

In etwa drei Jahrzehnten hat Freud zur Entwicklung des Konzepts des psychischen Apparates beigetragen, in dem sich bis heute die wesentlichen Aspekte des *Affekt-Traumas*, des topischen und strukturellen Modells erhalten haben.

Zum besseren Verständnis einer psychoanalytischen Kriminologie ist es unentbehrlich, die wesentlichen Hypothesen und Postulate, die die tragenden Säulen der Psychoanalyse bilden, in ihren Grundzügen vorzustellen. Daß sich Aussagen wiederholen, wird dabei in Kauf genommen, da Überschneidungen und Wechselwirkungen in unterschiedlichen Bezügen die Komplexität einer psychoanalytischen Sicht erst ausfüllen.

3.2 Das Unbewußte

Das Unbewußte ist sowohl phylogenetisch als auch ontogenetisch der älteste Teil der Psyche. Nach Freud ist es zunächst gleichermaßen Trieb- und Energiequelle des Seelenlebens. Unbewußtes enthält u.a. lebensgeschichtlich Verdrängtes, das insbesondere zu Ängsten und zu verbotenen Wünschen aus den ersten Lebensjahren in Beziehung zu setzen ist. Das Unbewußte ist auch eine seelische Arbeitsweise, nach der nicht miteinander vereinbare Vorstellungen (z.B. Liebe, Haß, Tötungsphantasien) nebeneinander bestehen können.

Raum und Zeit, Dimensionen der Realität, haben keine Gültigkeit. Das System "unbewußt" kennt keine Versagungen und Verzichte. Alles ist möglich. An die Stelle der realen Welt tritt eine psychische, die sich in Träumen, Phantasien, Halluzinationen und Visionen ausdrückt. Dieser psychische Prozeß ist in der Psychoanalyse als "Primärvorgang" bekannt. Ein Seelenleben, das nur Primärvorgänge kennen würde, könnte

18 Das trifft insbesondere für die Einordnung des "Widerstandsphänomens " zu, weil es einerseits ein Sekundärvorgang im *Vorbewußten* ist, aber andererseits dem System *unbewuß*t zugeschrieben werden muß.

für sich selbst nicht existieren. Weitere Anteile des Unbewußten gehen auf das Ich und Über-Ich zurück. [19] Freud (1923) schreibt:

> Wir erkennen, daß das Unbewußte nicht mit dem Verdrängten zusammenfällt; es bleibt richtig, daß alles Verdrängte unbewußt ist, aber nicht alles Unbewußte ist auch verdrängt.

Das Unbewußte resultiert nicht nur aus der Lebensgeschichte des einzelnen aufgrund des Verdrängten, des Primärvorgangs und der Über-Ich-Bildung. Es muß auf die Wahrscheinlichkeit hingewiesen werden, daß auch Anlagen wirksam sein müssen, also Inhalte aus der stammesgeschichtlichen Herkunft, die eine "archaische Erbschaft" [20] begründet.

Unbewußtes muß als Gegenbegriff zum Bewußtsein verstanden werden, wie zur *Verdrängung* der Gegenbegriff *Einfall* (Rückerinnerung) gesetzt werden kann. Das Unbewußte ist auch in der Weiterführung der Psychoanalyse sowohl für einschränkende als auch für weitergehende Annahmen und Interpretationen offen.

Karen Horney (1951) hält die Mechanismen der Angstabwehr für charakterbildend und unbewußt. Unbewußtes entsteht dadurch, daß das Individuum Angst durch Flucht und Leugnen aus dem Bewußtsein ausschließt. [21]

Schultz-Hencke geht in seiner Eingrenzung unbewußter Inhalte weiter und löst sich von dem vielseitigen komplexen Begriff "unbewußt". Er konkretisiert Unbewußtes als "Hemmung", die dadurch zustande kommt, daß Besitz-, Geltungs- und Sexualstreben nicht durch die Mutter oder durch die an ihre Stelle tretende Bezugsperson in der Erziehung gesteuert werden. [22]

Es fällt nicht schwer, Zusammenhänge zu den Auffassungen von Horney und Schultz-Hencke herzustellen. Schließlich sind es Angst und Hemmung, die den Menschen in seiner Freiheit einschränken, so daß

---

19 Freud überwindet durch die Begriffe "Ich", "Über-Ich" und "Es" in einem Ganzen den systematischen Gegensatz "unbewußt-bewußt". Vgl. Freud, S.: Das Es und das Ich, 1923

20 Hier steht Freud im Widerspruch zu den Erbforschern, die die Möglichkeit einer Vererbung erworbener Eigenschaften ausschließen. Vgl. Kap. 2.3 Körper und Psyche und 2.4 Das Verbrechen als Regressionsphänomen

21 Vgl. Kap. 6.4 Der "neurotische Mensch" von Karen Horney

22 Vgl. Kap. 6.3 Der Ansatz von Schultz-Hencke

das Individuum sich in einer Weise verhalten kann, ohne daß es ihm selbst bewußt ist.

Erich Fromm sieht im Unbewußten eine Möglichkeit zur größtmöglichen Selbstentfaltung. Diesen Möglichkeiten wirken Abhängigkeiten und Eingebundensein (z.B. in Familie, Gesellschaft und Staat) entgegen. Nach Fromm hat der Mensch Angst vor der Freiheit. In den Um- und Abwegen, die der Mensch zur Vermeidung seiner Freiheit und Selbstentfaltung einschlägt, manifestiert sich das Unbewußte im Charakter und Verhalten. [23]

Carl Gustav Jung hat den Begriff *unbewußt* erweitert. Er unterscheidet das persönliche Unbewußte, wie es in den bisherigen Auffassungen vorgestellt wurde, und das kollektive. [24]

Der Psychiater und Psychologe Leopold Szondi (1956) lehnt aus grundsätzlichen Überlegungen ein Schichtenmodell des Unbewußten ab. Er geht von drei Sprachen des Unbewußten aus: von der von Freud entdeckten Symptomsprache des persönlichen Unbewußten, von der von Jung erschlossenen Symbolsprache des kollektiven Unbewußten und von seiner eigenen *Wahlsprache* des familiären Unbewußten. [25]

---

23 Vgl. Kap. 6.6 Die humanistische Psychologie von Erich Fromm

24 Vgl. Kap. 6.5 Jung und die analytische Psychologie

25 L. Szondi, Begründer der Schicksalspsychologie und Schicksalsanalyse, Professor der Psychopathologie in Budapest, gründete und leitete verschiedene Internationale Forschungsgemeinschaften und Gesellschaften für experimentelle Triebdiagnostik, Schicksalspsychologie und schicksalsanalytische Therapie in den Jahren 1947 bis 1961. Mit seinem Erklärungsansatz zu den Gemeinsamkeiten von Berufs- und Verbrecherschicksalen hat er für die Kriminologie einen sehr beachtenswerten Beitrag geleistet. Er lehrte, daß die für den Menschen wahllenkenden Faktoren nicht allein genetisch sind, sondern mit anderen Faktoren im Sinne eines multikonditionalen Beziehungsgeflechtes zu sehen sind. Zwangsschicksal ist, seinem Erbe nicht mehr entrinnen zu können und in einer ererbten Sphäre leben zu müsssen. Ähnliche Erbanlagen lassen den Menschen aber auch unter Umständen vielleicht eine ganz entgegensetzte Umweltsphäre wählen. Ein Teil der Menschen kann sein negatives Erbe zum positiven Schicksal wenden und seine Anlage sublimieren. So werden Verbindungslinien u.a. zwischen Feuerwehrmann und Brandstifter, Polizisten und Verbrecher, Psychiater und Geisteskranken hergestellt. Gestützt wird u.a. diese These durch die Auffassung, daß es zwischen dem Normalen und dem Verbrecher keinen qualitativen Unterschied gibt (vgl. Kap. 2.2 Der psychoanalytische Verbrechensbegriff). Szondi wird noch ausführlicher in diesem Kapitel (3.7 Ichfunktion und Ichleistung) zitiert.

Der Begriff des Unbewußten dürfte noch weit von einer abschließenden Klärung entfernt sein. Für eine psychoanalytische Kriminologie ist von Bedeutung, daß Nichterinnerbares dynamische Qualität besitzt und in den Bereich des psychischen Erlebens hineinwirkt, ohne daß dieser Vorgang dem Bewußtsein zugänglich ist. In der Tiefenschicht des Menschen vollzieht sich ein energetisch–triebhaftes Geschehen, das maßgebliche Kräfte enthält und entfaltet, dessen Herkunft und Intention für den betreffenden Menschen nicht durchschaubar sind.

3.3 Das Vorbewußte

Nach psychoanalytischen Auffassungen drängen nicht nur Kräfte, Inhalte und Vorstellungen aus der Tiefe des Unbewußten hervor, sondern sie werden auch an der Oberfläche gebildet. Ihre Ursprünge sind Reize der Außenwelt. Ein Kind wird z. B. vom Lehrer geschlagen. Das Kind erlebt die Situation bewußt als Ablehnung, so daß Rache– und Wutgefühle entstehen. Solche Vorstellungen dürfen aber nicht wahrgenommen werden, weil der Lehrer zu achten ist. Die Kräfte und Inhalte müssen daher integriert werden, wobei es zu neuen Vorstellungsinhalten kommt, die nicht unbedingt in das Bewußtsein treten müssen. Dies geschieht in Wechselwirkung mit der Tiefenschicht des Unbewußten, noch unterhalb der Schwelle des Bewußtseins. Freud hat diesen Wirkweisen in seinem topischen Modell den Ort des Vorbewußten zugewiesen. Dabei erlernt das Individuum in seiner Entwicklung die Fähigkeit, seine unbewußten Kräfte und Vorstellungsinhalte zu steuern und aufzuschieben. Vorstellungen werden geprüft, umgesetzt oder zurückgewiesen, Primärvorgänge werden umgewandelt, wodurch neue Abkömmlinge von Triebwünschen entstehen, die an die Realität angepaßt werden. In unserem Beispiel verschiebt das Kind seine aus unterdrückter Wut gegen den Lehrer entstandene Aggression und schlägt in der Pause dafür seinen Mitschüler. Ähnlich verhält sich der in seinem Betrieb unterdrückte Mitarbeiter in seiner Familie, der es nicht wagen kann, offen gegen seinen Chef zu rebellieren. Ehefrau und Kinder müssen seinen Zorn ertragen, der eigentlich seinen Vorgesetzten treffen sollte.

Triebe werden mit Vorstellungen besetzt und verbunden. Es entstehen sogenannte psychische Repräsentanzen in Wechselwirkung mit der Außenwelt. Aktuelle Erlebnisse werden mit zurückliegenden verknüpft. [26] Die Befriedigung der Triebwünsche wird bei starker Bedrohung der Selbsterhaltungsbedürfnisse oder der sittlich moralischen Maßstäbe aufgegeben, aufgeschoben oder anders kanalisiert. Die im Unbewußten nicht existierenden Dimensionen von Raum und Zeit, die dort herrschenden Widersprüche und Doppeldeutigkeiten werden im Vorbewußten aufgelöst. Triebregungen, Aggressionen werden gebunden, und es entstehen verbale Sinnbilder.

Verdrängte Triebregungen können sich in Affekte, z.B. in Ängste verwandeln. Dem Vorbewußten wird zugeschrieben, solche Entwicklungen und die Auswirkungen von Affekten auf das Bewußtsein zu vereiteln, indem sowohl Kräfte als auch Vorstellungen solcher Wünsche verworfen werden. Ferner gehören in das System *vorbewußt* Abwehrfunktionen, um nicht Vorstellungen bewußt werden zu lassen, die nicht angenommen werden können. Desgleichen ist im Vorbewußten die Bildung sogenannter neurotischer Symptome möglich, wenn Abwehrmechanismen versagen. Solche Symptome empfindet das Individuum als Zwangsvorstellungen und -handlungen bzw. Zwangshaltungen. Diese Haltungen können Delinquenzcharakter bekommen, worauf noch einzugehen sein wird.

Im Gegensatz zum Unbewußten, das sowohl archaisches Erbe als auch ein Produkt aus der individuellen Lebensgeschichte sein kann, unterliegt die Bildung des Vorbewußten dem Entwicklungs- und Reifeprozeß des Individuums. Damit ist es entwicklungsgeschichtlich betrachtet jünger als das System unbewußt. Das Vorbewußte kann man auch dem jüngeren an der Oberfläche liegenden Teil des Unbewußten noch zuordnen, wenn ein solches Modell auf eine Zweischichtigkeit in den Räumen des Unbewußten und des Bewußten reduziert werden soll.

3.4 Das Bewußte

Das Bewußte beinhaltet alles durch die Sinne Wahrnehmbare. Es liegt der Oberfläche des psychischen Apparates am nächsten. Nach innen grenzt es an das Vorbewußte, mit dem es vieles gemeinsam hat. Die Hauptaufgabe dieses Systems ist die Anpassung an die Außenwelt und

26 S. Freud (1911) unterscheidet zwischen dem Prinzip der Lustgewinnung und dem Realitätsprinzip. Hier wird im psychischen Geschehen eine Arbeit geleistet, die zu einer Synthese führt, die das Realitätsprinzip berücksichtigen muß.

deren Bewältigung. Seine Funktionen ermöglichen, Sinneseindrücke aufzunehmen und zu verarbeiten. Das Bewußtsein wird in der Psychoanalyse als Endprodukt der Evolution betrachtet.

Das System Bewußt nimmt sowohl die Reize von außen, also die der Umwelt auf, als auch die, die aus dem Innern kommen. Dem psychischen Geschehen wird Bewußtseinsqualität verliehen, angefangen von der Wahrnehmung der Umweltereignisse bis hin zu flüchtigen Tagträumen, die sich hirnorganisch im Hinterkopf abspielen. Man vermutet, daß Außenreize beim Eindringen in den psychischen Apparat eine bestimmte Hemmschwelle überwinden müssen, bevor sie bewußt erlebt werden können. Unterhalb dieser Schwelle erfolgt allenthalben ein Registrieren im Vorbewußten. Bewußtseinsqualität bekommt möglicherweise ein Ereignis erst dann, wenn es im Zusammenhang bestimmter Abläufe, die nachträglich rekonstruiert werden müssen, zumindest aus dem Vorbewußten an die Oberfläche geholt wird. Es ist sogar möglich, in einem sogenannten aufdeckenden Verfahren der Psychoanalyse tiefer verschüttete Inhalte bewußt zu machen. [27]

Der Mensch ist permanent einer Flut äußerer Reize und Eindrücke ausgesetzt, die er nicht alle zusammen in das Bewußtsein aufnehmen kann. Eben aufgrund einer nur begrenzten Aufnahmekapazität der Sinne ist eine Selektion erforderlich. Darüber hinaus wird zwar vieles in das Geschehen des psychischen Apparates einbezogen, jedoch nicht unbedingt auf der Bewußtseinsebene wahrgenommen. Es sind *Aufmerksamkeiten* für die Aufnahmebereitschaft erforderlich, so daß erst nach Abzug der *Aufmerksamkeiten* die Inhalte zumindest in den vorbewußten Raum hineingenommen werden. Dem Bewußtseinsraum ist auch trotz aller Intensität eine gewisse Flüchtigkeit zuzuschreiben. Alte Eindrücke werden durch aktuellere überlagert und, um in der Sprache einer räumlichen Vorstellung zu bleiben, in tiefere Schichten des Bewußten bis hin zum Vorbewußten *verdrängt*. Je nach dem wie gründlich die Verdrängung schon erfolgt ist, besteht die Möglichkeit, ihnen wieder Bewußtseinsqualität zu geben. Verdrängte Komplexe können dadurch wieder durch Erinnerungsarbeit zurückgeholt werden, um sie realistisch aufarbeiten zu können. Dabei erfolgt auf der Bewußtseinsebene weitgehend eine Realitätsprüfung, das Vorbewußte unterliegt bereits dem Realitäts-

27 Ein solches Verfahren ist die von S. Freud angewendete *freie Assoziation*.

prinzip. Je näher diese Ebene an der Oberfläche liegt, um so kritischer und strenger erfolgt die Prüfung, die einer Zensur gleichkommt. Je weiter sie sich aber von der Oberfläche in tiefere Räume verlagert, um so mehr entzieht sie sich der Zensur, bis sie sich in den Tiefenschichten des unbewußten Raumes völlig verliert. Gleiches gilt für die Dimensionen Zeit und Raum.

An den fließenden und durchlässigen Übergängen der hier aufgezeigten Räume wird der psychische Apparat als Ganzes verständlich. Antriebe und Inhalte des psychischen Geschehens sind komplex und beeinflussen sich ständig gegenseitig. Psychisches Geschehen spielt sich zwar auf einer biologischen Bühne ab und ist ohne sie nicht denkbar, aber der psychische Apparat selbst hat keinen anatomischen Sitz.

3.5 Das Es

Das Es gehört, wie die Instanzen des Ichs und Über-Ichs, zu der von Freud später entwickelten strukturellen Theorie des psychischen Apparates. Die hier angesprochenen Instanzen sind in ihren wesentlichen Strukturen bis heute gebräuchlich, um psychisches Geschehen sinnvoll erklärend zu beschreiben.

Das Es entspricht in seinen charakteristischen Merkmalen nahezu vollständig dem Unbewußten. Freud (1933) stellt sich vor, daß das Es am Ende gegen das Somatische hin offen ist. Dort würden alle Triebbedürfnisse aufgenommen werden. Von den Trieben her fülle sich nun das Es mit Energie, die nur das Bestreben hat, die Triebbedürfnisse zu befriedigen. [28] Analog zum Unbewußten herrscht dabei das Lustprinzip.

Schon bei der Geburt ist das Es vorhanden und enthält auch das von Freud postulierte archaische Erbe. Das Es bildet wahrscheinlich die erste mit der Geburt vorhandene seelische Struktur als Ergebnis des Ererbten und des in der Embryonalentwicklung Erworbenen. Freud schreibt dem Es keine Wertungen zu, denn es kennt keine Moral, kein gut und böse im eigentlichen Sinne. Nichts entspricht im Es den Gesetzen der Logik, des Raumes und der Zeit. Gegensätzliche Regungen können analog zum Unbewußten nebeneinander bestehen. Daraus ergeben sich für eine psychoanalytische Kriminologie wichtige Folgerun-

28 Vgl. Kap. 4.2 Trieb und Verbrechen und 4.3 Die neue Triebqualität

gen. Eine davon ist, daß ein zum Verbrechen im üblichen Sinne führender Konflikt nicht im Es erzeugt werden kann. Gleichwohl ist aber das Es universell kriminell, ohne persönliche Verantwortung zu kennen, weil dem Es die Moral fehlt. Im Es erfolgt keine an der Wirklichkeit orientierte Prüfung, so daß dort keine Gefahrensituationen erkannt werden und keine Affekte entstehen können. Kritisch ist ein unausgerichtetes Es, von dem Triebregungen ausgehen, die sich an alle denkbaren Objekte binden, sich aber auch von ihnen schnell lösen können. Jede Es-Regung bedeutet Triebäußerung, Triebspannung und Triebbedürfnis. Ziel ist das ausgerichtete Es, worunter eine Triebstruktur zu verstehen ist, die sich unter bestimmten vom Individuum erstrebten und eingehaltenen Bedingungen ohne Störungen äußern kann.

3.6 Die Ichentwicklung

Das Ich hat in der Psychoanalyse einen herausragenden Stellenwert. Die Psychoanalyse ist nicht nur eine Psychologie des Unbewußten, sondern auch eine Ichpsychologie. Das Ich beinhaltet sowohl die Persönlichkeit, das Selbst, als auch den Normalzustand eines Individuums und darüber hinaus die vom Ich ausgehende Abwehr.

Eine Ich-Instanz dürfte ursprünglich nicht angeboren, wie das Es vorhanden gewesen sein. Freud (1915) sieht das Ich als Subjekt, das aus den Trieben hervorgegangen ist. Da das Ich anfänglich sehr stark vom Es besetzt, d.h. triebbesetzt ist, bezieht es auch von dort seine für den Aufbau erforderlichen Energien. Das Ich bedarf daher der Ausprägung und Entwicklung.

Das Individuum ist in eine gesellschaftliche und in eine natürliche Umwelt eingebunden. Seine Bedürfnisse und Triebe veranlassen es, seine Umwelt zu verändern bzw. sich ihr anzupassen. Mit der Veränderung der Umwelt vollzieht sich automatisch eine Veränderung der psychischen Instanzen. Dabei bleiben die Bedürfnisse und Triebe der Menschen immer größer als die für die Befriedigung zur Verfügung stehenden gesellschaftlichen Mittel. Die Spannungen zwischen Bedürfnissen und Möglichkeiten ihrer Befriedigung bedingen daher zweierlei: die ständige Notwendigkeit der Veränderung der Umwelt und das Verdrängen von Triebimpulsen, deren Realisierung aufgrund tatsächlicher Gegebenheiten nicht immer oder gar nicht möglich ist.

Das Ich ist die psychische Instanz, der die Aufgabe der Bewältigung von Außen- und Innenwelt zukommt. Die Ichentwicklung hängt in diesem Prozeß davon ab, inwieweit die Realitätsbewältigung gelingt. Das sich noch entwickelnde Ich, zunächst noch schwach, kann dieser Aufgabe nur mit Hilfe des Über-Ichs und der Autoritäten gewachsen sein. Die Beziehungen des Ichs zu den Autoritäten und dem Über-Ich werden durch die ihr zugrunde liegende Emotionalität, die Angst vor Strafe und vor Entzug von Liebe und Geborgenheit bestimmt. Ausgangspunkt ist der Zustand einer primären Identifikation. Darunter ist die Einheit des Säuglings (Subjekt) mit der Mutter (Objekt) zu verstehen. Das Neugeborene muß erst lernen, zwischen sich und der Umwelt zu unterscheiden. Ich und Umwelt werden noch nicht voneinander getrennt und bilden zusammen den Zustand des primären Narzißmus [29], der sich in einer glücklichen Selbstzufriedenheit und Selbstliebe ausdrückt. Das Individuum ist gleichsam noch sein eigenes Ideal. Das Ich hat alle Besetzungen auf sich vereint. Zwischen Selbst- und Fremdperson wird nicht unterschieden. In der Zeit erster Ichentwicklung reift die undifferenzierte Einheit zu einer Zweierbeziehung von Mutter und Kind [30] heran. Dabei ist die Trennung zwischen Ich und Objekt ein schmerzlicher Vorgang, der von der Angst und von dem Gefühl der Zerstörung einer Einheit begleitet wird. Der Grad der Zuneigung und Liebe bestimmt den Weg zur Bildung einer ersten Objektbeziehung, die sich am Maß der Annäherung an das ursprüngliche Wohlbefinden, das in der Einheit erlebt wurde, orientiert. Dieses *Zurückwollen* in den Urzustand bleibt als mächtiger Wunsch erhalten. Es ist der Versuch, für den verlorenen Narzißmus einen Ersatz zu finden. Die erste Objektwahl ist daher narzißtisch. Narzißtische Objektwahl bedeutet, ein Objekt zu lieben, weil es etwas vom Selbst ist und weil es etwas von einem selbst hat. Der Verlust des Urzustands ist mit der Vertreibung aus dem Paradies gleichzusetzen. Als Adam und Eva erkannten, daß sie nackt waren, war das

29 Vgl. Kap. 4.6 Das Narzißmusphänomen. Auf die Bedeutung des Narzißmus wird u.a. in Kap. 8. Phänomene des Urverbrechens eingegangen. Primärer Narzißmus bedeutet: Die Libido wird vom fremden Objekt abgezogen und auf das eigene Ich gerichtet.

30 Michael Balint (1966) hat diese Periode der Beziehung zwischen Kind und Mutter mit dem Begriff der primären Liebe gekennzeichnet. Sie besteht nur in der Form des "Geliebt werden wollens".

der Beginn des grundsätzlichen Erkennens einer Subjekt–Objekt–Beziehung. Damit wurde der Verlust einer Einheit mit allen verhängnisvollen Folgen eingeleitet. "Da wurden ihrer beiden Augen aufgetan" [31], und im gegenseitigen Erkennen, welches auch einen Vorgang des *Sicherkennens* einschließt, wurde sowohl eine Trennung von einem glücklichen Zustand vollzogen als auch danach gestrebt, diese verlorene Einheit auf einer höheren Entwicklungsebene wieder herzustellen. Dieser Prozeß, gewachsen aus einem inneren Zwiespalt, bringt die eigentliche Ichbildung hervor.

Das Selbst und die Umwelt werden voneinander unterschieden. Die Differenzierung der Mutter–Kind–Einheit führt zur Bildung eines Ichs und zur Wahrnehmung eines unabhängigen Objekts. Die Trennung [32] erfolgt in einer Wechselwirkung der zwei Komponenten von Introjektion und Projektion. Letztere gehört vor allem zu den Mechanismen, die das Ich zu seinem Schutz ausbildet, um gesunde oder kranke psychische Inhalte, z.B. aggressionsbesetzte Vorstellungen auf Angriffsobjekte zu übertragen.

Die erste Komponente: Das Kind verinnerlicht (introjiziert) das Mutterbild. Dies ist mehr als nur vordergründiges Geschehen. Es nimmt die Mutter ins eigene Selbst hinein. Diese Hineinnahme, mehr oder weniger später auch die des Vaterbildes, kann in der Projektion sowohl zum Guten als auch zum Bösen hin verzerrt werden. Die übernommenen Verhaltensweisen werden ein Bestandteil der Identität des Individuums.

Die zweite Komponente: Trennungs– und Bedrohungsängste, die entstehen, werden auf die Mutter übertragen. Diese Projektion verbraucht die aggressiven Kräfte, bzw. es werden Triebenergien zur Ichbildung bei gleichzeitiger Objektbesetzung benötigt.

In den Vorgängen von Introjektion und Projektion dient zunächst die Mutter bzw. die Bezugsperson, die an ihre Stelle tritt, später auch der Vater, als Regulator und Organisator der triebhaften Bedürfnisse des Kindes. Hier schon sei auf die negativen Folgen des häufigen Wechsels von Bezugspersonen hingewiesen. Ebenfalls kann diese Mutter–Kind–

31 Das Alte Testament nach M. Luther: 1. Mose 3, 7.

32 Freud (1916) hat in seiner Arbeit "Trauer und Melancholie" dargestellt, wie durch Identifikationen die Trennungsverarbeitung gemieden wird.

Beziehung auch durch einen eifersüchtigen Vater, der zu früh in den Primärvorgang eingreift, gestört werden. Die erste Bezugsperson ist zugleich die erste Autoritätsperson und das erste Identifizierungsobjekt, um die Ichbildung in Gang zu setzen.

Der Identifizierungsvorgang baut nicht nur das Ich auf, sondern führt dazu, daß spätere Identifizierungen die Ichstruktur weiterentwickeln. Bei diesen Identifizierungen lassen sich drei Haupttypen unterscheiden:

1. eine bereichernde Identifizierung, in der das Individuum die Person des anderen aufnimmt, und sein Ich dadurch eine Stärkung erfährt,

2. eine verarmende, in der das Individuum seine Person in die einer anderen verlegt und so zum Teil der anderen wird (Selbstaufgabe),

3. ein (bewußtes und/oder unbewußtes) Identitätsgefühl, das die Gleichheit und Austauschbarkeit der eigenen Person mit einer anderen beinhaltet.

Die Identifizierungen bewirken durch die auf das Ich–Ideal bezogenen und aufgenommenen Identifizierungsobjekte stetige Ichveränderungen, die sich auch auf eine Delinquenzanfälligkeit auswirken können.

Dabei ist es wichtig, das Ich–Ideal und das Ideal–Ich auseinanderzuhalten. Das Ideal–Ich ist oft ein falsches Ich. Viele Charakterneurosen haben in der Idealisierung des eigenen Ichs, das sich eine Maske zulegt, um sich narzißtisch zu gefallen, ihren Ursprung. Das Ideal–Ich hält an einem illusionären Zustand fest. Es gilt das Motto: *Ich bin ideal.* Das Ich–Ideal ist dagegen bewußter, anpassungsfähiger und daher realistischer. Das Ich–Ideal wiederholt oft das Ideal–Ich der Mutter oder der beiden Elternteile. Das geschieht besonders in der sogenannten *Leistungsepoche*, denn man muß etwas leisten, um geliebt zu werden. Wenn die Mutter sich nicht selbst annimmt, sondern nur ihr Ideal–Ich, wenn sie ihr Kind nicht liebt, sondern nur das Idealbild, das sie sich von diesem gemacht hat, wird eine Trennung erlebt, die zwar zu keiner Ichbildung führen kann, aber in ein lebensfeindliches Triebschicksal führt, das im Verderben endet. Solche Schicksale werde ich noch anhand von Fällen ausführlich in diesem Buch beschreiben. Samuel Ritvo und Albert J. Solnit (1958) weisen auf den Erwerb von Fähigkeiten hin, die das Kind erlangt, um Triebziele durch Ichziele zu ersetzen. Das gelingt nur insoweit, wie dabei das Gleichgewicht zwischen Abfuhr und Aufrechterhaltung der Spannung hergestellt werden kann, die durch die Triebenergie entsteht.

Die Ichentwicklung wird in der Kindheit von einem weiteren, mitunter folgenschweren Vorgang begleitet, nämlich von dem der sogenannten Rückidentifikation. René Spitz (o.J.) beschreibt, daß das Kind nicht nur die Eltern nachahmt, sondern daß auch elterliche Identifikationen auf archaischer Ebene eine Brücke errichten, über die das Kind in der Umkehrung die Identifizierung mit den Eltern erleben kann. Das Kind phantasiert sich die Mutter, die auch ein Baby hat, das es liebevoll versorgt und eventuell sogar bestraft. Allerdings kann, wie andere Autoren, u.a. Eduard Naegele (1973), einwenden, ein solches Verhalten lernpsychologisch erklärt werden, da Eltern für ihre Kinder Verhaltensmodelle sind, die zur Nachahmung reizen. Spitz jedoch hebt hervor, daß das Kind schon vor Beginn der identifikatorischen Aneignung eines Über-Ichs das Verständnis für Ge- und Verbote erwirbt.

Das geschieht auf folgende Weise: Das Kind wird von außen eingeschränkt , was zunächst durch das Nein der Mutter zum Triebverzicht führt. Der Neinsager wird als Angreifer erlebt. Wenn sich dann das Nein ausreichend als dauernde Gedächtnisspur konstituiert hat, kommt es zu einer Frustrationsbewältigung. In dieser Versagungserfahrung entsteht eine affektive Belastung, die von aus dem Es erzeugten Aggressionen besetzt wird. Aus dieser Dynamik resultiert eine besondere Form der Identifikation, die eine Identifizierung mit dem Angreifer ist. Wird das Kind geschlagen, so kann sich die Identifikation mit dem Aggressor verhängnisvoll auswirken.

Folgerichtig erkennt Karen Horney (1967), daß das Kind aus den Schlägen, die es erhält, nicht erfährt, wie man liebevoll und zärtlich miteinander umgeht, sondern wie man sich mit Gewalt durchsetzt und durch Strafen menschliches Miteinander regelt. Die Strafe wird vom Kind nicht unbedingt als *Aggressionsakt*, sondern als gerecht empfunden, weil ja die Elternhaltung verinnerlicht wird.

Das kleine Kind paßt sich aus Angst an, wenn es ihm nicht mehr gelingt, sich zur Wehr zusetzen, weil die Affekte der Erwachsenen ihm zu heftig sind. Es schützt sich vor den Angriffen dadurch, daß es unbewußt etwas von dem Verhalten der Erwachsenen annimmt. Alexander Mitscherlich (1958) nennt diesen Vorgang "Einschüchterung". Die Identifizierung mit dem Angreifer und die Einschüchterung gehen auf der

Ebene der Rückidentifikation eine Verbindung mit der Angst vor strenger Strafe ein. Strenge Bestrafungsrituale bedeuten, daß sozial unangepaßtes bzw. unerwünschtes Verhalten des Kindes durch Aggression der Erzieher erwidert wird. Da vor allem Schläge einen ganz offenen Aggressionscharakter haben, lösen sie bei dem Geschlagenen Reaktionen aus, die sich zumindest in einer erneuten Aggressionsbereitschaft niederschlagen können. Aus dem Bedrohten wird damit ein Bedroher, der nun anderen das zufügt, was er selbst erlitten hat.

Die beschriebenen Prozesse sind in die Ichentwicklung eingebettet. Zwischen dem Ich und dem äußeren Objekt entsteht eine Konfliktsituation. In dem Entwicklungsstadium eines ca. 15 Monate alten Säuglings kann noch kein innerer Gegner aufgebaut werden, der der Autorität des Gewissens entspricht. Das libidinöse Objekt, hier ein Elternteil, ist zugleich Autorität, deren introjiziertes Bild zum Ich-Ideal wird. So ist Spitz sich mit Anna Freud (1973) darin einig, daß die "Identifizierung mit dem Angreifer" eine Vorstufe des Gewissens darstellt, das für die Ich-Reife und Stützung des Ichs unentbehrlich ist. Das Kind macht diese Erfahrung etwa im Laufe des 2. bis 3. Lebensjahrs, wenn es das Nein als Ursprung der kritischen Stimme gegen sich selbst wendet. Anna Freud erklärt den Vorgang der Identifikation mit dem Aggressor [33] mit den Abwehrmechnismen der Introjektion, Projektion und Verschiebung.

Das Ich hat seine Struktur infolge der Einflüsse der äußeren Realität und zur Sicherstellung der Selbsterhaltung aus dem Es entwickelt. Wenn das Ich dann fähig ist, sich in die psychische Einheit eines komplizierten und komplexen Systems zu integrieren, vollzieht sich die Identitätsfindung. Diese Identität hat eine bestimmte Ausrichtung, die sich auf jeder Entwicklungstufe neu orientiert. Erik H. Erikson (1956, 1961) hat von dieser Grundlage her die Identität und ihre Findung definiert. Die Identität verbindet die Ebenen der Selbstannahme und der Annahme durch die anderen Individuen. Daraus ergibt sich das Maß des für die soziale Anpassung erforderlichen Spannungsausgleichs zwischen den Feldern der Individualität und der Sozietät, in denen der Mensch sowohl als Individuum als auch als Gemeinschaftswesen lebt.

---

33 Anna Freud (1968, 1973) hat diese Form der Identifikation 1936 in "Das Ich und die Abwehrmechanismen" beschrieben.

Ichstärke und -schwäche müssen sich daher auf die Fähigkeit der sozialen Anpassung auswirken. Der Prozeß der Identitätsfindung richtet sich danach aus, inwieweit eine ursprüngliche Trennung von Ich und Objekt gelungen ist. Folgt aus dieser Trennung eine Störung, dann wird das Identitätsgefühl vom Zerfall bedroht.

Das Ich ist ein den ganzen psychischen Apparat ausfüllendes Kontinuum. Es geht über ein bloßes Ich-Bewußtsein hinaus. Paul Federn [34] (1932) weitet das Ich bis zu einem umfassenden Ich-Gefühl aus, weil das Ich sich nicht im Wissen und Bewußtsein erschöpft. Es enthält auch sinnliches Erleben, das im und vom Individuum selbst ausgelöst wird, auch ohne innere und äußere Reize. Das Ich reicht wie das Ich-Gefühl bis an die Grenzen der Selbstwahrnehmung heran. Das Ich ist mehr als nur ein Vermittler zwischen Es, Über-Ich und Außenwelt im Sinne von Sigmund Freud, der dieser Instanz überwiegend nur passive Funktion zugeschrieben hatte. Die Ichentwicklung ist ein Lebensprozeß. Die Ichstärke ermöglicht, die Umwelt aktiv und planvoll zu verändern. Je mehr Ich-Reife als höchstes Entwicklungsziel erreicht wird, um so mehr verliert das Über-Ich an Bedeutung. Das Ich wird zum *personalen Gewissen.* Wenn aber die Ichentwicklung problematisch verläuft und die Ichbildung Störungen unterliegt, dann kann sich das Ich in den späteren Jahren mehr oder weniger labil zeigen und zur Tendenz neigen, unter bestimmten Bedingungen auf frühere Entwicklungsstufen zurückzugehen. Eine Extremform des Ich-Abbaus durch eine solche Regression wird in der Hypnose erreicht. Der Hypnotiseur stellt einen Zustand her, der den Bedingungen der Kindheit ähnlich ist. In diesem Hypnosezustand reagiert ein schwaches Ich angesichts der Stärke und Größe eines anderen Ichs so, daß das schwache Ich seine Funktion aufgibt und sich der Macht des anderen unterwirft. Eine Situation, die der Hypnose gleichkommt oder ihr ähnlich ist, kann soweit gehen, daß sich die Qualitäten der Wahrnehmung bei dem so Beeinflußten grundsätzlich verändern. Im Extremfall können hier Menschen unter einer starken Autorität zu Verbrechern werden, was sich historisch schicksalhaft im Nationalsozialismus unter Hitler vollzogen hat. Allerdings er-

---

34 Der Wiener Arzt Paul Federn (1871 - 1950) gehörte zu dem psychoanalytischen Hauskreis von S. Freud. Er immigrierte 1938 in die USA. Von ihm stammt der Begriff "Die vaterlose Gesellschaft", den Alexander Mitscherlich als Buchtitel übernommen hat.

scheint es nur dort möglich, wo kein Über–Ich mehr ausgebildet bzw. wirksam ist. Im Regelfall kann kein Mensch durch Hypnose zum Verbrechen hingelenkt werden, wenn er nicht ohnehin innerlich schon zur Tat bereit ist. Nach Erich Fromm stellt das Autoritätsverhältnis eine durch Ich–Abbau bedingte hypnoide Situation dar. Das Ich verzichtet wegen der Übermacht der Autorität auf seine Selbständigkeit. Es unterwirft sich aber nicht nur aus Angst, sondern auch aus Gründen der scheinbaren Vorteile, die die Unterwerfung bietet, denn das stärkere Ich bietet Sicherheit, Überlegenheit, größere Macht und mehr Einfluß.

In der Bandenkriminalität wirken sich solche Vorgänge folgenschwer aus. Kriminelle in sehr autoritär strukturierten Banden, wie z.B. bei den Rockers und Skinheads, sind oft in ebenso autoritären Familienstrukturen aufgewachsen, wo das Ich schwach blieb. Die Bandenautorität, oft personifiziert durch den autoritären Bandenführer, dem sie bedingungslos wie einem Hypnotiseur folgen, gleicht die eigene Ichschwäche aus. Gleichzeitig sei auch auf die Ambivalanz der Autoritätsverhältnisse hingewiesen. Auf der einen Seite bestimmen sie die Triebabwehr auf der Stufe der Regression und setzen Unfreiheiten. Auf der anderen Seite liefert die Autorität Schutz und emotionale Sicherheit. Sie spornt zu einer Idealbildung an. Beide Seiten bedingen sich gegenseitig und verstärken die Wirkung der Autorität. Aber wenn die Autorität ohne ein damit verbundenes Anwachsen von Ichstärke aufgegeben wird, setzt häufig ein Verlust der Ideale und der Sinnorientierung ein. Dieser Verlust begünstigt kriminelle Verhaltensweisen, weil er auch einen Werteverlust darstellt, der Normen in Frage stellt, die soziales Handeln gewährleisten sollen.

3.7 Ichfunktion und Ichleistung

Das Ich hat sich aus einem Teil des Es herausgebildet. Seine Es–Bestandteile sind Abkömmlinge von Triebwünschen. Nur wenige Ichmerkmale sind mit dem Es angeboren. Überwiegend wird das Ich durch die Beziehungen zur Außenwelt bestimmt. Seine Merkmale werden erst im Sozialisationsprozeß erworben, so daß das Ich entwicklungsgeschichtlich zum jüngsten Teil des psychischen Apparates gehört. Die Ichfunktionen sind einer bewußten, vorbewußten und dynamisch unbewußten Ebene zuzuordnen. Ichbezogene Vorgänge orientieren sich am Realitätsprinzip und am Urteilsvermögen. Indem das Ich freie bewegliche Triebenergien (Aggressionen) bindet, wird es zum Schauplatz von Sekundärvorgängen. Das Geschehen entspricht der These von Friedrich Hacker (1971), wonach sich allein die freie ungebundene Aggression in der nackten Gewalt äußert. Das Ich funktioniert, wenn es sich an äußere und innere Anforderungen anpassen bzw. sie ausgleichen kann. Dabei werden Außen- und Innenwelt, Wirklichkeit und Einbildung unterschieden. Das Es gibt die Abkömmlige seiner Triebwünsche an das Ich weiter. Das Über-Ich kontrolliert dabei ständig solche Triebwünsche und versucht, sich ständig gegen sie durchzusetzen.

Die Außenwelt kommt als zusätzlicher Anforderungs- und Reizfaktor in Gestalt einer äußeren Gefahr hinzu. Nach Freud (1924) nimmt die Außenwelt in zweifacher Hinsicht Einfluß auf das Ich, indem sie immer wieder neu aktuelle Wahrnehmungen ermöglicht und im Innern einen Bestand an Wahrnehmungen bildet, der als Erinnerungsreservoir Anteil an der Ichstruktur hat. Das Ich muß also alle Impulse von innen und außen aufnehmen und realitätsbezogen verarbeiten.

Das Ich hat die Aufgabe, nicht nur die Realitätsdrohungen von außen zu registrieren, sondern auch die Wertforderungen von innen. Das Ich wird gefordert, die Ansprüche des Über-Ichs anzunehmen und sie zu entziffern, soweit sie nicht bewußt sind. Die Voraussetzungen für die Entstehung der Schuld werden ermöglicht.

Das Ich wird einer Situation ausgesetzt, die es als Bedrohung empfindet. Dabei bedient sich das Ich der Angst als Signal, um sich selbst zu schützen. Angstsignale [35] leiten eine Abwehr ein und treten auf, sobald aus dem Drängen der aufsteigenden Triebwünsche innere Gefahren oder Bedrohungen von außen - oft im Zusammenwirken - auf das Ich treffen. Auch Hacker (1971) sagt, daß Ichvorgänge, welche dem Es gegenüber Abwehr bedeuten, in Wirklichkeit der Angstabwehr dienen. Durch Ich-Abwehr wird den aggressiven Impulsen der Durchbruch ins Bewußtsein verwehrt. Sie werden verdrängt, verleugnet, verschoben oder an innere und äußere Institutionen gebunden.

Wenn die Vorgänge, die die Angst und die Abwehr betreffen, für das bessere Verständnis einer psychoanalytischen Kriminologie noch geson-

35 Mit dem Gedanken, daß das Ich Sitz der Angst sein könnte, hat sich Freud schon 1923 beschäftigt und ihn 1926 in "Hemmung, Symptom und Angst" weiterentwickelt.

dert in diesem Buch behandelt werden [36] , so erscheint es notwendig, an dieser Stelle die Ichfunktion in bezug auf die Symbol- und Symptombildung kurz zu skizzieren.

Ein Symbol ist immer eine bewußte Manifestation und steht für eine unbewußte seelische Repräsentanz oder für ein anderes bewußtes Bezugsobjekt. Die Symbolisierungen [37] sind im Unbewußten bereits fertig enthalten. Freud ging zunächst von dem Vorgang aus, daß eine unverträgliche Vorstellung in die Vorstellung selbst und in den Affekt aufgespalten wird. Der Affekt, in der Form überstarker Erregungen, kann in körperliche Reaktionen (z.B. in ein Magengeschwür oder in Bluthochdruck) umschlagen. Solche Reaktionen bezeichnet Freud als Konversion, die infolge eines Affektstaus zustandekommt. Alternativ käme hierzu ein unmittelbares Ausagieren am Objekt in Frage, was zur Delinquenz führen kann. Das Ich entledigt sich dadurch seiner Widersprüche, belastet sich aber sowohl bei der Konversion als auch beim Ausagieren mit einem Erinnerungssymbol, das bestehen bleibt, bis eine Konversion in umgekehrter Richtung stattfindet. Freud (1895) verdeutlicht, daß das Erinnerungssymbol nichts anderes ist als das hysterische Symptom selbst. Er schildert am Einzelfall [38] wie der Konflikt der Affekte zeitlich das Trauma mit einem Geruchsempfinden verbindet. Das Geruchsempfinden ist als Erinnerungssymbol geblieben. Symbol und Symptom werden hier von Freud zu identischen Begriffen verbunden. Ferner bedeutet das Symbol einen ausgewechselten Vorstellungsinhalt. Fehlhandlungen können als Symbol für eine verdrängte Vorstellung stehen.

Ein gesundes Ich befähigt den Menschen, Reaktionen abzuschätzen, zu beurteilen und zusammenzufassen, indem das Individuum sich der Symbole bis zu den verbalen Zeichen, den Sprachsymbolen [39] , be-

36 Vgl. Kap. 4.9 Angstbildung und 4.10 Angstabwehr

37 Häufig wird in der Psychoanalyse zwischen dem "Symbolisieren", das den eigentlichen unbewußten Inhalt ersetzt, und dem Symbol, das ein Bezugsobjekt hat, unterschieden, z.B. Muschel für das weibliche Genitale.

38 Freud zeigt dies beispielhaft in seinen "Studien über Hysterie" (GW I, 63) am Fall Luzy R.

39 Nach Cassirer (1964, Bd. 2) drückt sich die symbolische Form des Bewußtseins in Sprache, Kunst und Mythos aus, In: Philosophie der symbolischen Formen (3 Bände).

dient. Damit verbindet das Ich die Erfahrungen anderer Individuen mit seinen eigenen. Langer (1965) führt die Eroberung der Welt durch den Menschen auf diese Fähigkeit zurück, die auf der den anderen Lebewesen überlegenen Entwicklung des Gehirns beruht. Die Eigenschaften, die den Menschen zum überlegenen Wesen in der Natur machen, befähigen ihn aber auch gleichzeitig zum Verbrechen. Die Ichleistung wird zum Probehandeln durch Denken und schlägt sich in der Verwendung von Sprache und Symbolen nieder. Daher haben viele Kriminelle unwirksame bzw. kranke oder gestörte Ichmechanismen. Folglich neigen sie dazu, Konflikte eher auszuagieren, als sie mit rationalen Mitteln und/oder durch Symptom- und Symbolbildung intrapsychisch zu verarbeiten. Ichfunktionen sind keinesfalls mit den psychischen Inhalten zu verwechseln. Sie bilden lediglich die Rahmenbedingungen für die nach Leopold Szondi (1956) notwendigen Elementarfunktionen. Sie beinhalten Partizipation, Inflation, Introjektion und Negation. Partizipation heißt Teilhabe an der Gemeinschaft durch Partnerschaftsfähigkeit und Familiengründung, Gruppenbildung und Ausbildung der Zugehörigkeitsgefühle zu Gruppen, Rassen, Völkern und Nationen. Inflation bedeutet die Fähigkeit, geistige Ideale aufzubauen, Beziehungen zu Religionen, Kultur und Wissenschaft zu entwickeln. Introjektion ermöglicht die Einverleibung von Autoritäten, Wertmaßstäben und Idealen. Im Anpassungsprozeß an die Wirklichkeit wird jedoch zwangsläufig oft das *negiert,* was sich das Ich vor allem durch die beschriebenen Vorgänge der Inflation und Introjektion geschaffen hat. Szondi beschreibt diese Funktion mit dem Begriff "Negation" und versteht darunter den Abstrich am Ich-Ideal, d.h.: das Ich-Ideal wird zurückgenommen, was durch die Maske eines falschen Ideal-Ichs kaschiert wird. Diese Funktionen sollen den Menschen befähigen, mit Widersprüchen zwischen dem Selbst und der Welt, in der er lebt (Partizipation), fertig zu werden. Integrationsbemühen soll bewirken, Gegensätzliches ergänzend zusammenzusetzen. Szondi stellt in seiner "Schicksalsanalyse" die Frage nach der "Wahl", z.B.: Warum wählt der Mensch gerade *diesen* Beruf oder *diesen* Partner? Oder warum wird er zum Verbrecher? Er kommt zu dem Ergebnis, daß nicht das Erbe, die Triebnatur, die soziale Umwelt und die weltanschauliche, mentale Umwelt sein Schicksal zwangsläufig allein bestimmen. Mit Hilfe des bewußten Ichs, das geistige Teilhabe an einer sinngebenden Wirklichkeit hat, werden die Schranken durchbrochen und ein Freiheitsschicksal aufgebaut.

Aber auf Dauer vermögen die Elementarfunktionen nicht alles zu leisten. Es bleibt dem Menschen ein unauflösbarer Rest als *Ichschicksal.* Das Verbrechen kann dem Menschen zum Ichschicksal werden, so wie Wahn, Sucht, Leidenschaft und Realitätsverlust Ichschicksale sind. Der Mensch hat nicht nur sein Erb- und Triebschicksal, sondern er trägt auch an seinem Ich.

3.8 Vom Ich-Ideal zum Über-Ich

Oft werden Menschen gehalten, *heimlich* zu handeln, obwohl kein äußerer Zwang sie dazu verleitet. Selbst Kinder, denen noch nicht bewußt sein kann, daß sie *Verbotenes* tun, können ihr Verhalten durch Heimlichkeit und Lüge verdecken. Kinder, die noch nicht bewußt DEIN und MEIN unterscheiden können, die häufig noch die eigenen Gliedmaßen als *fremd* erleben, nehmen oft heimlich etwas weg oder leugnen die Wegnahme.

Immer wieder werden Menschen getrieben, Handlungen einzugestehen, um sich von etwas *freizusprechen.* In den Märchen, den Mythen und der Dichtung fürchtet der magisch denkende Mörder den Rachedämon, der ihn zum Tatort zurückführt oder zum Selbstverrat treibt. Eine Gefühlsreaktion, die wir Schuldgefühl nennen, drückt einfühlsam die Verurteilung durch eine kritische Instanz aus. So stellt sich die Frage nach dieser Instanz, die sich des Schuldgefühls als Warn- und Steuerungssystem bedient.

In den vorausgegangenen Abschnitten wurde der Weg der Ichentwicklung aufgezeigt, auf dem der Mensch über Identifikationen zur Ich-Idealbildung gelangt. Dieser Ichanteil, sozusagen ein Nochbestandteil des Ichs, hat in erster Linie Warn- und Signalfunktion für Gefahren, die dem Ich drohen können. Das Ich-Ideal ist im Regelfall aus der mütterlichen Bindung heraus entstanden. Die Mutter oder der Mutterersatz stellt die erste Personifikation der Macht dar, welche schützt und Sicherheit garantiert. Das Ich-Ideal ist der das noch schwache Ich schützende Teil. Die Angst vor Strafe tritt hier sehr stark zugunsten einer Schutzfunktion zurück. Durch Identifikationen entsteht sowohl ein Gefühl für den Selbstwert als auch für Werte, die die Verhaltensmaßstäbe später setzen. Gefühle, nicht geliebt oder gar verlassen zu werden, lassen Angst-, Schuld- und Schamgefühle entstehen, die einen wesentlichen Faktor für die Gewissensbildung darstellen. Das Ich-Ideal wird zum Vorläufer des sich später weiter ausbildenden Gewissens. Als Betandteil des Ichs mit seinen archaischen Wurzeln nennt man es ebenso archaisches wie matriarchalisches Gewissen, weil es primär aus der Mutterbindung erwächst. Mit zunehmender Entwicklung löst sich nun das Ich-Ideal ab und verselbständigt sich als Über-Ich.

Das Über-Ich und das Gewissen sind in der Psychoanalyse identische Begriffe. Der Über-Ich-Begriff, der erstmals von Freud (1921) in "Massenpsychologie und Ich-Analyse" formuliert wurde, wird heute durchgehend nahezu unwidersprochen von den Sozialwissenschaften angenommen. Das Über-Ich arbeitet auf allen Ebenen des psychischen Apparates. Es ist somit in den Instanzen für die Systeme *unbewußt*, *vorbewußt* und *bewußt* wirksam. Nach Auflösung des Ödipuskomplexes [40] bildet dann das Gewissen eine eigene Struktur und behält wesentliche Merkmale introjizierter Personenbilder bei. Insbesondere spielt dabei die Identifizierung mit dem Vater oder mit dem Vaterersatz eine herausragende Rolle, wobei seine Strenge, Macht und Strafneigungen auf die Über-Ich-Ausprägung einen entscheidenden Einfluß haben.

Dem Kind steht in der Gesellschaft die Gewalt in Form der Eltern gegenüber. Durch die Identifizierung mit den Eltern werden ihre Ge- und Verbote verinnerlicht. Das Über-Ich wird mit den Attributen der Macht und der Moral versehen. Ist das Über-Ich einmal aufgebaut, so vollzieht sich nach der Identifizierung ein umgekehrter Vorgang: das Über-Ich wird auf andere Autoritäten projiziert. Dadurch werden dann die Autoritäten wiederum neu verinnerlicht und zu Trägern des Über-Ichs. Das Über-Ich ist also nicht nur eine einmal in der Kindheit gebildete Instanz, sondern wird von Autoritäten in der Gesellschaft immer wieder verstärkt und nachgebildet. Wäre das nicht der Fall, würde das Über-Ich sich abschwächen und verändern. Die Fügsamkeit eines großen Teils der Gesellschaft ist also gut zu verstehen, denn das Über-Ich ist die verinnerlichte Autorität und die Autorität das personifizierte Über-Ich.

---

40 Vgl. Kap. 7.3 Der Ödipuskomplex und 7.5 Das ödipale Entwicklungsphänomen

Die Entwicklung belegt, daß die erste Stufe der Gewissensbildung noch sehr stark von Lohn und Strafe abhängig ist. Die Gewissensangst ist zunächst reale Strafangst. Erst dann, wenn das Kind nicht mehr durch einen rein äußeren Druck im Verhalten bestimmt und gelenkt wird, werden Ge- und Verbote verinnerlicht. Rüdiger Herren (1973) zitiert Franz Alexander und Hugo Staub (1929) mit dem Satz "Angst vor Strafe und Hoffnung auf Geliebtwerden sind die beiden sozialen Regulatoren des Trieblebens". Hier vollzieht sich ein sozialer Prozeß, aus dem als Ergebnis das "Dressurgewissen" [41] , wie Zulliger (1954) es beschreibt, hervorgeht. Nach der Vorstellung von Freud werden Normen erst nach der Sprengung des Ödipuskomplexes, worauf noch einzugehen sein wird, verinnerlicht. Mit dieser autoritären Über-Ich-Bildung gewinnt erst eine innere Stimme Bedeutung. Die Entwicklung des Kindes muß dabei schon so weit fortgeschritten sein, daß die Angst vor Strafe von der Einsicht in Recht und Unrecht abgelöst wird. Freud sieht dieses Ziel erst dann als erreicht an, wenn das Kind die Eifersuchts- und Rivalitätskonflikte mit dem gleichgeschlechtlichen Elternteil bzw. Elternteilersatz durch Identifikations- und Introjektionsvorgänge ausgetragen, bewältigt und überwunden hat.

Fromm zweifelt zu Recht daran, daß man das Über-Ich aus der Sprengung des Ödipuskomplexes ableiten könne. Er meint, daß die Eltern oder Bezugspersonen zwar die ersten sind, die das Kind erziehen und beeinflussen, aber sie erziehen es, orientiert an den jeweiligen ökonomischen Verhältnissen. Danach sind die Eltern nicht nur allein die Vertreter der gesellschaftlichen Autorität, sondern auch deren Abbilder.

Zunächst führen die Wege nur zu einer, der autoritären Gewissenskomponente. Sie ist auf das engste mit der Sozialisation verbunden und bildet nur einen Aspekt eines umfassenden Ganzen. Das ausgereifte Gewissen setzt sich jedoch aus mehreren Komponenten zusammen. Die stammesgeschichtlichen Wurzeln sind ebenso daran beteiligt wie kulturelle Einflüsse. Die autoritäre Über-Ich-Bildung dürfte auch nicht die

---

41 Freud bezeichnet präödipale Gewissensformen noch nicht als eigentliches Gewissen, weil die Eltern für das Kind noch das personifizierte Gewissen darstellen. Er nennt solche noch nicht ausstrukturierte Formen "Sozialgewissen". Zulliger meint dasselbe und spricht vom "primitiven Gewissen", das er mit der Dressur eines Bären durch Leckerbissen und Peitsche verglichen hat.

individuelle Persönlichkeitsentwicklung abschließen. Die Über-Ich-Struktur füllt die soziokulturelle Persönlichkeit mit aus. Das Über-Ich entsteht allmählich, seine Entwicklung erfolgt in Stufen und bildet sich als Erlebnisfähigkeit heraus, mit Hilfe derer sittliche Werte erfaßt werden können. Das verantwortlich handelnde Individuum soll befähigt werden, moralisch urteilen zu können. Die Über-Ich-Entwicklung ist Ausdruck hochkomplexer mehrdimensionaler biologischer wie psychologischer Faktoren in Wechselwirkung mit sozialen Institutionen, den sozialen Normen und Rollenerwartungen. Das Gewissen typisiert die soziokulturelle Persönlichkeit an der Nahtstelle zwischen Individuum und Gesellschaft. Damit erfährt der mehr soziologische Begriff der soziokulturellen Persönlichkeit durch die psychoanalytische Dimension des Über-Ichs eine Ausweitung.

Die folgenden Abschnitte befassen sich mit den weiteren Über-Ich-Dimensionen. Dabei kann nicht auf alle Über-Ich-Reaktionen und Fehlentwicklungen sowie Über-Ich-Regungen, also auf Wirkungen von Hemmungen, die den Es-Regungen in der Sozialisation auferlegt werden, ausreichend eingegangen werden. Sie werden aber noch dort einer eingehenderen Betrachtung unterzogen, wo ihnen eine zentrale Bedeutung in einer psychoanalytischen Kriminologie zukommt, weil sie zu Neurosen, Perversionen, zur Verwahrlosung und zur Kriminalität führen können.

3.9 Das Tabugewissen

Die Gewissensbildung ist nicht nur eine Folge der Abhängigkeit von den Eltern, insofern als die Elternautoritäten durch Identifizierungsvorgänge introjiziert werden. Keinesfalls scheint mit der Auflösung ödipaler Konflikte die Über-Ich-Bildung abgeschlossen zu sein. Allenfalls hat sie lediglich nur zu einer Gewissensform, zum sogenannten *väterlichen* Gewissen geführt, wie der Identifizierungsprozeß mit der Mutter, der die Auflösung der Mutter-Kind-Einheit begleitete, vorerst eine *matriarchalische* Gewissensform bildete. Allein diese Über-Ich-Formen sind von zu geringer Reichweite, um alle späteren Verhaltensphänomene, einschließlich die der Kriminalität, abzudecken. Die Wurzeln des Über-Ichs sind nicht nur in der Ontogenese zu suchen.

Freud (1912) forschte nach den Ursprüngen in der menschlichen Stammesgeschichte und fand sie in den totemistischen Kulturen, in denen das Tabu [42] galt. Darunter versteht Freud ein von außen aufgezwungenes und gegen die stärksten Triebabkömmlinge gerichtetes Urverbot. Jedoch besteht aus einem Lustgefühl heraus die Neigung unbewußt fort, das Tabu zu übertreten. Die Einstellung gegenüber dem Tabu wird daher von den entgegengerichteten Gefühlen sowohl der Ehrfurcht als auch des Abscheus bestimmt. Nach Freud war das Tabu ursprünglich gegen den Inzest (Urverbrechen) gerichtet, woraus in der Folge weitere Tabus abgeleitet wurden, die das Zusammenleben in der Sippe regelten. Das Tabu haftete als geheimnisvolle Kraft (Mana) einer Person oder Sache an, für die ein Berührungsverbot bestand. Ein mitgeteiltes oder indirektes Tabu konnte vom Mana ausgehend erworben oder von einem Medizinmann bzw. Häuptling übertragen werden. Das Tabu bezweckte den Schutz bedeutsamer Personen und Gegenstände, sicherte die Schwachen, schützte gegen Gefahren, die mit der Berührung von Gegenständen und Leichen sowie mit dem Genuß von Speisen verbunden waren, richtete sich gegen Störungen wichtiger Lebensakte, z.B. die der Heirat, der Geburt und der sexuellen Akte. Es diente dem Schutz der Menschen gegenüber der Macht und vor dem Zorn der Götter und Dämonen. Schließlich sicherte es das Eigentum der Tabugesellschaft.

Stammvater der Sippe war das Totem, meistens ein Tier oder eine Pflanze. Als Schutzgeist und Helfer wurde es göttergleich verehrt. Die Zugehörigkeit zum Totem war die Grundlage aller sozialen Verpflichtungen, Ge- und Verbote in einer totemistischen Kultur. Die Mitglieder eines Totem standen dafür unter heiligen, selbstwirkend strafenden Verpflichtungen, sich des Toten und des Genusses seines Fleisches zu enthalten. Freud geht davon aus, daß die Mitglieder ein- und desselben Totem, das vermutlich ursprünglich in mütterlicher, später in väterlicher Linie erblich war, nicht geschlechtlich miteinander verkehren durften. Dadurch diente ein mit dem Tabu verbundenes Heiratsverbot in der eigenen Sippe der Inzestverhütung. Totem und Tabu beinhalteten die Sozialkontrollen der Naturvölker bzw. ein ungeschriebenes ar-

42 Freud (1912) bezieht sich in "Totem und Tabu" hauptsächlich auf den Ethnologen James George Frazer (1854 - 1941), der religionsgeschichtliche Fragen aus völkerkundlicher Sicht erforschte. Freud fragt nach dem Ursprung des Totem und geht davon aus, daß die totemistische Kultur universal eine Vorstufe des späteren Götterglaubens war. Überall bestimmte einmal das Totem das religiöse und gesellschaftliche Leben.

chaisches Strafgesetzbuch. Träger dieser Primitiv–Sozialkontrolle waren Häuptlinge, Stammesväter, Medizinmänner, Gegenstände, Tiere und Pflanzen.

Angesichts eines solchen archaischen Erbes stellt sich die Frage nach der Beurteilung bestimmter Verhaltensweisen des heutigen zivilisierten Menschen, der z.B. von offensichtlich krankhaften Zwängen befallen werden kann. Zu den bekanntesten Zwängen gehören u.a. der Waschzwang [43] und der Zwang zum Tatort zurückzukehren. Viele Menschen haben irrationale Berührungsängste vor bestimmten Stoffen, Gegenständen, Tieren oder Pflanzen, oder sie werden von einer geheimnisvollen Kraft getrieben, sie berühren zu müssen. Aberglaube an Glücks- und Unglücksbringer sowie primitive Formen der Astrologiegläubigkeit machen heute Gegenstände und Tiere zum *Totem* unserer Kultur. *Aufgeklärte* Menschen scheinen in bestimmten Lebenssituationen oder auch in chronisch krankhaften Zuständen auf eine magische Denkstufe fixiert zu sein, wie sie allenfalls noch dem Kindesalter zugeschrieben wird oder in den Riten und Gebräuchen gewisser Zigeunersippen zu finden ist. Beispielhaft steht dafür aus den ersten Nachkriegsjahren ein kriminalpolizeilicher Leichenfund in Bonn am Rheinufer. Es handelte sich um einen Zigeuner, der, im Sterben liegend, von seinen Angehörigen ins Freie getragen wurde, um im Anblick der Sterne heimzugehen. Starb dagegen ein Zigeuner in seinem Wohnwagen, so wurde der Wagen einer rituellen Reinigung unterzogen oder gar verbrannt.

Die magische Sicht hat wohl u.a. auch Hans Zulliger (1954) mit seinen eindrucksvollen Erlebnissen unter Kindern in der Abgeschiedenheit der Schweizer Bergwelt belegt. Im "Umgang mit dem kindlichen Gewissen" schildert er, wie er Kindern von Gottesgerichten bei den wilden Negerstämmen erzählte. Einem spontanen Einfall folgend überführte er in einem solchen Gottesgericht einen kleinen Dieb aus der Kindergruppe. Alle Kinder spielten zunächst "Neger". Dann hatten sie den sogenannten "Giftbecher" – es handelte sich um Quellwasser – zu trinken. Ein Kind der Gruppe mußte dann plötzlich das Wasser ausspeien. Eine Kraft, die als Tabugewissen bezeichnet werden kann, hatte den Dieb überführt. Weitab von der Zivilisation identifizierten sich Kinder

43 Schon Pontius Pilatus hat seine Hände in Unschuld gewaschen.

unter Rahmenbedingungen, die eine ordale Situation begünstigten, nur durch die Natur verbunden, mit ihren Urahnen, den "Wilden".

Man kann mit Franz Alexander (1927) von einem in das Unbewußte versenkten Strafgesetzbuch sprechen, das seinem Wesen nach mit dem totemistischen Gesetzbuch der primitiven Völker identisch ist. Archaisch-magische Impulse können nicht nur den Mörder zum Tatort zurücktreiben, sondern auch zu irrationalen Ritualen bewegen. In den 70ger Jahren brachte in einer offensichtlichen Verzweiflungssituation ein Mann in den sogenannten besten Jahren in Bonn seine Frau und seine drei Kinder im Schlaf um. Bevor er noch den Hund tötete und letztlich sich selbst richtete, faltete er den Opfern die Hände und schmückte bei aufgestellten Kerzen das Grauen mit Blumen. Welche Triebkräfte mögen wohl den Täter in der Sylvesternacht 1985 bestimmt haben, sein Opfer "ritual" zerstückelt als kannibalistische Mahlzeit anzubieten? Rüdiger Herren (1973) belegt die magische Komponente des Verbrechers mit Hans von Hentig, wenn er vom "Ritus der gekreuzten Arme" spricht. In abergläubischer Geste will der Mörder die Seele seines Opfers binden, damit der Täter nicht Haß und Groll zu fürchten braucht.

Hans von Hentig (1965) schildert in seinen Verbrecherstudien, wie der mehrfache Mörder Lütge, genannt der "doofe Bruno", manchem Opfer die Hände faltete. Nach primitivem Aberglauben sollten die Hände den Täter nicht mehr packen können. Darüber hinaus bedeuten die gefalteten Hände oder die gekreuzten Arme Versöhnung mit dem Opfer. Das Gemüt wird beruhigt.

Das Tabugewissen wirkt in uns, indem es in uns Zwangshandlungen auslöst, in banalen Alltagshandlungen Rituale nach bestimmten Reihenfolgen einzuhalten, die wir vielfach vordergründig rational begründen und von deren Rationalität wir auch zutiefst überzeugt sind. Für uns unerklärliche, manchmal sogar scheinbar widersinnige Verhaltensformen, die Verbrecher in ihrer Arbeitsweise beibehalten, die der Tat ihre Handschrift aufdrücken, sie sogar verraten, haben häufig diesen archaischen Ursprung. Dort wo das Tabugewissen offenkundig wird, scheinen sich die angenommenen Parallelen zwischen *Wilden, Kindern* und *Verbrechern* zu bestätigen.

3.10 Das Kulturgewissen

Wie das Tabugewissen lediglich nur eine Gewissenskomponente unter anderen ist, so stellt das Kulturgewissen ebenfalls nur eine weitere Komponente des Innenlenkungssystems dar. Thomas Würtenberger (1964) fordert, daß es als wesentlicher Faktor bei der Verbrechergenese sorgsamer einbezogen werden sollte. Das Gewissen soll dem Menschen das Gefühl für das "kulturspezifische und rechtlich richtige Verhalten" geben. Der kulturspezifische Verbrechensbegriff wird damit wieder in Erinnerung gebracht. Der Zögling Mensch ist an bestimmte von der Gesellschaft erwartete Verhaltensweisen heranzuführen. Dabei tragen Familie, Spielgemeinschaft, Verwandte und Freunde, religiöser Einfluß und Beruf sowie viele andere informelle Sozialkontakte und soziale Kontrollen mehr oder weniger dazu bei, daß das Erziehungsziel, genannt Sozialisation, erreicht wird. Eine solche Sozialisation ist abhängig vom sozialen Prozeß, der Veränderungen und Bewegungen innerhalb einer gegebenen sozialen Struktur und die Übernahme anerkannter sozialer Normen und Werte bedeutet. Bedeutungs- und Werteverluste, z. B. die Einbuße von Idealen, bedingen Veränderungen kultureller Werte und sozialer Strukturen. Sie drücken sich in einem sozialen Wandel aus, der den Sozialisationsprozeß und damit die Über-Ich-Ausbildung erschwert.

Von diesem Phänomen sind nahezu alle Lebensbereiche einer Gesellschaft betroffen. So hat z.B. die zunehmende Professionalisierung im Sport zu einem Verlust an Idealen geführt. Die Folgen zeigen sich in verhängnisvollen Gewaltexzessen. Es geht dabei in der von der Habensmentaltät geprägten Gesellschaft letztlich nur um Siege. Nur die Sieger, die eine Gesellschaft vorweisen kann, zählen. Es ist dabei gleichgültig, ob diese Gesellschaft sich in einem Verein, in einer Stadt, einem Land oder sogar in einer durch Blöcke geteilten Welt unterschiedlicher Gesellschaftssysteme konstituiert. Zur Erringung des Sieges ist jedes Mittel recht. Der Sieg läßt sich häufig auch in wirtschaftlichen Gewinn umsetzen. Gewinnen und Gewinn verbinden Sport und Wirtschaft miteinander. Die einst im Sport, insbesondere im Kampfsport, durch Zuschauer und Teilnehmer sozial kontrollierte, mehr exzessive Gewalt wird zum bloßen Instrument für das Erreichen des Sieges. Im Extremfall – und dafür ist der Profi-Fußball ein beredtes Beispiel – wird instrumentelle Gewalt *regel-recht* eintrainiert. Blutergüsse und aufgeschlitzte Schenkel, gebrochene und verrenkte Gliedmaßen zeugen von einem Gewaltverhalten, das heute ohne schlechtes Gewissen, wenn auch nicht unbedingt sozial gebilligt, so doch zumindest hingenommen wird. Mit dieser Gewalt identifizieren sich und infizieren sich Tausende von Jugendlichen, überwiegend aus der Unterschicht, die oft unter latent depressiven Neigungen als Fan-Gruppen die Gewalt aufnehmen und sie exzessiv, bar jeder sozialen Kontrolle, in Stadien, Sonderbussen, Bahnhöfen und Sonderzügen kriminell ausleben. Man kann in solchen Fällen von einem partiellen Kulturzerfall sprechen, der die Entstehungszusammenhänge der Gewaltbildung bloßlegt.

Nach Freud (1930) ist Gewissensbildung Triebverzicht: "Triebverzicht schafft das Gewissen, das dann weiteren Triebverzicht fordert." Im Analogieschluß, der vom Entwicklungsweg des Individuums ausgeht, begründet Freud (1930), daß die Gemeinschaft ebenso ein Über-Ich unter dem Einfluß der Kultur ausbildet. Kultur entsteht nach Freud ebenfalls über den Weg der Triebeinschränkung. Erst die Umlenkung von Triebenergien führt zum kulturellen Überbau einer Gesellschaft. Kulturzerfall bedeutet danach Sittenverfall im Sinne fortschreitender unmittelbarer Triebbefriedigung. Je mehr Triebbefriedigung eine Geselllschaft ihren Individuen gestattet, desto weniger findet Kulturbildung statt. Kultur dagegen ist die Summe der Leistungen und Einrichtungen, durch die sich unser Leben von den tierischen Ahnen unterscheidet. Freud (1930) führt weiter aus:

> Die Kultur muß alles aufbieten, um den Aggressionstrieben der Menschen Schranken zu setzen, ihre Äußerungen durch psychische Reaktionbildungen niederzuhalten.

Triebsublimierung ermöglicht Kultur. Die Idealbildung, die zu ihren höchsten Leistungen zählt, ist die Basis für das Kulturgewissen. Die Ersetzung der Macht des einzelnen durch die Gemeinschaft ist zum Bestandteil unserer Kultur geworden. Nicht der einzelne verfolgt das Unrecht, das ihm zugefügt wird und rächt die Tat. Der einzelne überträgt seine Aggression, die er sich selbst untersagt, auf die von der Gesellschaft getragenen Organisationen, wie z.B. Polizei und Justiz, denen es erlaubt ist, stellvertretend, unter Einhaltung bestimmter Regeln,Gewalt ausüben zu dürfen. Für den Verlust an Selbständigkeit tauscht das Individuum ein gutes Gewissen ein.

Es gibt jedoch Gesellschaften, die eine humane Kultur durch Mißachtung der aus einer Kulturleistung hervorgegangen Menschenrechte in Frage stellen. Die Legitimation der Gewalt steht dann im ausschließlichen Dienst einer Organisation, die auch menschenverachtend sein kann. Eine solche organisierte Gewalt verteilt dann die Verantwortung soweit, bis sie niemand mehr trägt. Diese Erfahrung machte man im Deutschland der Nationalsozialisten mit den Schreibtischtätern in den Organisationen von Gestapo und SS. Todesurteile konnten *gewissensfrei* von Menschen unterschrieben werden, die keinen Ladendiebstahl hätten begehen können. Dem sogenannten "Volksgenossen" wurde dabei das gute Gewissen frei Haus geliefert, und die wenigsten merkten rechtzeitig, daß sich ein katastrophaler Kulturzerfall anzeigte, der mangels eines Kulturgewissens zu Massenmorden unvorstellbaren Ausmaßes geführt hat.

Die personen- und gruppenspezifische Aufnahme, Aneignung und Verinnerlichung von Erfahrungen, Gütern, Idealen und Symbolen einer Kultur vollzieht sich in einem innerseelischen Prozeß. Diese Werteverinnerlichung dient der Erhaltung, Entfaltung und Sinngebung der eigenen wie der der Gruppenexistenz. Es ist der Prozeß der "Enkulturation", der nach Würtenberger (1964) in den verschiedenen Phasen eines seelischen Reifungsprozessses die sozialen und kulturellen Normen und Maßstäbe in das Innere eines Menschen zur Gewissensbildung hineinverlegt. Würtenberger (1964) definiert das Kulturgewissen als "das in die Persönlichkeit des einzelnen hineingenommene Gericht der Gesellschaft".

Joachim Hellmer (1963) führt insbesondere die Jugendkriminalität auf Mängel in der Enkulturation zurück. Nach ihm ist der tiefere Grund der Eigentumskriminalität Minderjähriger die mangelnde Achtung vor dem Gesetz und den geschützten kulturellen Gütern "Eigentum" und "Vermögen". Einerseits ist das Gesetz weitgehend nur zu einem bloßen formellen und abstrakten Eigentums- und Vermögensschutz geworden, ohne daß von jungen Menschen eine Beziehung zu der in einer Kultur vorhandenen inneren Werteordnung entwickelt würde, und andererseits ist in vielen Familien eine Mißachtung von Eigentum und Vermögen anzutreffen, weil dort nur ein einseitiges, z.T. auch sozialwidriges Streben nach kulturell sterilen und materiellen Zielen des "Nur-Besitzes" und der "Nur-Geltung" vorherrscht. Das Haben wird vor das Sein gesetzt. Rudolf Affemann (1973) schrieb, daß ein Zeitalter der Massenproduktion nicht nur den Preis, sondern auch den Wert einer Ware bestimmt. Das Strafrecht schützt zwar bestimmte kulturelle Güter, aber ein gesetzeskonformes Verhalten setzt Menschen voraus, die die kulturellen Güter, die die Rechtsgüter binden, auch verinnerlicht haben. Enkulturationsmängel zeigen sich dort, wo Strafandrohungen bedeutungslos werden, weil das Rechtsbewußtsein immer lückenhafter wird. Der junge Mensch fühlt sich oft in einem ausgehöhlten Wertesystem im Stich gelassen und zieht sich zurück. Dieser Rückzug ist gleichsam eine Realitätsflucht, die in die Droge, Jugendsekte oder wertneutrale Technik führen kann. Die Faszination durch den Computer, der z.B. in den Erscheinungsformen der "Hacker" und der "Software-Raubkopierer" einen Einstieg in die Kriminalität sein kann, bietet einen denkbaren Erklärunganstaz an. Dieser Ansatz liegt im Reiz der Technik, die noch zusätzlich in einer an personalen Beziehungen ärmer werdenden Welt einen Kommunikationsersatz anbietet. Kulturwerte, die noch in einer vom sozialen Wandel bestimmten Gesellschaft tradiert werden, verblassen angesichts solcher Veränderungen. Mit der Verkümmerung der Kultur geht die Verkümmerung des Gewissens einher.

3.11 Das personale (autonome) Gewissen

Es wäre sicher einseitig, das Gewissen nur als ein Produkt aus Sozialisation und Enkulturation zu sehen. Spätestens in der Pubertät wendet sich der junge Mensch gegen Normen, die ihm bisherige Autoritäten, z.B. Eltern und Lehrer, auferlegt haben. Das wird vor allem dann deutlich, wenn z.T. sehr kompromißlose Elternautoritäten abgelehnt werden. Auch gegenüber einem Gemeinschaftsgefühl und einer kulturellen Werteordnung entwickelt sich ein kritisches Bewußtsein. Jugendliche distanzieren sich von alten Über-Ich-Bildern und entwickeln eigene Wert- und Normvorstellungen. Es bildet sich ein aus individueller und kreativer Überzeugungskraft geprägtes Norm- und Gerechtigkeitsempfinden. Dieses Empfinden reagiert sehr sensibel auf eine in der Gesellschaft herrschende doppelte Moral und auf Sozialstrukturen, in denen abweichendes Normverhalten, Normwidersprüche und -konflikte üblich sind. Da wird plötzlich das Elternbild auf der Rückseite eines Spiegels gesehen, wenn ein Elternteil, der es mit der partnerschaftlichen Treue selbst nicht so genau nimmt, die Tochter ermahnt, "sauber zu bleiben", oder wenn sich Eltern uneingeschränkte materielle Bedürfnisbefriedigung erlauben und dabei ihren Kindern die Tugenden des Verzichtes predigen. Der junge Mensch verarbeitet die Erfahrung von *Ungleichheiten* nach dem Motto: "Quod licet jovi non licet bovi!" (Was Jupiter erlaubt ist, ist nicht dem Stier erlaubt), oder: "Die Kleinen hängt man, die Großen läßt man laufen!". Allzuschnell unterliegt der einzelne einem Vertrauensschwund in Recht und Autorität, wenn "zweierlei Maß" angewendet wird. Bei einem unzureichend individuell ausgeprägten Rechtsempfinden, das mehr ein Empfinden der persönlichen Reife und der Charakterstärke ist, verliert dann ein nur auf Autoritäten gestütztes Über-Ich seine Wirksamkeit gegenüber dem Ich, so daß eine sogenannte "Michael-Kohlhaas-Reaktion" [44] erfolgt.

Das personale Gewissen kontrolliert, ob die eigene Handlung *ichgerecht* , d.h. im Wesenseinklang mit sich selbst verläuft. *Ichgerechtes Empfinden* ist mit dem Gefühl einer inneren Realität gleichzusetzen. *Ichgerechtes Handeln* wird als seelischer Vorgang in einer Kommunikation viel realer erlebt, als eine äußere Realität. Die Beurteilung des ichgerechten Handelns richtet sich an individuellen (personalen) Fähigkeiten, Einsichten und echten Gefühlen aus und folgt nicht nur dem Schema der bloßen Anpassung. Die Selbstwertfindung wird als kreative Leistung in eine Gewissenshaltung umgesetzt, wobei die Gewissensinhalte auch Wissensinhalte werden, wie es Winnicott (1974) beschreibt. Daraus wächst in einem Reifeprozeß des "Personwerdens", genannt "Personalisation", ein autonomes Gewissen. Wurzbacher und Hellmer (1963) führen daher Kriminalität neben anderen Gründen auch auf Mängel in der "Personalisation" zurück. Dem Kriminellen mangelt es an Fähigkeiten und Maßstäbe, um urteilend, auswählend, koordinierend und integrierend gegenüber den aus der Umwelt auf ihn eindringende Versuchungen handeln zu können. Das ist gleichbedeutend mit einer Unausgereiftheit, die diese Autoren als eine Art von "geistigem

44 Alexander und Staub (1929) schreiben, daß mit dem Vertrauensverlust "die Macht des Ichs" abgebaut wird. Als Beispiel wird der "Kleist'sche" Held Kohlhaas angeführt, der Mord und Totschlag für Recht hält, als ihm rechtswidrig zwei Pferde zurückgehalten werden. Karl Mohr in Schillers "Die Räuber" und der Schinderhannes sind weitere Beispiele. Alexander und Staub sprechen von einem zwischen Individuen und Autoritäten (in Staat und Gesellschaft) geschlossenen "contrat social", der, wenn er von einer Seite gebrochen wird, die Rückkehr zur unmittelbaren Triebbefriedigung (Triebregression) ermöglicht.

Infantilismus" bezeichnen. Geistiger Infantilismus beim erwachsenen Menschen, als Ausdruck mangelnder Reife, kann als ontogenetische Rückschlagserscheinung beurteilt werden.

Der gereifte Mensch (1968) ist positiv dem Leben verpflichtet. Fromm typisiert denjenigen als "biophil" [45], für den eine solche positive Ausrichtung charakteristisch ist. Biophile stehen daher nicht unter einer Gewissensknute, wie Fromm (1968) schreibt, "das Böse zu meiden und das Gute zu tun". Fromm wendet sich gegen das das Ich quälende Über-Ich von Freud, das den Menschen zum Verbrecher aus Schuldbewußtsein [46] werden läßt. Der Biophile leidet unter keinem Gewissenszwang; er ist autonom und handelt aus seiner persönlichen, positiven Einstellung zum Leben und folglich aus der Liebe zum Leben heraus, ohne Gewissensbisse und Schuldgefühle empfinden zu müssen. Solange der Mensch biophil zu empfinden und handeln vermag, wächst und reift er, gelangt zur Unabhängigkeit und Freiheit, wodurch sich ein autonomes Gewissen entfalten kann. Wenn er sich hingegen lebensfeindlich entwickelt, nach Fromm (1968) "nekrophil" [47], tritt eine Reife- und Wachstumshemmung und somit ein Zerfall ein. Dieser Zerfall findet seine Entsprechung in dem schon genannten Begriff des "geistigen Infantilismus", der die Unausgereiftheit der geistig-seelischen Verfassung bezeichnet. Denn auch Fromm stellt der Unabhängigkeit

45 Fromm (1968) belegt seine "biophile Moral" mit Spinozas Ethik (1966) und zitiert: "Freude an und für sich ist nicht schlecht, sondern gut; Traurigkeit hingegen ist an und für sich schlecht" (41. Lehrsatz). "Über den Tod denkt der freie Mensch am wenigsten nach; seine Weisheit ist nicht ein Nachsinnen über den Tod sondern über das Leben" (67. Lehrsatz).

46 Vgl. Kap. 5.4 Der Verbrecher aus Schuldbewußtsein

47 Im Regelfall wird mit "nekrophil" die sexuelle Perversion, nämlich das Verlangen mit einem Leichnam geschlechtlich zu verkehren oder sich in krankhafter Weise mit Leichen zu befassen, bezeichnet. Für Fromm sind alle Menschen "nekrophil", die in der Vergangenheit leben, die an Gefühlen hängen, die von gestern sind. Gewaltanwendung ist für solche Menschen eine Selbstverständlichkeit. "Wer das Tote liebt, liebt unausweichlich auch die Gewalt."

und Freiheit die Mutterbindung als Ausdruck inzestuöser Symbiose [48] gegenüber.

Fromm geht über die von Freud entwickelte Gewissensvorstellung hinaus und weist dem Individuum einen Spielraum zu, der über einen Reifeprozeß zur Autonomie führt. Enge kausal-deterministische Vorstellungen werden durchbrochen. Jean Piaget (1954) und Heinz Häfner (1956) bestätigen in ihren Arbeiten zur Gewissensentwicklung bei Kindern die Ausprägung eines autonomen Urteilsvermögens, das von autoritären Gewissensvorstellungen wegführt. Es darf jedoch nicht verkannt werden, daß der Spielraum trotz allem begrenzt bleibt. Die autoritären Gewissenskomponenten werden ebenso immer wieder in ein autonomes Denken einfließen wie der phylogenetische Gewissensaspekt (Tabugewissen).

Eine personale (autonome) Gewissensausbildung wird weitgehend vom Vermögen zur Personalisation abhängen. Die Ausprägung von Personalisation ist allerdings in einer Kultur gefährdet, die den Menschen im Übermaß davon ablenkt, sich zu besinnen und zu konzentrieren, die von einer Arbeitswelt beherrscht wird, die den Menschen zum "Roboter" am Fließband macht. Die Elektronikindustrie, die einerseits neue, kaum mehr zu überschauende Kommunikationsmöglichkeiten schafft, baut andererseits persönliche Kontakte ab. Der moderne Mensch kann seine Gefühle aus der Steckdose beziehen, wenn er sich in extremer Weise der Produkte der elektronischen Unterhaltungsindustrie bedient, und dabei immer mehr auf den Mitmenschen verzichtet. In dem Maße, in dem in einer Gesellschaft die personale Beziehung durch die funktionale ersetzt wird, vereinsamt der Mensch in der Masse [49], und es wer-

---

48 Fromm (1968) nennt drei Phänomene als Zerfallssyndrome, die den Menschen in die Selbstzerstörung treiben: die Nekrophilie, den Narzißmus und die symbiotisch inzestuöse Fixierung.
Vgl. Kap. 7.6 Der Minus-Mann und 7.7 Minus-Mann-Eigenschaften und Soziopathie.

49 Die "einsame Masse" ist Gegenstand einer Untersuchung der amerikanischen Gesellschaft von David Riesman (1958). Auch für unsere Gesellschaft ist seine Analyse, des Konsum- und Freizeitverhaltens, von Bedeutung. Nach Riesmann lebt der Mensch im Wohlstand der modernen Industriegesellschaft unter vielen einsam. Helmut Schelsky schreibt in der Einführung zur deutschen Ausgabe u.a.: "Wir in Deutschland empfinden den Materialismus des Lebensgenusses, den wir überall beobachten, als einen Rückschlag ..."

den Personalisationsmängel immer offenkundiger. Unselbständigkeit wird daher zunehmend begünstigt. Negative Kultur- und Zivilisationseinflüsse können auch dazu beitragen, daß ein steriler und infantiler Menschentyp dort entsteht, wo die Selbstformung ausbleibt. Die reifeste Form der Gewissensbildung wird daher erst in der Autonomie ermöglicht.

Der geistige Infantilismus hat eine Parallele in einem verwandten Phänomen, nämlich im geistigen Freizeitzwang, unter dem besonders viele Jugendliche leiden. Der anonyme Arbeiter am Fließband, der ständig sich wiederholende, mechanische, *geist-tötende* bzw. *geist-lose* Arbeitsbewegungen über einen längeren Zeitraum ausführt, steht unter einem solchen Zwang, der den Geist ausschaltet. Seine Geistesanstrengung entspricht z.T. der eines Kindes, das immer wieder die gleichen Bauklötze aufeinanderstellt. Für dieses Kind, das hierdurch eine Art von Funktionstrieb befriedigen muß, ist ein solches Verhalten entwicklungsadäquat. Dieses Kind nährt sich geistig noch von Bilderbüchern und ist den Elternautoritäten unterworfen. Der anonyme Fließbandarbeiter, vor allem im Jugendalter, kompensiert wie ein Kind seinen geistigen Freizeitzwang. An die Stelle der Bilderbücher treten Videos und Comics. Sie sind oft in den Grundstrukturen der Handlung den Märchen ähnlich, wo der Held, immer der Gute, den Bösen besiegt und seinen Lohn, die Frau, erhält. Für die Elternautoritäten stehen häufig fragwürdige Helden und Idole, mit denen sich Jugendliche identifizieren.

Die Ausbildung eines personalen (autonomen) Gewissens wird erschwert, soweit sie nicht schon durch einen "genetischen Verfall" von vornherein eingeschränkt ist. Konrad Lorenz (1973) befürchtet, daß die fortschreitende Infantilisierung und die Jugendkriminalität auf "genetischen Verfallserscheinungen" beruhen. Er gibt zu bedenken:

> Unsere gefühlsmäßige Hochwertung des Guten und des Anständigen ist mit erdrückender Wahrscheinlichkeit der einzige Faktor, der heute noch gegen Ausfallserscheinungen sozialen Verhaltens eine einigermaßen wirksame Selektion betreibt.

Er meint damit nichts anderes als ein genetisch erworbenes Gewissen, das heute der größten Gefahr ausgesetzt ist. Dies bringt er in einen Zusammenhang mit dem "Schwund der Fähigkeit zu starken Gefühlen, ... um den modernen Menschen jegliches Urteil darüber zu rauben, was gut und was böse ist." Der sich in der Entwicklung befindliche Jugendliche bleibt geistig infantil und kann möglicherweise für die kommenden Jahre auf dieses Stadium fixiert bleiben. Lorenz sieht in diesen Menschen die Parasiten der Gesellschaft, da sie im Prozeß der Reifung sozialer Verhaltensweisen zurückbleiben und in einem infantilen Zustand verharren. Die unreflektierte Infantilität zeigt sich gerade an den parasitären Kriminellen, die es für selbstverständlich halten, auf Kosten der Gemeinschaft zu leben, so wie Kinder von ihren Eltern unterhalten werden. Ihre Idole und Helden tragen oft eindeutig nekrophile Charakterzüge: die Helden siegen, indem sie töten; Gewalt verbrämt Gerechtigkeit; die Helden lieben nekrophil, und sie lieben die Nähe des Todes. Gerade diese Nähe macht sie zu Helden und Vorbildern. Wir können schließlich mit Schopenhauer [50] sagen:

> Denn das Gewissen ist eben nur die aus der eigenen Handlungsweise entstehende und immer werdende eigene Bekanntschaft.
> – Die immer reicher werdende Erinnerung der in dieser Hinsicht bedeutsamen Handlungen vollendet mehr und mehr das Bild unseres Charakters, die wahre Bekanntschaft mit uns selbst...

50 Aus Schopenhauers Schrift "Über die Grundlage der Moral"

> Gäbe es keine Verbrecher und keine Verrückte (es gibt sie), man müßte sie als legitime Aggressionsobjekte zur kollektiven Triebabfuhr erfinden.
>
> Friedrich Hacker

4. Die Psychodynamik

4.1 Kräfte und Wirkweisen

Die Darstellung der für den psychischen Apparat maßgeblichen Ebenen über die Systeme *unbewußt*, *vorbewußt* und *bewußt* mit den Instanzen von *Es*, *Ich* und *Über-Ich* genügt allein nicht, um eine psychoanalytische Kriminologie einsichtiger und anschaulicher zu machen. Dazu ist es vielmehr notwendig, die Triebkräfte, Wirkweisen und Mechanismen zu betrachten, die die verhaltensbestimmenden Reaktionen auslösen. Im wesentlichen bilden alle Teile des psychischen Apparates ein strukturelles Ganzes, wobei jede Herauslösung - so notwendig wie sie für eine Einzelbetrachtung auch sein mag - verzerren muß. Kräfte, Wirkweisen und Mechanismen bringen jedoch die Einzelstücke wieder zusammen, um sie in ihren Abhängigkeiten und Reaktionen zueinander, auch zur Außenwelt, zu durchschauen. Der gesamte psychische Apparat ist nur in seiner Einheit dynamisch wirksam. Der Mensch ist nicht das Ergebnis aus der Addition, sondern eine Struktur seiner Eigenschaften.

Kernstück eines psychischen Apparates bleibt das Ich. Es beinhaltet, wie ausgeführt, sowohl einen organisierten Teil aus dem Es, aus dem es herausgewachsen ist, als auch einen anderen Teil, der sich über die Entwicklung eines Ich-Ideals zum Über-Ich entwickeln konnte. Im Ich entsteht die Angst. Das Ich fühlt sich bedroht durch Triebwünsche aus dem Es und durch die Ansprüche des Über-Ichs. Den Anforderungen der Außenwelt muß es sich gewachsen fühlen. Zum Schutz gegen gefahrenbringende Triebe und gefahrbildende Affekte sowie gegen bedrohliche Außenwirkungen müssen Abwehrmechanismen eingesetzt werden. Das sind vom Ich ausgehende unbewußt ablaufende Prozesse.

Ein Körper und seine Organe können nur etwas leisten, wenn ihnen Energie zugeführt wird. Auch dem psychischen Apparat wird die Fähigkeit zugesprochen, psychische Energien zu entfalten und zu steuern. Zweifellos haben solche Energien, soweit sie den Trieben zuzuschreiben sind, ihre biologischen Wurzeln. Die Triebkräfte, Triebabkömmlinge, Triebziele und -objekte spielen für den psychischen Apparat eine große Rolle. Sie beeinflussen das Ich und die Ich-Über-Ich-Relation ganz entscheidend.

Physisch kann sich der Mensch gegen eine Bedrohung wehren, sich ihr auch durch Flucht entziehen. Psychisch muß er ebenfalls Mechanismen ausbilden, um mit Bedrohungen fertig zu werden. Inwieweit neben anderen Verhaltensweisen auch Kriminalität als psychische Symptombildung, als ein Begleiterscheinungsbild aus den Folgen von Angst und Abwehr sowie von übermächtigen Triebabkömmlingen und Über-Ich-Ansprüchen in Wechselwirkung zu Außenreizen betrachtet werden kann, läßt sich nur mit einer gewissen Wahrscheinlichkeit analysieren. Die Bedeutung der Triebe und die der Wechselbeziehungen zwischen Angst und Abwehr müssen dabei richtig interpretiert werden.

Nachfolgende Abschnitte beschäftigen sich daher mit den wesentlichen Aussagen der Trieblehre und mit Abwehrmechanismen im psychischen Apparat, wobei dem Narzißmusphänomen eine zentrale Stellung eingeräumt wird.

4.2 Trieb und Verbrechen

Trieb und Verbrechen sind zwei Begriffe, die seit jeher immer wieder zusammengebracht worden sind. Der Trieb hat sowohl für die Kriminologie als auch für die Psychoanalyse eine grundlegende Bedeutung. Die traditionellen Kriminologen sprechen von der *Triebfeder* des Verbrechens.

Wulffen (1908) schreibt die Ursache von Schlechtigkeit, Niedertracht und Bosheit den egoistischen Trieben zu. Aschaffenburg [51] führt den Affekt- und Triebverbrecher an.

Ernst Seelig (1963) hat unter seinen acht kriminologischen Haupttypen gleich drei am Trieb orientierte Verbrecher aufgeführt: die Verbrecher aus Angriffssucht, aus sexueller Unbeherrschtheit und den primitiv-reaktiven Verbrecher (tatauslösendes Verhalten ist die *Primitivreaktion*). Mergen (1967) sagt über die Erscheinungsformen des Verbrechens aus:

51 Vgl. Hoeveler, H.J., In: Schriftenreihe des Bundeskriminalamtes, 1967/1-3

Die Beschreibung des Verbrechens in Funktion des auf eine Situation reagierenden Menschens kann sich zwar nach vielerlei Kriterien ausrichten, den Anteil der Triebsphäre wird sie aber kaum übergehen können.

Mergen rechnet in erster Linie die Sexual- und Aggressionsdelikte zu den echten Triebverbrechen. Nach Mergen ist das Töten, besonders das Morden, eine Triebhandlung. Massenmörder bezeichnet man gelegentlich als "Wolfsmenschen", womit ihr tierisch-triebhaftes und *primitiv-reaktives* Verhalten ausgedrückt werden soll, insbesondere bei der Tötung aus sexueller Lust. Im Regelfall wird der Triebtäter mit dem Sexualtäter gleichgesetzt. Wulffen (1908) sieht hauptsächlich sogenannte Anomalien des Geschlechtslebens als Störungen im Triebleben an.

Die nordamerikanischen Triebtätergesetze (1933–49) richteten sich gegen sexuelle Psychopathen, d. h. Personen mit nicht beherrschbaren sexuellen Trieben. Die Gesetze entsprachen in den 20er und 30er Jahren in den USA dem allgemein üblichen Trend, Kriminelle als Patienten zu sehen. Sie sahen vor, Sexualtäter unbefristet in psychiatrische Anstalten zur Behandlung einzuliefern [52]. Das strafrechtliche Konzept erwies sich jedoch als ebenso ungeeignet wie die vage psychiatrische Diagnose.

Unzureichende Erkenntnisse bezüglich der psychosexuellen Entwicklung, Verdrängung sexueller Wünsche, Tabuisierung von Sexualhandlungen, Dramatisierung von Sexualstraftaten in der Öffentlichkeit, überstrenge Moralvorstellungen und Prüderie führten zu einer einseitigen triebzentrierten Betrachtung, die sich in der Konzentration von Sexualhandlungen und Handlungen, die sich noch damit in Verbindung bringen ließen, erschöpfte. Freud war von den schädlichen Folgen der Verdrängung der Sexualität so beeinflußt, daß er den ersten Ansatz zur Entwicklung seiner Triebauslehre in der Sexualität suchte. Er sah zunächst in der Aggression eine Komponente des Sexualtriebes, woraus er folgerte (1905):

52 Die Entstehung dieser Triebtätergesetze, in zwölf Staaten der USA und im Distrikt Columbia erlassen, ist Resultat einer diffusen emotionalen Verbrechensangst gewesen, zu der insbesondere die Medien beigetragen haben. Zur Entstehungsgeschichte vgl. Sutherland (1950): The diffusion of sexual psychopath laws.

Der Sadismus entspräche dem einer selbständig gewordenen, übertriebenen, durch Verschiebung an die Hauptstelle gerückten aggressiven Komponente des Sexualtriebes.

Freud nahm an, daß grausame Regungen von einem sogenannten "Bemächtigungstrieb", einem "Partialtrieb" [53] herrühren, der "zu einer Zeit im Sexualleben auftritt, da ihn die Genitalien noch nicht in ihre spätere Rolle aufgenommen haben" (1905).

Erst zehn Jahre später räumte Freud (1915) ein, daß es auch eine vom Sexualtrieb unabhängige Aggressivität gibt. Er unterschied dann Ichtriebe von den sogenannten Objekttrieben. Letztere sind auf die Außenwelt gerichtet. Er bezeichnete sie als "Libido" und schrieb sie (1930) "den aufs Objekt gerichteten libidinösen Trieben der Liebe im weitesten Sinne" zu. Mit der Entdeckung des Narzißmus verband er die Einsicht, daß das Ich selbst mit Libido besetzt ist. Analog zur "Libido" führte Freud (1920) den Aggressionstrieb [54] als eine dem Seelenleben auferlegte, von somatischen Vorgängen ausgehende Arbeitsanforderung ein. Er verknüpfte mit der Aggression einen Todestrieb und ging davon aus (1933), "daß – in unvordenklicher Zeit und auf unvorstellbare Weise – einmal aus unbelebter Materie das Leben hervorgegangen ist". Nach dem phylogenetischen Gesetz vom "Wiederholungszwang" schloß er daraus, daß ein entgegengesetzter Trieb das Leben wieder zerstören will, damit der ursprüngliche Zustand hergestellt wird.

Freud (1920) stellte seine Trieblehre auf das Prinzip der Spannungsreduktion ab, wonach der psychische Apparat bestrebt ist, Erregung auf ein möglichst niedriges Niveau zurückzuführen bzw. konstant zu halten. Die Spannung über das Normalmaß hinaus wird dann als Unlust regis-

---

53 Nach Freud setzt sich der Sexualtrieb aus verschiedenen Komponenten, d.h. sogenannten "Partialtrieben" (z.B. Sadismus), nicht-genitalen sexuellen Impulsen, zusammen. Die Summe aller indifferenzierten prägenitalen Triebe wird als "polymorph pervers" bezeichnet. Das Kind bleibt somit lange Zeit in diesem Zustand, auch wenn seine anfangs auto-erotischen Impulse sich anderen Personen zuwenden. Die sexuelle Reife wird erst nach einer sehr komplex-komplizierten Triebentwicklung erreicht, wenn alle "Partialtriebe" unter das "genitale Primat" integriert sind.

54 Noch 1909 konnte sich Freud nicht in seiner "Analyse der Phobie eines fünfjährigen Knaben" (des kleinen Hans) dazu entschließen, "einen besonderen Aggressionstrieb neben und gleichberechtigt mit den uns vertrauten Selbsterhaltungs- und Sexualtrieben anzunehmen" (1909).

triert. Die Spannungsreduktion auf das Konstanzniveau wird als Lust erlebt. In diesem Sinne wird das Lustprinzip aus dem Konstanzprinzip abgeleitet. So führt bloße Triebunterdrückung, wenn Sublimierung unterbleibt, zu einer überspannten Erregungssituation, die in die seelische Krankheit führen kann; ausgenommen, die Spannungsabfuhr erfolgt auf dem Weg der nach außen gerichteten Aggressionshandlung. Die Aggression kann sich dabei in eine kriminelle Aktion umsetzen, z.B. in die infolge des Affektstaus ausgelöste Tötungshandlung.

4.3 Die neue Triebqualität

Dem Freud'schen Konzept des Triebdualismus liegt vorrübergehend in den ersten Lebensjahren eine Triebmischung von Libido und Destruktionstrieb (Todestrieb) zugrunde. Erst die Triebentmischung trennt den Todestrieb ab. Zuweilen kann es nach diesem Konzept wieder zu episodenhaften Triebmischungen kommen, wenn Todes- und Tötungsphantasien oder Destruktionstendenzen erneut zunehmen und Aggressionen im Extremfall ausagiert werden. Das ist häufig in der Pubertät, aber auch in Abschnitten von Lebenskrisen möglich. Selbstmord und Mord, die der Mensch in einer Krise begehen kann, sind dann gleichermaßen nicht auszuschließen. Es wird noch darauf einzugehen sein, daß die offensichtlich dem Triebverbrecher zugeschriebenen Gewaltverbrechen nicht immer offen zu Tage treten brauchen, sondern in den meisten Fällen in der Folge individueller intrapsychischer Verarbeitung auch in der Alltagskriminalität zum Ausdruck kommen können. Der dieser Kriminalität zuzuschreibende Triebanteil wird kaum realistisch eingeschätzt; d.h. Kriminalität ist nicht nur Ausfluß eines Ich-, sondern auch das Produkt eines Triebschicksals.

Eine Reihe von Psychoanalytikern hat in der Weiterentwicklung der Triebforschung das Freud'sche Konzept nicht uneingeschränkt übernommen und sich auch gegen die Annahme eines Todestriebes gewandt. Fromm (1968) schlägt eine Weiterentwicklung auf der Grundlage des Widerspruchs "zwischen Eros und Destruktion, zwischen der Affinität zum Lebendigen und der Affinität zum Toten" vor. Er geht dabei nicht von zwei entgegengesetzt wirkenden Trieben aus, sondern von der grundlegenden Tendenz alles Lebendigen, "am Leben festzuhalten". Nicht zuletzt gründet darauf Fromms biophile Moral, die, wie beschrieben, über die durch bloße Sozialisation erfolgte Gewissensbildung hinausgeht. Der Gegensatz dieses Widerspruchs tritt nur zutage, wenn der Mensch sein Ziel verfehlt. In der kriminellen Aktion verfehlt der Mensch sein Ziel. Fromm verweist hier auf die richtigen Bedingungen für das Leben, damit negativen Phänomenen der Boden entzogen ist. Somit sind in erster Linie wieder die charakterbildenden Sozialisationsbedingungen angesprochen. Fromm (1977) weist in seinem Buch "Anatomie der menschlichen Destruktivität" ausdrücklich darauf hin, "daß Destruktivität und Grausamkeit keine instinktiven Triebe, sondern Leidenschaften sind, die in der Gesamtexistenz des Menschen wurzeln".

Wenn es um die Frage geht, inwieweit kriminelles Verhalten verschiedenartigen "Seins-Strukturen" entspringt, nimmt der "Verbrecher aus Leidenschaft" in der kriminologischen Tätertypologie [55] auch den Platz des Triebverbrechers ein. Fromm und andere [56] geben Freuds Libido-Theorie weitgehend auf, ohne ihr ein vergleichbares theoretisches System entgegenzusetzen. Sie konzentrieren sich auf die Vorgänge in den unmittelbaren partnerzentrierten Beziehungen zwischen Menschen, die im Kontext der jeweiligen sozialen Situation analysiert werden. Fromm (1977) sieht in diesen Vorgängen für die Psychoanalyse mehr Chancen zur Kreativität und beurteilt sie scharfsinnig, radikal und frei "von der unkritischen Akzeptierung unserer heutigen Gesellschaft als einer seelisch gesunden".

Wenn wir uns nicht im Widerspruch der Theorien verirren wollen, so ist darauf zu insistieren, daß eine im psychischen Kern wirksame Dynamik Auslöser haben muß. Der Mensch zeigt nicht nur ein dynamisches Verhalten an sich, sondern er verhält sich auch zielorientiert. Er ist ein Empfänger und Sender von Signalreizen, die nicht nur durch die jeweilige soziale Situation Veränderungen erfahren, sondern die auch die soziale Situation selbst verändern, in der der Mensch agiert und reagiert. Empfänger und Sender brauchen Energie, d.h. der Mensch folgt letztendlich wie auch immer gearteten Triebkräften. Schultz-Hencke (1965) stimmt mit vielen Psychologen darin überein, "daß seelische

55 Hans W. Gruhle (1956) unterscheidet in einer psychologisch ortientierten Tätertypologie den "Verbrecher aus Leidenschaft" von den Typen der "Verbrecher aus Neigung, aus Schwäche und aus Ehre und Überzeugung" .

56 Zu den anderen gehören: Adolf Meyer, Harry Stack Sullivan, Frieda Fromm-Reichmann und Theodore Lidz, erwähnt bei Fromm (1977).

Energien angenommen werden müssen – anders gesagt, daß das psychische Leben ursprünglich dynamischer Natur ist". Die Kraft oder der Antrieb muß seine Reizquelle haben und auf das psychische Geschehen Einfluß nehmen. Auf dem Weg zum Ziel muß die Kraft oder der Trieb wirksam werden. Der Trieb kann nicht selbst wirksam werden, sondern er benötigt andere Funktionen, um sich verwirklichen zu können. Durch diese Funktionen wird er dann repräsentiert. Seine verhängnisvollste Repräsentanz ist das Verbrechen. Durch den Trieb wird ein Objekt besetzt, das auch das eigene Ich sein kann, vorausgesetzt das Objekt ist für eine Triebabfuhr geeignet. Der Umgang mit dem Objekt mit einer bestimmten Vorstellung, durch die der Trieb Repräsentanz erhält, ist entscheidend und nicht allein ein biologischer noch ein mechanistischer Vorgang. Das schafft die soziale Situation mit ihren vielfachen Wechselbezügen, in der das Persönlichkeitsbild – anders ausgedrückt, der Charakter – reift. Kriminalität ist ein charakterabhängiges und weniger ein biologisches Phänomen.

Es ist legitim, Freuds Ansätze weiterzuentwickeln und auch unterschiedliche Richtungen dabei einzuschlagen. Die Abkehr von rein biologisch-instinktiven Betrachtungsweisen ist notwendig gewesen, wobei man sich schwer tut, die von Freud weiterentwickelte Psychoanalyse noch mit einer naturwissenschaftlich-biologischen Sprache für seelische Vorgänge zu befrachten. Die Begriffe von Es, Ich und Über-Ich müssen kreativer und freier mit neuen Konzeptionen in Verbindung gebracht werden, die auch einer psychoanalytischen Kriminologie neue Räume erschließen.

4.4 Liebesverlust und Frustration

Wirkweisen im psychischen Apparat sind Reaktionen auf tatsächliche oder vermeintliche Gefahren, die dem Ich drohen. Anna Freud (1968) geht davon aus, daß die stärkste Bedrohung für das Ich die Angst vor Liebesverlust ist. Beziehungen, die sich in der Abkehr von destruktiven Zielen lebensbildend und aufbauend entwickeln, nennt Anna Freud "libidinöse Beziehungen". Wenn die Entwicklung solcher Beziehungen nur unzureichend erfolgt, vor allem aber das Kind in seinem Vitalbedürfnis nach Liebe enttäuscht wird oder gar eine Trennung von der Mutter bzw. dem Muttererersatz (dem ersten Liebesobjekt) erfolgt, wird die "libidinöse Beziehung" geschädigt. Bei noch unzureichender Ausprägung ist das Ich zu schwach, um die vorhandene Aggressionsmenge zu binden, die dann als tatsächliche Frustrationsaggression [57] "frei" ist. Wie groß das Aggressionspotential ist, hängt davon ab, in welchem Maß das Kind der Frustration ausgesetzt wird. Allenfalls wird ein gereiftes Ich der Bedrohung entgegenwirken können. Der Intensität von Frustration, die zwangsläufig mit auferlegter Triebeinschränkung immer schon verbunden ist, muß die entsprechende Intensität an Zuwendung entgegengesetzt werden, um die frühe Ichentwicklung nicht zu gefährden. Die Zuwendung trägt auch entscheidend dazu bei, "Urvertrauen" auszubilden. Die Fähigkeit des Menschen, vertrauen zu können, Gefühle zu haben und zu zeigen, Liebe und Freundlichkeit zu erweisen und zu empfangen, ist von der Zuwendung abhängig, die das Urvertrauen schafft.

Liebe ist der wirksamste Schutz gegen Ängste: Wer mich liebt, der tut mir auch nichts.

Die Zuwendung ermöglicht auch die Fähigkeit, die Ausbildung der Frustration zu ertragen, so daß Aggressionsbildung als Reaktion auf Frustration durch eine größere Toleranz aufgefangen wird. Liebesverlust bedeutet zugleich Vertrauensverlust. Nur eine stete, verläßliche und berechenbare Zuwendung ermöglicht auf Dauer den Aufbau von Objektbeziehungen. Die Liebesfähigkeit ermöglicht erst die Gewissensbildung. Liebesfähigkeit, Triebverzicht und Gewissensbildung stehen in einem festen Zusammenhang. Um der Zuwendung willen leistet das Kind Verzicht. Verzichtenkönnen ist für eine Gewissensbildung unentbehrliche Voraussetzung, damit nicht ein Verwahrlosungsprozeß in Gang gesetzt wird.

Ein Wechselbad von Verwöhnung und Ablehnung gefährdet das Ich nicht minder als das Fehlen jeglicher Bindung von Anfang an. Im Gegenteil: es dürfte der Abbruch einer schon gebildeten Beziehung sich noch enttäuschender auswirken. Erst die Zuverlässigkeit einer Bindung ermöglicht die Vertrauensbildung. Aufgrund von Störungen, die Spitz (1968) im Verhalten von Müttern fand, erfuhr er, daß die unvoraussagbare, rasch wechselbare Persönlichkeit der Mütter es unmöglich machte, verläßliche Objektbeziehungen im ersten Lebensjahr herzustellen.

---

57 Die Frustrations-Aggressions-Hypothese von Dollard ist weniger als Gegensatz zum Freud'schen Konzept der Aggression als Trieb zu sehen, sondern eher komplementär als modifizierte Ausgestaltung von Aggressionsbildung.

John Bowlby (1946) konnte die Ergebnisse der Untersuchungen von Spitz nur bestätigen, so daß ein wesentlicher kriminogener Faktor in den frühkindlichen Beziehungsstörungen zu suchen sein dürfte.

Zu gleichen Ergebnissen sind Sheldon und Eleonore Glueck [58] gekommen: Der Verlust eines Elternteils durch Tod, Trennung oder längere Abwesenheit vor dem fünften Lebensjahr kommt unter kriminellen zweimal so oft vor wie unter nichtkriminellen jugendlichen Gruppen. Die kriminellen Jugendlichen sind überwiegend von der Mutter oder auch vom Vater emotional zurückgewiesen worden.

Die amerikanische Psychologin Flora Rheta Schreiber hat 1983 in einem erschütternden Tatsachenbericht [59] über einen Mörder den verhängnisvollen Faktor beschrieben, wie die Mutter sich zunächst in den ersten drei Wochen zwar ihrem Kind noch zuwandte und stillte, es dann aber in einen Kinderhort gab und später der Kindervermittlungsstelle in einem Waisenhaus überließ. Erst nach fast 23 Monaten fand das Kind seine Adoptiveltern. Die so verursachten Beziehungsstörungen sollten das durch Stimulation, Annahme und Ablehnung erfüllte Leben des späteren Mörders mitbestimmen.

Der von Soziologen begründete Ansatz, insbesondere die Jugendkriminalität durch eine Anomie- und Drucktheorie zu erklären, dürfte in seinem Kern auf die These von einer mangelnden Frustrationstoleranz in der Ich-Struktur zurückzuführen sein. Dieser Erklärungsansatz, der kriminelles Verhalten auf grenzenlose Bedürfnisse sowie auch den Mangel, diese Bedürfnisse auf sozial gebilligte Weise zu befriedigen, zurückführt, dürfte jedoch nicht ausreichen. [60]

---

58 Das Forscherehepaar S. und E. Glueck hat jeweils eine Gruppe krimineller Jugendlicher und eine nichtkriminelle Kontrollgruppe mit annähernd gleichem Intelligenzquotienten aus gleichem Milieu im selben Alter unter Berücksichtigung kriminalprognostischer Faktoren aus der Familien- und engeren Lebenssituation untersucht. Die Ergebnisse haben die Gluecks in ihrem grundlegenden Werk (1950) "Unraveling Juvenile Delinquency" (Enträtselung der Jugendkriminaltät) in Cambridge, Massachusetts, erstmals veröffentlicht.

59 F. R. Schreiber (1985) berichtet in ihrem Buch "Der Mörder" von ihren Untersuchungen über einen von "Dämonen" besessenen Gewaltverbrecher. In weit über tausend Interviewstunden in über sechs Jahren zeichnet sie das Bild eines Lebens nach, das sich schicksalhaft auf die Tragödie hin entwickelt hat.

60 Nach Emile Durkheim ist der Verbrecher ein Wirkungsfaktor des sozialen Lebens und Vorläufer des sozialen Wandels.

Zu viele Jugendliche befinden sich in einer vergleichbaren sozialen Situation, ohne daß sie sich genötigt sehen, den kriminellen Weg zur Bedürfnisbefriedigung einzuschlagen. Absolut verhängnisvoll wirkt es sich jedoch aus, wenn Kinder und Jugendliche allein dem Liebesverlust ausgesetzt sind, wodurch das Aggressionspotential nicht nur verstärkt, sondern die Aggression auch nicht sinnvoll in eine libidinöse Beziehung eingebracht werden kann, die eine Zuwendung erst ermöglicht. Wird das Aggressionspotential nur unzureichend durch eine Beziehung an ein Objekt gebunden oder gar vom Objekt abgezogen, dann steht es u.a. im Übermaß für eine Über-Ich-Bildung zur Verfügung, soweit es nicht ungebunden ausagiert wird oder sich gegen das Ich selbst richtet. In wieweit bei einem Verbrechen Faktoren wie Liebesverlust bei existenzieller Frustration in Verbindung mit einem geschädigtem Ich eine ausschlaggebende Rolle spielen können, wird anschließend am Beispiel eines unbegreiflichen Schwesternmordes aufgezeigt.

4.5 Der Fall Jolantha

Die 18jährige Jolantha paßte ihre 7jährige Halbschwester Irene an einem Novembertag, gegen 17.00 Uhr, vor der Schule ab. Sie lockte sie unter dem Vorwand, daß die Mutter beide bei einer Tante erwarte, in Tatortnähe. Der Weg führte über eine Brücke über einen Mühlbach mit hohem schnellem Wasser. Vor der Brücke gab sie ihr noch einen Kuß, lief mit ihr in dem Gedanken über die Brücke: "Wenn du wüßtest, was dir bevorsteht". Auf der Brücke bückte sie sich und tat so, als ob sie sich die Schuhe zubinden müsse, um bei zwischenzeitlich eingetretener Dunkelheit zu prüfen, ob sie ihre Schwester über oder durch das Geländer werfen müsse. Dann packte sie sie unversehens an den Hüften und warf sie über das Geländer in den reißenden Mühlbach. Das Mädchen fühlte sich nach der Tat ganz "leicht", ging nochmals zur Brücke zurück, fand nichts mehr vor und suchte ihren leiblichen Vater auf, weil sie das dringende Bedürfnis hatte, sich einem Menschen zu offenbaren. [61]

---

61 Die Fall- und Lebensdaten sind in stark gekürzter Form der Veröffentlichung von Kriminaldirektor Neukirchner (Stuttgart) in "Neues Polizeiarchiv", Kriminalistik/Kriminalphänomenologie, Juni 1957, entnommen worden. Das Opfer wurde am 22.11.1955 (Tattag), gegen 19.20 Uhr, ertrunken im Rechen eines Elektrizitätswerkes entdeckt.

Vorgeschichte

Jolantha kam unehelich als Frühgeburt zur Welt. Sie verbrachte die ersten Jahre in einem Säuglingsheim, dann eine gleichlange Zeit bei Pflegeeltern, bis zur Heirat der Mutter, die sie mit vier Jahren nach Hause holte. Der Stiefvater lehnte sie ab.

Ein Halbbruder wurde zwei Jahre später geboren. Nach fünf weiteren Jahren kam die Halbschwester Irene zur Welt. Jolantha wurde nun noch "überflüssiger". Sie fiel neben permanenter Schulleistungschwäche durch ein ausgesprochenes Geltungsbedürnis auf. Sie verhielt sich um jeden Preis auffällig, um auf sich aufmerksam zu machen oder um von Gleichaltrigen beachtet zu werden. Bei der Polizei fiel sie lediglich wegen eines Ladendiebstahls (Symboltat [62]) auf. Nach der Entlassung aus dem 7. Schuljahr begann sie eine Schneiderlehre, die sie nicht beendete. Nur mit Mühe konnte sie sich gegen die massiven sexuellen Zudringlichkeiten ihres Stiefvaters wehren. Erst jetzt erfuhr sie, daß der Stiefvater nicht ihr leiblicher Vater war. Auf Betreiben der Mutter wurde sie über längere Zeit in verschiedenen Heimen mit Hilfe des Jugendamtes untergebracht. Wenn Jolantha vorübergehend sich wieder zu Hause aufhielt, mußte sie erneut die Zudringlichkeiten ihres Stiefvaters abwehren. Schließlich ordnete das Gericht Fürsorgeerziehung an. Jolantha stahl Wäsche, renommierte mit angeblichen "Männererlebnissen" und verführte andere Zöglinge zu gleichgeschlechtlichen Handlungen.

In ärmlichen Verhältnissen als Fabrikhilfsarbeiterin lebend, den Stiefvater hassend, träumte sie davon, mit der Mutter nach Australien auszuwandern. Dort hoffte sie, den Mann zu finden, der ihr ein angenehmes Leben sichern würde.

Ohne wesentlichen Kontakt zu Gleichaltrigen – er wurde auch vom Stiefvater unterbunden – lebte sie in einer Scheinrealität, in der allenfalls kurze Liebesgeschichten der Regenbogenpresse noch Platz hatten, von hochgespannten Erwartungen beseelt. Sie wollte nach ihren eigenen Aussagen die Schwester beseitigen, damit "Ruhe eintrete". Außerdem glaubte sie, daß die Auswanderung der Mutter ohne das Kind erleichtert würde. Sie habe nicht anders handeln können, damit zu Hause "eine Ruhe wird". Ein früherer Streit ihrer Halbschwester mit ihrem

62 Vgl. Kap. 8.2 Das Symboldelikt und die kriminelle Fehlhandlung

Bruder veranlaßte sie einmal zu der Bemerkung: "Von den beiden gehört eines weg." Vor Gericht sagte sie aus: "Als das Kind im Wasser verschwand, war ich deshalb auch für einen Augenblick direkt zufrieden und froh gestimmt."

Beim Opfer handelte sich um ein fröhliches Kind, das keine Schulsorgen hatte und sich der ganzen Liebe der Mutter erfreute.

In der Nachtatphase genoß Jolantha offensichtlich die Zuwendung und Aufmerksamkeit, die ihr durch das Ermittlungsverfahren zuteil wurde. Sie zeigte bei einem leicht depressiven Verhalten keine unbedingte Reue. Geisteskrankheiten schieden als Ursachen für die Tat aus. Nach dem Sachverständigengutachten lagen weder eine Bewußtseinstrübung noch Gründe für eine Verminderung von Schuld und Einsicht in das Unrecht der Tat vor.

Kurzanalyse

Der Schwesternmord schien nach dem erkennbaren Motiv und der Tatbegehung ein primitives, grausames und irrationales Verbrechen zu sein. Egoismus und Neid auf die Halbschwester, gepaart mit schicksalbedingter Verdorbenheit, bildeten den Hintergrund der Tat. Jolanthas Lebenslauf vermag heute wie damals ambivalente Gefühle hervorzurufen: einerseits Abscheu und Erregung über eine kaltblütige Tat, andererseits Mitleid und Verständnis für die Täterin. [63] Ihr Leben legte offen, wie sehr ein Mensch in seiner *Tiefenperson* geschädigt sein kann, so daß das Verbrechen zum Schicksal wird, damit "eine Ruhe eintrete". Welche Unruhe muß in einem solchen Menschen gewesen sein?

Soweit Jolantha in den ersten Lebensjahren überhaupt eine Bezugsperson hatte, dürfte diese ständig gewechselt haben. Gerade eine Frühgeburt ist in besonderen Maß wegen einer häufig geringeren seelischen Robustheit auf die Entfaltung "libidinöser Beziehungen" zur Ich-Bildung angewiesen. Abweisung und Liebesverlust werden als existentielle Frustration und Bedrohung erlebt. Spitz (1968) stellte bei solchen Menschen Anomalien fest, die sich in der Unfähigkeit ausdrücken, angemessene soziale Beziehungen herzustellen und am sozialen Leben teilzunehmen. Heimunterbringung und Heimwechsel, schon im Säuglings–

63 Bei Gericht und Staatsanwaltschaft gingen etliche Adoptionsanträge ein. Viele schoben den Eltern die Schuld zu und bemitleideten Jolantha.

und Kleinkindalter, haben bei Jolantha verhindert, daß verläßliche Objektbeziehungen hergestellt werden konnten. Nachdem die Mutter sie in die Familie geholt hatte, erlebt sie die Ablehnung durch den Stiefvater, der sich streng und tyrannisch gebärdet, was sich in der Pubertät wiederholt, als der gleiche Stiefvater versucht, sich ihr sexuell zu nähern. Die Mutter reagiert ihr gegenüber durch ein nicht immer berechenbares und voraussagbares Verhalten, das schnell wechselt, gefühlsambivalent.

Jolantha erlebt die Außenwelt als hart bis ablehnend feindlich, aggressiv und unzuverlässig. Alle Versuche, anerkannt zu werden, soziale Beziehungen zu knüpfen, auch durch das unsinnigste Verhalten in der Schule, schlagen fehl. Jolanthas libidinöse Ansprüche werden zu stark bedroht, so daß Angst und Aggression entstehen. Sie hat auf die eigene Ohnmacht und Kleinheit mit der Entwicklung von Machtphantasien, an denen sie auch später festgehalten hat, reagiert. Diese Phantasien manifestierten sich in den irrealen Vorstellungen, daß die Probleme mit der Beseitigung der Halbschwester gelöst sind und der Weg frei ist, mit der Mutter auszuwandern, um in einem frauenarmen Land den "Prinzen" zu finden, bewundert und geliebt zu werden. Nach ihrer Vorstellung ist die Halbschwester weg, wenn sie im Wasser untergeht. In dieser Vorstellung drückt sich ihre Infantilität [64] aus. Solche Phantasien werden mit zunehmendem Realitätsverlust bei gleichzeitiger Verkümmerung von sozialen Beziehungen erkauft. Einem solchen Menschen bleibt nur die Selbstbezogenheit. Das egoistische Persönlichkeitsbild, das Jolantha vermittelt, resultiert aus der Verschiebung des Ich-Gefühls auf ein falsches Ideal-Ich, das durch diese Selbstbezogenheit extrem narzißtisch besetzt ist. Auf diese Weise wird das schwache Ich geschützt. Ihre Aggression bleibt an die Außenwelt gebunden, indem Jolantha ausagiert. Wie groß der Druck für sie gewesen sein muß, drückt sich in ihrer Aussage aus, daß ihr nach der Tat "ganz leicht" wurde. In dieser seelischen Situation wäre allenfalls die Alternative einer Flucht in die Krankheit bzw. in die Depression denkbar gewesen, d.h. sie hätte die Aggression auf das eigene Ich richten müssen.

Jolanthas Verhalten ist Abwehr gegen die Bedrohung ihres schwachen Ichs. Notsignale, die sie in der Form eines eines ersten Ladendiebstahls,

64 Die kindliche Vorstellung von Tod beschränkt sich auf bloßes "Weg-sein".

späterer Wäschediebstähle im Heim und letzlich durch die Verführung von Mitzöglingen zu gleichgeschlechtlichen Handlungen aussandte, sind nicht verstanden worden. Sie sind bescheidene, gefühlsarme Ersatz- und Symbolhandlungen, da libidinöse und soziale Beziehungen niemals aufgebaut werden konnten. Die Entfaltung von libidinösen und aggressiven Trieben ist vom Mischungsverhältnis, und dieses wiederum von den Beziehungen zu Objekten abhängig. Moser (1970) leitet hieraus zu Recht die für kriminelles Verhalten entscheidenden Ursachen ab. Auf den Fall Jolantha wird darum noch weiter Bezug zu nehmen sein.

4.6 Das Narzißmusphänomen

In der griechischen Sage verschmähte der Jüngling Narziß die Liebe der Nymphe Echo. Die Nymphe starb am gebrochenen Herzen. Aphrodite bestrafte Narziß damit, sich in das eigene Spiegelbild im Wasser eines Sees zu verlieben, um sich in Sehnsucht zu verzehren. Dem Jüngling wurde die Unfähigkeit, lieben zu können, Beziehungen zu einem anderen Menschen, einem Liebesobjekt aufzubauen, zum Verhängnis. Er scheiterte in der Objektwahl. Er war dazu verdammt, sich seinem eigenen Spiegelbild zuzuwenden.

Mangel an Objektbeziehungen, Liebesunfähigkeit und Liebesverlust stehen im engen Zusammenhang, denn libidinöse Beziehungen mehren den Liebesgewinn. Unzureichende oder gar keine Objektbeziehungen produzieren ein verhängnisvolles Phänomen, das vor allem Freud aufgedeckt hat. Zu seinen wichtigsten Entdeckungen gehört, daß die von der Außenwelt abgezogene "Libido" dem Ich zugeführt werden kann. Das daraus resultierende Verhalten wird nach dem Jüngling der griechischen Sage als Narzißmusphänomen bezeichnet.

Nach Freud lebt der Embryo noch im Zustand des absoluten Narzißmus, d.h. in völliger Einheit mit sich selbst. Mit der Geburt tritt der Mensch in die Welt der ihn umgebenden Objekte ein. Damit wird die Entwicklung zur Objektwahrnehmung, Objektwahl und Objektfindung eingeleitet. Es dauert Monate bis der Säugling lernt, zwischen seiner und der Außenwelt und damit auch zwischen Phantasie und Realität zu unterscheiden. Diese Vorgänge sind im Abschnitt über die Ichentwicklung beschrieben worden.

Anfangs, vornehmlich bis zur ödipalen Phase, ist dieser Prozeß sehr intensiv und geht einher mit der Identitätsfindung über Identifikationen. Im Menschen wird immer ein Rest narzißistischer Eigenschaften erhalten bleiben, denn das Individuum kann im Leben nicht auf ein Mindestmaß an Vollkommenheitsillusion verzichten. Irgendwo schlummert in ihm ein Idealbild seiner selbst. Bei allen Kränkungen, die der Mensch erfährt, braucht er doch letztlich ein Selbstwertgefühl, das ihm vermittelt, trotz aller Fehler und Mängel "ein prima Kerl" zu sein. Freud (1914) sagt treffend, was der Mensch "als sein Ideal vor sich hin projiziert, ist der Ersatz für den verlorenen Narzißmus seiner Kindheit, in der er sein eigenes Ideal war".

Im Zusammenhang mit der Ichentwicklung wurde das Zurückwollen in den Urzustand als ein dem Menschen innewohnendes mächtiges Verlangen, einen Narzißmusersatz zu finden, definiert. Fromm (1968) beschreibt den Narzißmus als "eine Leidenschaft von einer Intensität, die bei vielen Menschen nur mit dem Geschlechts- und Selbsterhaltungstrieb zu vergleichen ist". Damit muß der Narzißmus auch eine entsprechende Funktion haben, die diesen Trieben gleichkommt. Fromm schließt daraus, daß der Mensch ohne Narzißmus ein Heiliger ohne hohe Überlebenschance wäre, d.h. das Individuum muß sich selbst weit wichtiger nehmen als andere, um sich durchzusetzen. Das Bedürfnis nach Sicherheit, nach Harmonie und Geborgenheit ist für das Überleben ebenso wichtig wie das nach Macht, Größe, Einmaligkeit und Unabhängigkeit. Diese Bedürfnisse liegen als treibende Kräfte dem Narzißmusphänomen zugrunde. Extremer Narzißmus macht den Menschen egoistisch. Macht und Besitzstreben erlauben ihm nicht, eigene Bedürfnisse und Ansprüche im übergeordneten Interesse eines sozialen Zusammenlebens zurückzustellen. Fromm (1968) kommt zu dem paradoxen Ergebnis, "daß der Narzißmus für die Erhaltung des Lebens notwendig und gleichzeitig eine Bedrohung für die Erhaltung des Lebens ist". Somit hat der Narzißmus mit der Aggression etwas gemeinsam. Narzißmus- und Aggressionsphänomene hat der Mensch auf dem Weg der Evolution in seinem Verhaltensrepertoire ausbilden müssen, um in der Anpassung an seine Umwelt überleben zu können. Sie sind die hinterlassenen "Spuren in Gestalt einer Anpassung von gestern", wie sie Lorenz (1983) beschreibt, so daß sich die Frage stellt, inwieweit das heute im Übermaß vorhandene Potential sich im negativer Weise auswirken muß.

Interpretationshilfen geben die Märchen und Mythen sowie das Kind, weil in ihnen noch der Urzustand zutage tritt. Solange ein Kind noch nicht die Wirklichkeit ertragen kann, ohne Schaden zu nehmen, hat der Narzißmus einen schützenden Charakter. Gerade die Märchen geben dem Kind das Gefühl, sich großartig und sicher zu fühlen, als ob es selbst die Macht und Größe der Märchenhelden besitzen würde. Und es besitzt sie tatsächlich, indem es mit seinen Märchenhelden eins wird. Alle Kinder brauchen zunächst diese Welt, um nicht sofort voll von der Wirklichkeit getroffen zu werden, sondern durch Reifeentwicklung unter Aufgabe ihrer Vollkommenheitsillusionen in eine höchst unzulängliche Welt hineinwachsen zu können.

Die sogenannte Gutenachtgeschichte, oft ein Märchen, das die Mutter dem Kind erzählt, erzeugt und verstärkt narzißtische Gefühle, die dem Kind erlauben, sich in schützende Träume und Phantasien einzuhüllen. Sie trösten das Kind über das *Alleingelassensein* hinweg und machen die Trennung von der Mutter erträglicher, bis es geborgen einschläft.

Je größer die Trennungsängste sind, umso intensiver sind die Phantasien. Nur wenn bei Fehlentwicklungen, bei Schock- und Schlüsselerlebnissen oder bei Geisteskrankheiten der Erwachsene auf die infantile Stufe regrediert und ebenso verfährt, dann hat das fatale Folgen. Die Größenphantasien werden umso phantastischer je drastischer die Frustration ist. Überhöhte Vorstellungsbilder führen zu einer überhöhten Selbsteinschätzung. Normal ist als Reaktion auf durch Umwandlung in libidinöse Beziehungen in Grenzen gehaltene narzißtische Gefühle ein Stück Verinnerlichung von Idealen aus einer Vollkommenheitsillusion, die der Mensch braucht. Aggressiv reagiert der narzißtische Mensch, wenn er in seinem Narzißmus bedroht oder gar verwundet wird. Er ist dann in seiner Eitelkeit zutiefst verletzt. Die Quelle der Aggression ist dann der verletzte Narzißmus. Die aggressiven Impulse können sich gegen die eigene Person wenden und Depressionen auslösen. Der Depressive kennt keine Beziehung mehr zur Außenwelt, die sich der unverletzte Narzißt noch einverleibt. Das Ich des Depressiven bricht zusammen oder spaltet sich, indem Aggression auf irreale Bilder projiziert wird. Diese paranoide Projektion verzerrt die Wirklichkeit. Solche Menschen leben in gefährlicher Irrationalität. Sie können entweder zu wahnsinnigen Verbrechern oder zu Opfern paranoider Vorstellungen [65] werden. Eine lebensverachtende und todesnahe Haltung begleitet solche Vorstellungen. Als Beispiel dafür steht der Filmheld Rambo. [66]

Der Mensch sucht daher nach Möglichkeiten, der narzißtischen Katastrophe, die die totale Verlassenheit und Hoffnungslosigkeit bedeutet, zu entgehen, indem er ihr aktiv zuvorzukommen versucht. Er rettet dabei sein Selbstgefühl, aber verzichtet auch auf seine menschliche Identität. Der Heldentod wie der Suizid geben ihm eine solche Möglichkeit. Die Todesverachtung wie die das Leben verachtende Haltung werden zur *Perversion einer Endlösung*, wie sie der Sektenführer Jim Jones [67] in Guyana 1978 herbeigeführt hatte. Bevor, und wenn es überhaupt so weit kommen sollte, wird der Mensch sich mit seinen narzißtischen Störungen arrangieren.

4.7 Narzißtische Störungen

Bei mangelnder Objektliebe bleibt ein für ein soziales Zusammenleben hinderliches Maß an Narzißmus erhalten. Wenn ursprünglich Narzißmus in Objektliebe verwandelt wird, besteht in der Umkehrung die Gefahr, daß durch Liebesverlust das Ich narzißtisch besetzt wird. Das narzißtische Regulationssystem mit der Aufgabe, Vollkommenheitsillusionen und die Sehnsucht nach dem Urzustand einer paradiesischen Einheit anzugleichen, gerät auf Kosten der Verkennung von sozialer Wirklichkeit durcheinander. Narzißtische Störungen haben nicht nur für den einzelnen, sondern auch für die Gesellschaft katastrophale Folgen. Der Begriff der narzißtischen Störung, ursprünglich von Freud (1914, 1923) auf Psychosen angewandt, soll hier auf alle Störungen ausgedehnt verstanden werden, die geeignet sind, infolge eines extremen Narzißmus jegliches soziales Leben bis zur Zerstörung hin zu beeinträchtigen. Fromm (1977) definiert Narzißmus als einen Erlebniszu-

---

65 Freud (1914) hielt den Narzißmus für das Schicksal der dem Objekt entzogenen Libido bei der Schizophrenie.

66 Rambo ist ein amerikanischer aggressiver Filmheld der 80er Jahre, dargestellt von Sylvester Stallone. In einer Reihe von Filmen zeigt er sich als omnipotenter brutaler Einzelkämpfer im Nachkriegsvietnam, um das amerikanische Trauma von einem verlorenen Krieg zu kompensieren.

67 Vgl. Kap. 8.4 Die Massentötung von Jonestown

stand, "in dem nur die Person selbst, ihr Körper, ihre Bedürfnisse, ihre Gefühle, ihre Gedanken, ihr Eigentum, alles und jedes, was zu ihr gehört, als völlig real erlebt, während alles und jedes, was keinen Teil der eigenen Person bildet oder nicht Gegenstand der eigenen Bedürfnisse ist, nicht interessiert, keine volle Realität besitzt..."

Solche Menschen handeln nach dem Lustprinzip und ohne Reue – wie Jolantha oder der "Mörder" [68] . Diese Fälle zeigen beispielhaft auf, wie frühkindliche Beziehungsstörungen hohe narzißtische Anteile in der Charakterstruktur gebildet haben, die zu starken Geltungsbedürfnissen führten. Narzißmus bedeutet, durch Selbstliebe unfähig zu sein, die eigene Person und ihre Bedürfnisse von einem anderen (außenstehenden) Menschen und seinen Ansprüchen unterscheiden zu können. Dem narzißtischen Verbrecher fehlt die Fähigkeit, sich in einen anderen Menschen hineinzuversetzen, daher kennt er in der Regel kein Mitleid, es sei denn, das mit sich selbst. Das bedeutet nicht unbedingt, daß der Narzißt andere Menschen negiert. Er kann sie bewundern und anbeten, indem er sie zum Gegenstand seiner narzißtischen Strebungen macht. Damit weitet der Narzißt sein Selbstbild nur aus. Hier gibt es einen Zusammenhang mit der Gruppen- und Bandenkriminalität. Die Gruppe wird als eine Erweiterung des eigenen Selbst erlebt.

Fromm (1977) weist auf die Bedeutung und Funktion des Gruppennarzißmus hin, wonach nicht nur Solidarität gefordert, sondern die Manipulation der Gruppe erleichtert wird. Der Gruppennarzißmus appelliert an die Vorteile und trägt zu Klischeebildungen bei. Die Gruppe ermöglicht in ihrem Konsens, Phantasie in Realität umzuwandeln. Der Größenwahn des einzelnen erfährt seine Aufblähung durch die Gruppenzugehörigkeit. Moser (1970) weist auf Michaels und Stiver (1965) hin, die zu den Motiven der Gruppen- und Bandenbildung feststellen: "Die peer group wird als eine Erweiterung des eigenen Selbst erlebt und dient omnipotenten und beschützenden Funktionen."

Dafür lassen sich drei kriminelle Gruppen/Banden anführen: die Rokker, die gewaltsamen Fußball-Fan-Gruppen und die Skinheads, die stellvertretend auch für andere fanatische Gruppen stehen. Ihre Mitglieder kommen überwiegend aus den Unterschichten und aus dem seelischen, materiellen und kulturellen Elend. Als Kompensation für ihre

---

68 In: Schreiber, F.R. (1986)

elende Lage erleben sie in der Gruppe/Bande, der größte zu sein und der stärksten und mächtigsten Gruppe anzugehören. Fromm (1977) sieht im Gruppennarzißmus die Entschädigung für den Mangel an wirklicher Befriedigung im Leben.

Ein faschistoider Jugendlicher, der 1986 in Siegburg einen Gesinnungsgenossen mit dem Messer erstochen und einen zweiten lebensgefährlich verletzt hatte, sagte in seiner Vernehmung aus:

> Ich bin ein Skinhead. Darunter versteht man junge Deutsche, die stolz sind, Deutsche zu sein. Wir scheuen den offenen Kampf gegen unsere Gegner nicht. Wir wollen, daß das deutsche Volk deutsch bleibt ... und Ausländerstopp oder Ausländer raus.

Fromm (1968, 1979) hat in seinem Werk vor allem versucht, die Macht und Bedeutung des Narzißmus in bezug auf konkrete Verhaltensmuster zu vermitteln, indem er als wesentliche Kriterien herausgestellt hat:
- Verlust des rationalen Urteils bis zur Verzerrung jeglicher Realität;
- emotionale Überreaktion;
- Gewinnung von Identitätsgefühl durch Aufblähung;
- Größenwahn und Fanatismus;
- neurotisches Macht- und Erfolgsstreben.

Alice Miller (1978) deutet aus ihrer Analysepraxis heraus Depression und Grandiosität als verwandte Formen der narzißtischen Störung. Sie begründet, daß die Sage des Narzissos die Tragik der narzißtischen Störung schildert. Sie weist auf das Stadium des Entzückens hin als Ausdruck des Verliebtseins in das eigene Spiegelbild. Es bleibt ein sich der Realität entziehendes Trugbild, das nur den *grandiosen* Teil zurückspiegelt, aber das wahre Selbst verleugnet. Die Analytikerin vergleicht das Entzücken von Narzissos mit der Grandiosität. Es handelt sich um dasselbe Phänomen, das Fromm mit Begriffen wie *Aufblähung* und *Größenwahnsinn* beschreibt. Die verzehrende Sehnsucht nach sich selbst stellt dann die *Depression* als Gegenstück zur *Grandiosität* dar. "Das führt", nach Miller, "zur Selbstaufgabe, zum Tod ... Dieser Tod ist die logische Konsequenz der Fixierung auf das falsche Selbst."

Die von Fromm beschriebene Nekrophilie als Gegenstück zur Biophilie ist nichts anderes als eine Variante narzißtischer Störung. Der Narzißt "tötet" in nekrophiler Lust ein Stück von seiner Seele, um das Selbstobjekt zu erhalten, das oft durch die Mutter verkörpert wird, weil der Objektverlust einem Liebesentzug gleichkommt. Im Verbrechen agiert der Narzißt aus, um das Selbstobjekt, das Trugbild von sich selbst bzw. das falsche Selbst doch noch erhalten zu können. Das Ausagieren, das nicht selten in das Verbrechen und die Destruktivität führt, beruht daher auf einer tiefen Beziehungsstörung zur Umwelt, wie es u.a. in dem Fall Jolantha dokumentiert ist. Die über Jolantha bekannten Lebensumstände ließen erkennen, daß ein Mensch erst im Erwachsenenalter Gefühle erleben und mit ihnen umgehen kann, wenn er sie als Kind bereits erlebt hat. Alice Miller betont, daß dies ein Kind nur dann kann, "wenn eine Person da ist, die es mit diesen Gefühlen annimmt". Nur über diesen Weg entwickelt der Mensch die Fähigkeiten, mit Macht und Ohnmacht, Liebe und Haß, in Einsamkeit und Gemeinschaft und auch in Partnerschaft leben zu können. Jolantha tötete ihre Schwester, um die als Selbstobjekt fungierende Mutter nicht zu verlieren. Sie wollte mit der Mutter auswandern, und dieser Auswanderungstraum und die Illusion, im anderen Land ihren "Prinzen" zu finden, machen die Grandiosität des sich fast jeglicher Realität entziehenden Trugbilds aus. Sie profitiert davon in ihrer Starrolle in der Nachtatphase und schützt sich somit vor depressiven Ausbrüchen.

4.8 Kriminogene Narzißmusphänomene

Dem Gruppennarzißmus, der das Selbstobjekt erweitert und aufbläht, entsprechen auch die narzißtischen Idole. Diese Idole suchen im Erfolg die Befriedigung der eigenen Wünsche und erschließen den Zugang zu Regression und Kompensation in der weiteren Betrachtung kriminogener Narzißmusphänomene.

Der populäre Erfolg gehört zur Eigentherapie gegen Depression und Wahnsinn. Fromm (1977) schreibt dazu:

> Wenn sie um ihre Ziele kämpfen, kämpfen sie in Wirklichkeit um ihre geistige Gesundheit.

Künstler, u.a. Marilyn Monroe, Elvis Presley, Romy Schneider, Dalida u.v.m., haben bis zum Zusammenbruch, der sich u.a. in Hysterien, Drogenabhängigkeit, im Wahnsinn bis hin zur Auflösung der Persönlichkeit, sei es in der Neurose, im Verbrechen oder im Suizid äußerte, mehr oder weniger ihrem Narzißmus gehuldigt. Unter den geschichtlichen Größen wären beispielhaft Herodes, Caligula, Nero, Stalin, Hitler, Khomeini und Gaddafi zu nennen.

Wenn es für das Prinzip der Parallelisierung des Seelenlebens mit dem Urmenschen, dem Kind, dem Neurotiker, dem Verbrecher und Künstler einen Schlüssel gibt, dann dürfte er im Narzißmus liegen. Die Leistung des Künstlers ist, überzogen ausgedrückt, das Ergebnis eines gelungenen Versuchs, die dem Narzißmus drohenden Gefahren abzuwehren. Das Brot des Künstlers, der Applaus, wird zur Nahrung für den nimmersatten Narzißt, der mit jeder Huldigung wachsen kann bis zur totalen Vereinsamung, so daß der Künstler, der anfänglich wie das Kind allein in seiner Welt, dem Primärzustand ähnlich, mit seiner *Kunst* lebt. Das Leben des Bayernkönigs Ludwig II. mag daran ebenso erinnern wie das eines unmenschlichen Tyranns. Auf das primär narzißtische Kind wird Bezug genommen, wenn Wilhelm Stekel (1912) gefolgt wird, der feststellte, daß das Kind, einem ihm innewohnenden Zerstörungstrieb unterworfen, in seiner Traumwelt lebt. Diese Welt kann zur Bühne eines echten Dramas werden.

"Das Drama des begabten Kindes" vollzieht sich in tiefster narzißtischer Störung von Regression und Kompensation beispielhaft in der Romanfigur "Der Engel" von Tayler Caldwell (1986). "Der Engel" ist seit seiner frühesten Entwicklung gefallsüchtig, unbeherrscht, egoistisch, grausam und sehr begabt. Von der Mutter stets extrem verwöhnt, konnte er immer damit rechnen, daß jedes Fehlverhalten entweder entschuldigt oder als besondere Charaktereigenschaft ausgelegt wurde. In früher Kindheit zeigten sich zunächst schwere Anpassungsstörungen. Jedoch lernt der Engel bald sehr schnell, sich dort anzupassen, wo ihm Vorteile oder gar eine Starrolle sicher sind. Ansonsten versucht er rücksichtslos jeden auszuschalten, der seine Stellung gefährden könnte bzw. seine Asozialität erkennt. Er versuchte im Schulalter in einem von ihm selbst provozierten Unglücksfall, seine Tante, die sein wahres Ich erkannte, umzubringen. Er rannte beim Schulsport - American Football - eine von ihm nicht akzeptierte Junglehrerin, die nicht seiner "Begabung" huldigte, rücksichtlos nieder. Der Engel hing hündisch an seiner Mutter in ständiger Angst, nicht ihre ungeteilte Aufmerksamkeit zu erhalten. Dabei gelang es ihm, seine Mutter ebenso zu täuschen, wie auch stets dem Bild zu entsprechen, das sich die Mutter von ihm machte, nämlich ein von allen bewunderter und begabter Knabe zu sein. Er hatte das

Gemüt des *begabten Kindes* , worunter Alice Miller (1979) die Fähigkeit versteht, auf eine narzißtische Mutter einzugehen. An die Stelle eines realitätsorientierten Abbaus des kindlichen Allmachtwahns tritt eine kritiklose Verherrlichung. Es findet regelrecht eine Vergötterung ohne Ansehen der realen Person statt. Für die Mutter zählte das Kind mehr als der Ehemann. Die Mutter sah sich selbst gern als Mittelpunkt in Gesellschaften. Im Widerspruch zu ihrem ausbeuterischen Verhalten gegenüber dem Hauspersonal renommierte sie gern mit dem angeblich sozialen Verständnis einer Wohltäterin. Ihren Mann täuschte sie über ihr tatsächliches Alter und legte Wert auf eine jugendliche Erscheinungsform. Der Vater ahnte zunehmend, daß mit der Entwicklung seines Sohnes nicht alles stimmte, aber er ließ sich anfänglich noch von seiner Frau, die ihr Kind im Spiegel ihres Ideal–Ichs sah, beruhigen. Als er sich endgültig in einer Aussprache mit einem befreundeten Psychiater über die seelische Abnormität seines Kindes bewußt wurde, war es für die Abwendung der Katastrophe zu spät. Die Mutter wurde unversehens noch einmal schwanger und verbarg dies bis zum letzten Moment vor ihrem "Engel". Als der Junge es schließlich doch in einer Situation erfahren mußte, in der er allein mit der Mutter war, verlor er die Beherrschung. Er trat seiner Mutter in den Leib und tötete dabei die Schwangere mitsamt dem ungeborenen Konkurrenten. Unmittelbar nach der Tat stürzte er beim kopflosen Herunterrennen auf der Treppe und verunglückte tödlich.

Diese Romanfigur könnte einer grausamen Wirklichkeit entsprechen. Viele Menschen mit einer ähnlichen narzißtischen Persönlichkeitsstruktur haben große Berufskarrieren gemacht. Die narzißtisch übersteigerten Eigenschaften von übermächtiger Eitelkeit, von Ehrgeiz überzogen, lassen nicht zu, daß Selbsteinschätzung und Verlust an persönlicher Macht über andere auch nur im geringsten Maß hinzunehmen ist. Damit wird entscheidend der Erfolg der Narzißten begünstigt. Die Kompensation besteht darin, sich immer wieder in der *Grandiosität* zu erleben. Diese Menschen sind auf einen infantilen Zustand regredierte Wesen und schnell gekränkt, so daß sie nie vergessen, was ihnen angetan wurde. Lediglich aus Selbstliebe lernen sie, sich zu beherrschen.

Nach Stekel (1912) ist der Dichter, Neurotiker und Verbrecher im gewissen Sinne Kind geblieben, d.h. Künstler und Verbrecher stecken in einem psychischen Infantilismus fest. Der Dichter begeht im Gegensatz zum Verbrecher seine Verbrechen nur in der Phantasie. Rüdiger Herren (1973) bringt dabei den Dichter nur sehr bedingt und nur in bezug auf die unbewußten Triebkräfte mit dem Verbrecher in einen Zusammenhang. Er bestätigt jedoch die Regression und Fixierung auf einen Infantilismus, der sich darin äußert, daß der Verbrecher seine Urtriebe ungehemmt auslebt. Der Dichter dagegen sublimiert sie in seiner Kunst. Zugrunde liegen die in "Totem und Tabu" aufgedeckten archaischen Wurzeln, verdrängte, z.T. auch vorhistorische Erinnerungsbilder, deren Restspuren sich unmerklich des heutigen Menschen in bestimmten Entwicklungsphasen und Situationen, unter besonderen Bedingungen von An- und Überforderungen bemächtigen. Dabei schlagen sie in narzißtische Verhaltensphänomene um. Solche Erinnerungsbilder sind vergleichbar mit den ursprünglich in einen Motorblock eingeschlagenen Nummern. Sie mögen ausgeschliffen oder verrottet sein, aber Ihre Spuren bleiben in der Struktur des Blocks erhalten, auch wenn sie bis zur Unkenntlichkeit durch Ein- bzw. Überschlagen einer neuen Nummer verstümmelt sind. Sie können wieder sichtbar (gemacht) werden. Dieser Vergleich mag die Regressionsanfälligkeit verdeutlichen.

Die gewonnene Individualität wird im Zustand von Angst und Bedrohung zugunsten von Verschmelzungsphantasien auch beim narzißtischen Erwachsenen aufgegeben. Es handelt sich dabei nicht um den Einverleibungsakt eines konkreten Objektes, z.B. der Mutterbrust oder gar der ganzen Mutter, sondern es sind diffuse, nicht umrissene und nicht greifbare Vorstellungen. Unsere Kultur mag den Menschen in besonderem Maß in seinem Primärbedürfnis nach Liebe, nach Geborgenheit, dem Streben nach einer höheren Einheit, vielleicht gar nach dem Einssein mit dem Universum enttäuschen, so daß häufigere Regression auf Primärzustände als notwendiger Kompensationsmechanismus solche Verhaltensphänomene begünstigt. Allerdings so weit zu gehen und eine Parallelisierungshypothese in bezug auf eine latente bzw. universelle Kriminalität verallgemeinernd ins Absolute zu erheben, wäre verfehlt, zumindest übertrieben.

Zur Veranschaulichung der Wechselwirkung im Beziehungsgefüge der Kompensationsmechanismen zitiert Herren (1973) nach Stekel (1912) aus dem Artikel von Friedell "Der zynische Mörder":

> Alle die Tyrannen, von denen die Historie erzählt, die Scheusale der Weltgeschichte: Caligula und Tiberius, Danton und Robespierre, Cesare Borgia, Torquemada, was waren sie anderes, als in die Realität verschlagene Künstler? Und alle die Künstler und Gestalter: Shakespeare und Michelangelo, Dante und Poe, Nietzsche und Dostojewski, was waren sie anderes als in die Kunst gerettete Menschenfresser?

Der Künstler und das Kind sind damit nicht Verbrecher im eigentlichen Sinn des herkömmlichen kriminologischen Verständnisses. Abgesehen von der besonderen Neigung zur Regression sind die Prozesse von Verleugnung, Idealisierung, Übertragung und letztlich auch die Anpassung an die Wirklichkeit gewollt, weil die menschliche Psyche in ihrer Struktur darauf angelegt ist. Alle Kompensationsmechanismen, die u.a. auch der Abwehr der totalen Verletzung dienen, sind dynamisch, indem sie sich ablösen, sich überschneiden und ineinandergreifen. Abwehr und Kompensation erzeugen im Sinne von Freud Kultur durch Triebverzicht. Damit ist ausgedrückt, daß der psychische Apparat Voraussetzungen für verschiedene Entwicklungen setzt. Nur die Bedingungen für die Entwicklung schafft sich der Mensch in seiner Sozialisation selbst.

4.9 Angstbildung

Der psychische Apparat und seine komplexen Wirkweisen vermitteln die Einsicht, wie abhängig der Mensch von seinem seelischen Gleichgewicht ist, wie verwundbar und störanfällig dieses Gleichgewicht sein kann. Das bedrohte Ich reagiert je nach Reife- und Ausprägungsgrad von sehr schwach bis sehr stark auf Störungen des Gleichgewichts. Trennung und Verlust oder Vernichtung eines Objektes sind Faktoren, die nachhaltige Reaktionen im Menschen auslösen können. Solche Reaktionen müssen kontrolliert und gesteuert werden, um dem Menschen aus psychischer Sicht ein Überleben zu garantieren. Kriminalität kann das Ziel "Überleben" ebenso gefährden wie andere Einflußfaktoren, die das für das Überleben erforderliche "soziale Band" in Frage stellen können. Auf jede Bedrohung des Gleichgewichts wird vom Ich mit einer Reaktion geantwortet, die mit dem Begriff Angst zu beschreiben ist. Dieser Angstbegriff ist ebenso komplex wie das Ich selbst, das maßgeblich an der Angstbildung beteiligt ist.

Angst ist ein psychosomatischer Vorgang, d.h. seelisches und körperliches Erleben, das von heftigen körperlichen Reaktionen, wie z.B. von erhöhter Herzfrequenz, erhöhtem Blutdruck, Urindrang und Schweißausbrüchen begleitet sein kann. Die Spur des Kotlegers, die der Kriminalist oft an Einbruchstatorten findet, belegt nichts anderes als die Angst [69] des Täters. Es kann die Angst vor einer realen Gefahr sein, aber auch die vor einem strengen Über-Ich, gleichsam als Ergebnis einer unliebsamen Erfahrung. Die Angst vor einem strafenden Gewissen bestimmt oft das Verhalten in einer Lebenssituation. Angst kann umso überwältigender werden, je mehr der Trieb unterdrückt bleibt. Das Ich sieht sich einerseits immer wieder übermächtig erscheinenden Triebgefahren ausgesetzt und nimmt andererseits äußere, tatsächliche, vermeintliche oder antizipierte Gefahren wahr, so daß die entstehenden Affekte als Angst bezeichnet werden können. Das Angstsignal mobilisiert und setzt den Organismus sowie dem psychischen Apparat in Flucht-, Abwehr- oder Angriffsbereitschaft. Dabei ist von zwei Einflußgrößen auszugehen: von einer biologischen und einer sittlich-ethischen.

Die erste Variante sieht die Angst als einen Uraffekt phylogenetischer Herkunft an. Freud geht von einem starken triebbegründeten und -abhängigen verdrängten Tötungs- bzw. Todeswunsch aus. Er ist gegen den Vater gerichtet und beruht auf einer auf das gegengeschlechtliche Elternteil gerichteten unbewußten inzestuösen Regung. Zum zweiten wird angenommen, daß die im Menschen verankerte Angst vor Trennung, Liebesverlust und Vernichtung Primärursache einer Urangst ist. Trennungsängste, insbesondere die vor der Trennung von der Mutter, sind in der Psychoanalyse allgemein anerkannte Störungen, die sich u.a. in Phobien [70] wiederfinden.

Der Zusammenhang mit dem Vatermord und dem Inzest liegt nahe. Hinter den Triebwünschen verbergen sich Trennungs- und Verlustängste in dem Bestreben, den verlorenen Narzißmus wieder zu gewinnen. Die Triebeinschränkungen, die das Individuum erfahren muß, können nur durch Zuwendung, die das Urmißtrauen in Urvertrauen umwandelt, ausgeglichen werden. Die Angst entsteht, wenn die beschriebenen libidinösen Ansprüche zu stark bedroht sind, was zur Frustrationsag-

---

69 Körperausscheidungen werden magische Kräfte unterstellt. U.a. sollen Kot, Urin und Spucke Gefahren bannen.

70 Phobie ist die Angst davor, einer bestimmten Situation nicht gewachsen zu sein, z.B. die Angst davor, über die Straße zu gehen, Fahrstuhl zu fahren, oder die Angst vor Schmutz oder einem Tier (Spinne). Die Gefahr wird auf ein symbolisches Objekt übertragen. Vgl. Kap. 5.8 Monomanien und Phobien

gression oder Regression führen kann. Freud (1895) hat die Angstursachen in erster Linie den Sexualtrieben zugeschrieben, wie er auch zunächst in den "Drei Abhandlungen zur Sexualtheorie" (1905) in der Aggression eine Komponente des Sexualtriebes gesehen hat. Das entsprach wiederum der verständlichen Reaktion auf die Strenge der viktorianischen Sexualmoral, mit deren Folgen er sich in vielen Krankheitsgeschichten konfrontiert sah. Freud nennt in "Angst und Triebleben" die Personen Neurotiker, die in ihrem Verhalten deshalb infantil bleiben, weil sie mittlerweile verjährte Angstbedingungen nicht überwunden haben.

Der narzißtische Mensch beweist, daß die Angst bis zum Verlust des eigenen Selbst gehen kann, weil die Ichbindung an das Objekt, auch an das nur ersehnte und erwünschte Liebesobjekt, unbearbeitet geblieben ist. Es entsteht existentielle Angst, die bloße Vernichtungsangst ist. Diese nackte Angst, wie sie der Volksmund nennt, kann auch in äußeren Paniksituationen ausbrechen, z.B. in brennenden Kinos oder Tanzsälen, auf untergehenden Schiffen usw. Bei Geisteskranken hingegen spielen sich die Vorgänge in der Phantasie ab. Der Amokläufer handelt ebenso aus einer solchen panikartigen Vernichtungsangst heraus wie der Familienvater, der erst seine Familie und dann sich selbst auslöscht. Die aggressiven Kräfte werden dabei auf die Außenwelt projiziert. Objekte der Außenwelt werden zu Feindbildern von ungeheuren vernichtenden Ausmaßen, weil ihnen dieselben Vernichtungskräfte zugeschrieben werden, die die eigenen unterdrückten Triebe besitzen. Die Angst, mit der in solchen Fällen auf eine Gefahr reagiert wird, braucht durchaus nicht der realen Gefahrenlage zu entsprechen bzw. kann weit von ihr entfernt sein. Auf diese Art sind alle paranoiden Ängste strukturiert.

Paranoide Störungen haben in der Regel in Verbindung mit verschiedenen organischen Psychosen einen wahnhaften Charakter, können aber auch als bloße neurotische Verhaltensformen auftreten. Es geht hier jedoch nicht um Abgrenzungen [71], sondern bei den paranoiden Fehlhaltungen um Strukturen, die unter bestimmten Bedingungen kriminogenen Charakter erhalten. In der paranoiden Struktur kann sich die Angst in der Wahnidee manifestieren. Sie wird häufig durch Rituale

71 Der Paranoia-Begriff ist heute für neurotische Wahnbildungen gebräuchlich. Im psychotischen Bereich ist dagegen nur von paranoider Schizophrenie die Rede.

beruhigt, z.B. werden an bestimmten Tagen, zu bestimmten Zeiten bestimmte Orte, Gegenstände oder gar Menschen gemieden oder an bestimmten Tagen besondere Handlungen oder Unterlassungen vorgenommen, die der Einhaltung von Tabus entsprechen. Einem bestimmten Menschen wird aus dem Wege gegangen, weil man Angst hat, ihn zu verletzen. Das Einkaufen wird gemieden, um nicht einem Zwang zum Stehlen ausgesetzt zu sein [72] . "Man kann hier nur sehr unklar in die Tiefen der prägenitalen Regression hineinblicken", schreibt Marie Bonaparte (1929).

Bonaparte analysierte im Fall "Lefebvre" die Tat einer Mörderin, die ihre Schwiegertochter erschoß, als Regression auf eine prägenitale, sadistisch-anale Entwicklungsstufe. Die Tat wurde als ein Ödipusverbrechen [73] , jedoch in der Form der von "Jokaste" begangenen Tat, in der Ahndung des Inzests aus Liebe zum Sohn, gedeutet [74] .

Wie die Neurose durch die Aufdeckung der frühkindlichen Lebensgeschichte eine Erklärung finden kann, so können auch verschüttete Zugänge zur Deutung des Verbrechens durch die Analyse der Beweggründe, die in tiefen Ängsten verankert sind, freigelegt werden. Daß die Angst in der Kindheit erzeugt wird, d.h. angefangen mit mutmaßlicher Geburtsangst über die Angst des Verlassenseins bis zur Kastrationsangst, entspricht der klassischen Theorie von Freud. Die im späteren Leben auftretende Angst würde dann auf einer Reaktion beruhen, die in Wirklichkeit infantil geblieben ist. Es gibt Gründe dafür, die erste Angstentstehung in die frühe Kindheit zu verlegen, vor allem wenn von den Ohnmachtsgefühlen des Kindes ausgegangen wird.

Carl Klüwer (1976/1977) zitiert in seinem Referat im Abschnitt "Der Umgang mit dem Narzißmus der Deliquenten" die These von Mahler (1949), "daß ein gewisser Typ von Enfant-terrible-Verhalten einen Abwehrmechanismus repräsentiert, indem der erotisierte Körper - das ganze libidinöse Ich im Sinne Ferenczis - mit dem drohenden Phallus des Vaters identifiziert und gebraucht wird, um die überwältigende Kastrationsfurcht abzuwehren". Der ursprüngliche Mechanismus der Angstabwehr ist auf die bedrohliche Erfahrung zurückzuführen, die im

---

72 Vgl. Kap. 5.3 Monomanien und Phobien

73 Vgl. Kap. 7.3 Der Ödipuskomplex

74 Die Analyse soll allerdings recht oberflächlich gewesen sein und wurde von Ernst Hafter (1930), einem Schweizer Strafrechtler, abgelehnt.

Zustand der Kleinheit, Wertlosigkeit und in der Ablehnung gemacht wird. Solche Erfahrungen wirken auch im Erwachsenenleben häufig nach und werden immer in irgendeiner Form beibehalten. Gegen die Ohnmacht wird eine Allmacht entwickelt. Als Reaktion auf die Versagung libidinöser Befriedigung erfolgt das Festhalten und der Ausbau kleinkindhafter Omnipotenzphantasien. Als direkte Folge traumatischer Erfahrung wirkt sich dann die Omnipotenz aus. Die Pathologie des Verbrechers scheint in dem Punkt zu liegen, in dem primäres Omnipotenzverhalten in sekundäres umgewandelt wird. Ein solches Verhalten kann und wird auch in der Regel stellvertretend ausgelebt, wie es die Beispiele der Filmhelden James Bond und Rambo belegen. Die eigene Omnipotenz wird dann an den *Helden* abgetreten. Der Held wird zum Vorbild des eigenen Handelns und sein Verhaltensmuster wird übernommen.

Kurt R. Eissler (1950) sieht in der panischen Angst die primitive Abwehr beim psychopathischen Delinquenten, so daß häufige Furcht vor drohender Vernichtung in der Fixierung an eine frühe Phase, in der jede Gefahr mit der Bedrohung der totalen Vernichtung gleichgesetzt wurde, gebunden wird. Das führt zur Unfähigkeit, Gefahren zu differenzieren. Beim psychopathischen Delinquenten bewirkt mangelndes Differenzierungsvermögen die Stimulierung der Angst, die dann in Panik umschlägt.

Ängste im Erwachsenenleben wären also, insbesondere bei Charakterneurosen, auf frühkindliche Traumata zurückzuführen. Jedoch ist es umstritten, ob man immer von infantilen Angstreaktionen, die sich bei entsprechenden Provokationen nur wiederholen, ausgehen sollte. Das dürfte nur auf solche Fälle zutreffen, wo ursprüngliche Angstbedingungen nicht überwunden und unverarbeitet geblieben sind. Darüber hinaus weist Karen Horney auf die Entwicklung hin, in der sich auch die Bedingungen der Angst verändern. Zum Festhalten an ausschließlich infantilen Angstreaktionen führt Horney (1951) aus:

> Dies hieße zum Beispiel, daß ein erwachsener Mann von der Kastrationsfurcht noch genauso oft, wenn auch in gemilderter Form, beunruhigt würde, als dies während seiner Kindheit der Fall war.

Diese Fälle gehören nicht zur Regel und sind nach Horney selten anzutreffen. Horney (1951) unterscheidet sich hier von Freud. Ihr zufolge ist Angst nicht etwas, was sich – so Freud – lediglich aus der Kindheitsgeschichte wiederholt. Für sie ist der Entwicklungsfaktor maßgebend. Sie erklärt weitergehend, "daß die Grundlage für die Angst nicht in den Sexualtrieben als solchen liegt, sondern in feindseligen Regungen, die mit jenen verbunden sind, wie z.B. ein innerer Zwang, den Partner durch Geschlechtsverkehr zu verletzen oder zu demütigen" . In Vergewaltigungen schlagen solche Empfindungen oft dann durch, wenn sich in der Tat die Gewalt verselbständigt, d.h. der eigentliche Sexualakt gegenüber der Gewalthandlung zurücktritt. Diese Regungen werden jedoch weitgehend unterdrückt. Im Prinzip hat jeder Trieb die Macht, Angst zu produzieren. An Stelle der feindseligen Impulse mag hier die Aggression zum Vorschein kommen, die sich gegen das eigene Ich oder ein äußeres Objekt richtet. Die aggressiven Impulse stellen in der Regel auch im kriminellen Verhalten die wesentlichen psychologischen Kräfte dar. Sie sind dieselben, die auch die Angst erzeugen. Angst, Triebeinschränkung, Urmißtrauen, Frustration und Aggression (alternativ Regression) produzieren erneut Angst und bilden einen angsterzeugenden Teufelskreis.

Neopsychoanalytiker haben auf eine ethisch-sittliche Einflußgröße hingewiesen. Danach braucht der Mensch einen Orientierungsrahmen, ausgefüllt mit Objekten, denen nach Fromm (1977) seine Verehrung gilt und die für sein emotionales Gleichgewicht Bedeutung erhalten. Es handelt sich um Werte, Ideale, Traditionen, Elternvorbilder, Normen einer Gesellschaftsschicht, Religion und viele andere Leitbilder, die den Orientierungsrahmen ausfüllen. Diese vermitteln dem Menschen erst die Geborgenheit in einer Kultur und sind die Grundlage für sein angstfreieres Agieren und Reagieren. Aus der soziokulturellen Situation wächst ihm dann die Fähigkeit zu, sich unter Wahrung seines emotionalen Gleichgewichts rational verhalten zu können. Diese Einflußgröße hat die gleiche Bedeutung wie die Weiterentwicklung des Über-Ichs zu einem personalen (autonomen) Gewissens, das nicht mehr sadistisch quälend eine weitere Angstkomponente darstellt. So bedeutend die biologisch triebhafte Einflußgröße sein mag, so maßgeblich erscheint auch die sittlich-ethische, damit psychoanalytische Betrachtungen über rein biologische Naturgesetze hinaus weitergeführt werden können.

4.10 Angst–Abwehr

Abwehr bedeutet nach Anna Freud (1936) das "Sträuben des Ichs gegen peinliche oder unerträgliche Vorstellungen und Affekte".

Solche Situationsauslöser können durch Menschen, Tiere oder Sachen geschaffen werden. Es muß nicht immer unbedingt so sein, daß Triebwünsche, die von der Umwelt oder dem eigenen Gewissen mißbilligt oder gar bestraft werden, zur eigentlichen Bedrohung werden. Die bloße Unterdrückung von unerwünschten Triebregungen genügt. Jedes Nachgeben solcher Wünsche produziert Schuldgefühle je nach Ausprägung und Reaktion des Gewissens oder der Instanz, die für das Gewissen stehen kann; z.B. beim Kleinkind zunächst die Mutter und später der Vater. Der reife Mensch mag solche Empfindungen durch ein bewußtes Urteil abwehren. Der ethisch–sittliche Orientierungsrahmen ist die Stütze seiner Urteilssicherheit und -sicherung. Je unausgereifter der psychische Apparat ist, je mehr Defekte vorliegen, desto heftiger werden Bedrohung und feindliche Impulse empfunden, umso schutzloser fühlt sich der Mensch preisgegeben, so daß seine Angst wächst. Genau genommen ist es nicht der Trieb, sondern nur seine Repräsentanz, die durch die mit ihm verknüpften Vorstellungen und Phantasien gefährlich werden kann. Es sind die Funktionen zur Triebverwirklichung, die der Steuerung bedürfen.

Diese Vorgänge zu kontrollieren, ist für das seelische Gleichgewicht unumgänglich. Durch Manipulation mit Hilfe von Strafen und Drohungen kann durch und aus Angst die Angst selbst zur Aggressionsquelle werden. Diese Dynamik führt zu notwendigen Abwehrfunktionen. Anna Freud (1936) führt zum Begriff und zur Funktion aus, daß Abwehrmechanismen Leistungen des Ichs sind, mit denen es sich gegen übermächtig erscheinende Triebgefahren zur Wahrung seines Gleichgewichts wehrt. Damit ist "dem Schutz des Ichs gegen Triebansprüche" gedient. Die Verdrängung bildet dabei eine der wesentlichsten Primär-Abwehrreaktionen. Sie steigert die Unterdrückung der Triebwünsche, und damit wächst die Aggression als Angstquelle. Die überschüssige Unterdrückung produziert in diesem Prozeß unkontrollierte Angst, die sich in explosiver Aggression in Kombination von Lethargie und Spannung äußert oder sich in ständigen Ressentiments erhält. Der Vorgang läuft nach folgendem Schema ab:

Nicht abgeführte Aggressionsspannung wird verdrängt und in Ressentiments aufbewahrt. Dies führt zur neurotischen Aggression. Die Angstentwicklung ist zunächst Aggressionsersatz und bewirkt Aggressionen gegen das eigene Ich. Wenn daraus eventuell entstehende Depressionen nicht übermächtig werden sollen, dann muß überschüssige Energie wieder nach außen abgeleitet werden.

Verbrecherische Aggressionsphänomene finden hier eine Deutung. Bei den Tätern handelt es sich um sogenannte "Angstbeißer". Für Sexualdelikte können sie u.a. sehr typisch sein. Häufig entspricht bei diesen Delikten die Gewaltanwendung dem Ausmaß unkontrollierter und ungebundener Aggression, die die Angst vor dem unterdrückten Trieb erst ausgelöst hat. Oft verhalten sich solche Gewalttäter lange Zeit sozial unauffällig und scheu. Sie können sowohl nahezu biedermännisch und pietistisch leben als auch die absonderlichsten Rituale entwickeln, die sie zum Träger neurotischer Symptome machen, um ihre Ängste abzuwehren. Versagt aber die Abwehr, wird die Kriminalität, häufig das Gewaltverbrechen zum Spannungsauslöser latent vorhandener depressiver Haltungen.

Dieser Vorgang läßt sich in dem Tatsachenbericht von Flora R. Schreiber in extremer Ausprägung nachvollziehen. Sie schreibt über den Mörder Joe Kallinger:

> Joe war ein gespaltener Mensch, ein Mensch, der in Furcht und Schrecken lebte...
> Mit zunehmender Angst und steigendem Schrecken brachte Joe überall vor dem Kellerfenster Stahl an und im Erdgeschoß schwere Eisengitter...
> Als könne er die zukünftigen Ereignisse vorhersagen, errichtete Joe sein eigenes Gefängnis. Hinter Gittern fühlte er sich sicher. Mit den Gittern bestrafte er sich unbewußt für seine ungewollten Gedanken.

Schreiber schildert, wie sich Joe ein sechs Meter tiefes Loch grub. Er versuchte eine Rettungsaktion, um sich vor seiner Angst zu verstecken. Er erzählte der Autorin:

> Ich hatte keine Angst in der Grube, in dem Loch, das ich für mich gegraben habe, denn Angst hatte für mich keine Bedeutung. Die Gegenwart wurde zum Nichts. Ich lebte nur in der Grube.

Eine ursprüngliche Angstabwehr ist also die Verdrängung. Erfolgt sie von Anfang an, so kann sie eine Fixierung bedeuten, d.h. der Trieb und seine ursprünglich infantile Repräsentanz bilden eine Einheit, die bis zur Beseitigung der Verdrängung im Unbewußten weiterlebt. Das Ergebnis daraus kann die Formung eines Zwangscharakters oder einer Zwangsstruktur sein, die nahezu jeder Neurose zugrunde liegt. Viele Straftaten können aus solchen zwangsneurotischen Haltungen heraus begangen werden, am auffälligsten im sexuellen Bereich. In dem Nachwort zu "Du sollst nicht merken" bestätigt Alice Miller [75] diese Auffassung und schreibt unter Punkt 13: "Verdrängung führt zu Neurosen, Psychosen, psychsomatischen Störungen und zum Verbrechen".

Im Verlauf der psychosexuellen Entwicklung zeigt sich die Sexualität in den der Altersstufe angepaßten Partialtriebformen bis zur Vollendung der Sexualreife. Je nach dem Erziehungsdruck werden Ängste erzeugt oder verdrängt, so daß die Sexualität verschieden repräsentiert wird. Solche Repräsentanzen können sich z.B. in exhibitionistischen oder fetischistischen Formen darstellen, die für das Kind alters- und entwicklungsadäquat sind. Frühkindliche Selbstbefriedigung, das Zurschaustellen des Penis und sogenannte Doktorspiele, die zur Entdeckung und in der Phase des Kennenlernens des eigenen Körpers keine besonderen Auffälligkeiten, sondern normal sind, gehören u.a. ebenfalls zur Repräsentanz des Sexualtriebs. Wird nun über ein unzuträgliches Maß hinaus verdrängt, kann es zur Ausprägung eines infantilen Sexualverhaltens bis in das Erwachsenenalter hinein kommen. Ein solcher Mensch erlebt und befriedigt seine Sexualität z.B. im Exhibitionismus oder in fetischistischen Erscheinungsformen. Er ist auf ganz bestimmte Sexualpraktiken [76] festgelegt, die ihn häufig mit dem geltenden Strafrecht in Konflikt bringen müssen. Seine Angst kann durch den Druck, den die Gesellschaft auf ihn ausübt, größer werden, wodurch seine Fixierung nur noch weitere bis in die Katastrophe führende Ausmaße annehmen kann. Die hinter seinem Verhalten stehende Angst ist real, weil sie vor dem Hintergrund ernsthafter Beziehungsstörungen zu sehen ist. Die üblichen durch das Strafrecht vorgesehenen Sanktionen

75 Es handelt sich um einen von 21 Punkten, in denen Miller die Einsichten in die tatsächliche Situation des Kindes zusammenfaßt. U.a. auch abgedruckt in: Miller, A.: Das Drama des begabten Kindes, Frankfurt, 1986.

76 Unter solchen Praktiken ist der fetischistische Wäschediebstahl (sexuelle Reizwäsche) besonders häufig. Sowohl die Reizwäsche als auch die Diebstahlshandlung selbst dienen der Sexualtriebbefriedigung.

sind dann kaum hilfreich für solche Menschen und bereiten sie eher auf den Rückfall vor, weil sie ihre Beziehungsstörungen nur verstärken.

4.11 Weitere Abwehrmechanismen

Abwehr und Verdrängung scheinen zunächst ein und derselbe Begriff zu sein. 1905 sprach noch Freud in seinen Arbeiten davon, den Begriff der Abwehr durch "Verdrängung" zu ersetzen. Später hat er allerdings zu dem Buch seiner Tochter Anna "Das Ich und die Abwehrmechanismen" (1936) kommentiert, daß die Verdrängung nicht die einzige Form von Abwehr ist.

Insofern bietet die Psychoanalyse eine gewisse Begriffsunklarheit, denn man faßt Verdrängung ebenso als eine Form der Abwehr auf, wie sie ein von der Abwehr erzwungenes Triebschicksal mit unterschiedlichen Folgen sein kann.

Horney (1951) zeigt in unserer Kultur vier Hauptwege von Angstabwehr auf, und zwar 1. zu rationalisieren, 2. zu leugnen, 3. zu betäuben und 4. alles zu vermeiden, was Angst erregen könnte. Dem unbewußten Rationalisieren unterliegen wir alle, wenn Angst in rationale Furcht umgewandelt wird. Das Leugnen von Angst bedeutet, sie aus unserem Bewußtsein, das kann auch durch bewußte Überwindung geschehen, auszuschließen. Horney hat darauf hingewiesen, daß rücksichtsloses Hinweggehen über eine Angst in vielen Neurosen eine Rolle spielt. Dabei kann die tatsächlich empfundene Aggressivität beträchtlich übertrieben werden und sich im rücksichtslosen Vorgehen gegen Personen und Sachen ausdrücken. Bei der Betäubung der Angst spielen Alkohol und Rauschgift eine entscheidende Rolle. Sexuelle Betätigung, vor allem Selbstbefriedigung, kann von Angst veranlaßt worden sein, die sich in Formen hochgradiger Reizbarkeit und Nervosität zeigen kann und die dann wenigstens vorrübergehend "beruhigt" wird. Andere Menschen flüchten sich in die Arbeit oder erleben eine Beruhigung und damit Betäubung ihrer Gefühle im Konsum. Die Grenze zum Ladendiebstahl, dem Wohlstandsdelikt unserer Gesellschaft, wird dann fließend. Der Diebstahl und die Sachbeschädigung tritt an die Stelle des Konsums bzw. wird zur totalsten Form des Konsumverhaltens. Die moderne Werbung bedient sich erfolgreich dieser Mechanismen, denn es gilt das Motto: Kaufen und Konsumieren beruhigt und macht glücklich. Somit kompensiert auch Kriminalität im Alltag psychische Mängel. Das vierte

Mittel, der Angst zu entfliehen, hält Horney für das radikalste und folgenträchtigste, nämlich alle Gedanken und Gefühle zu vermeiden, die Angsterreger sein könnten. Die Vermeidung kann auf diese Weise mit ganz konkreten Vorgängen und Situationen verbunden sein, die sich jeder Chance des Abbaus oder der Verarbeitung der Angst entziehen. Erfahrungsgemäß wächst die Angst proportional mit dem Bemühen, sie absolut zu vermeiden. Vermeidungsangst führt in einen Kreislauf, in dem Aktio und Reaktio sich gegenseitig automatisch hochschaukeln, was zur Bildung von Hemmungen führt. Nach Horney (1951) besteht eine Hemmung "in der Unfähigkeit, gewisse Dinge zu tun, zu empfinden oder zu denken und ihre Funktion besteht darin, die Angst zu vermeiden, die entstehen würde, wenn der Betreffende versuchen würde, diese Dinge zu tun, zu empfinden oder zu denken".

Besondere Erscheinungsformen von Abwehr können weiter sein: Introjektion und Projektion, Regression und Kompensation. Die Introjektion ist bereits als eine notwendige Komponente für den Vorgang der Trennung von Ich und Objekt, von eigener und fremder Welt bei der Ichbildung beschrieben worden. Da Introjektion auch die Einverleibung eines gehaßten Objekts bedeuten kann, wird damit die Abwehr feindlicher Impulse mit den für den Betroffenen katastrophalen Folgen deutlich. Das gehaßte Objekt wird wie das geliebte einverleibt. Es kann dadurch vernichtet werden, daß sich der Betroffene mit dem einverleibten Objekt umbringt [77] . Der Abwehrmechanismus verhindert das Ausagieren feindlicher aggressiver Impulse, denen der Gehaßte zum Opfer fallen würde, jedoch um den Preis, den der Betroffene als Opfer selbst bringt. Introjektion bedeutet das Hereinholen psychischer Prozesse und Inhalte aus der Umwelt. Die zur Ichentwicklung gehörenden Vorgänge führen zur beschriebenen Identifikation mit dem Angreifer, so daß auch aggressive Verhaltensmuster Resultate introjektiver Vorgänge sein können. Eine Frau, die als Kind sehr darunter litt, nicht fortgehen zu dürfen, kann sich sehr freiheitseinschränkend gegenüber ihrem Ehemann verhalten; ein Mann, der einst peinlich kontrolliert wurde, kann sich auch gegenüber der Ehefrau ähnlich verhalten, indem er über jeden ihrer Schritte wacht.

77 Vgl. Kap. 8.3 Der Suizidkomplex

Im Gegensatz zur Introjektion wird bei der Projektion etwas aus dem Ich herausgenommen. Verdrängte Vorstellungen werden entstellt oder unentstellt auf die Umwelt übertragen. Im Zusammenhang paranoider Angstbildung wurde schon auf die herausragende Bedeutung der Übertragung eigener feindseliger Impulse auf die Außenwelt hingewiesen. Nunmehr soll auf die besondere Rolle der narzißtischen Projektion eingegangen werden. Dabei sehen Menschen Bilder in andere hinein, die in Wirklichkeit aus dem Farbtopf ihrer eigenen Konflikte entstanden sind. Horst E. Richter (1963) [78] weist insbesondere auf solche Vorgänge zwischen Eltern und ihren Kindern hin und schreibt:

> Eltern können im Kind das suchen, was sie selbst sein möchten. Sie können in ihm aber auch gerade das suchen, was sie um keinen Preis sein möchten. Gegenstand der Projektion ist dann nicht ihr ideales Selbst, sondern dessen Gegenteil, nämlich die bewußte negative Identität.

Erikson (1956) definiert die Identität als "die Kombination aller Dinge, die den Wunsch hervorrufen, ihnen zu gleichen". Mit der negativen Identität ist das negative Selbst, die dunkle Seite in uns gemeint. Den Zweck, den eine solche Projektion erfüllt, faßt Richter (1963) unter den Begriff des "Sündenbocks" zusammen. Er knüpft dabei an den seit ältesten Zeiten aus verschiedenen Riten bekannten Versuch an, Schuldgefühle auf einen Dritten abzuwälzen. Das unschuldige Lamm steht oft - u.a. in der christlichen Religion - für den Sündenbock. Es handelt sich um eine schuldfreie Ersatzbefriedigung, die durch Teilidentifikation mit dem anderen Objekt erreicht wird. Z.B. werden elterliche Selbstbestrafungstendenzen durch Vorwürfe und Strafen am Kind abgeführt. Der Sündenbock ist nicht zu verwechseln mit dem Prügelknaben, der lediglich Ersatz für ein anderes Objekt bleibt. Ein typisches Beispiel für den Prügelknaben verkörpert oft die Polizei. Der Sündenbock dagegen ist der Adressat einer narzißtischen Projektion und wird als Ausweitung der eigenen Person erlebt. Sehr häufig ist das in Familien der Fall, wo ein Angehöriger, meistens der schwächste, das kann ein Kind sein, Symptomträger für den eigentlich psychisch Erkrankten ist. Eigene Fehler und Verfehlungen werden am Sündenbock bekämpft

---

78 Richter (1963) weist auf einen Begriff Erikson (1961) hin und versteht unter negativer Identität eine "Rolle" und "Identifikation", die für das eigene Ich unerwünscht und gefährlich empfunden wird. Vgl. auch Richter in: Die narzißtischen Projektionen der Eltern auf das Kind, In: Jahrb. d. Psychoanal., Bd. I, 1960

und bestraft. Das ist einfacher, schmerzloser, bringt Schuldentlastung und erhebt pharisäerhaft nach dem Motto: *Ein Glück, daß ich nicht so bin wie die anderen*. So läßt sich zugleich auch die narzißtische Beziehung entlarven.

Der Verbrecher übernimmt in der Gesellschaft ebenfalls eine solche Sündenbockrolle. Dies zeigt sich in der Widersprüchlichkeit und Doppelmoral im Umgang mit dem Sündenbock. Einerseits zeigt die Gesellschaft ein Interesse daran, vor einer bestimmten Verhaltensweise, z.B. der Prostitution, zu warnen, indem sie sie moralisch verurteilt. Oft wird ein Handeln oder Unterlassen (z.B. im Bereich der Pornographie) bestraft, wodurch diese Verhaltensweisen zum Verbrechen werden. Andererseits zeigt die gleiche Gesellschaft ein starkes Interesse an den verbotenen Impulsen, die z.B. in niederen und höhere Künsten, teils subtil und teils unverhohlen ausgelebt werden. Diejenigen, die die verbotenen Wünsche unterdrücken, signalisieren zugleich sehr subtil, daß sie ihren Mitmenschen ihre Realisierung nahelegen. Die saubere und wohlanständige Haus- und Ehefrau braucht unbewußt die Schlampe und Dirne, um sich ihrer Sauberkeit und Wohlanständigkeit immer bewußt sein zu können. In den 60er Jahren, als die erste größere Sexwelle über unsere Kinos hereinbrach, machte als erstes die "Aktion saubere Leinwand" von sich reden. Es waren ehrwürdige streitbare Bürger, die ihre eigenen verbotenen sexuellen Wünsche nunmehr an den eindeutigen Filmemachern, Ver- und Vorführern bekämpfen konnten. Friedrich Hacker (1971) stellt dazu treffend fest:

> Gäbe es keine Verbrecher und Verrückte (es gibt sie), man müßte sie als legitime Aggressionsobjekte zur kollektiven Triebabfuhr erfinden. Als Sündenböcke und Prügelknabe der Gesellschaft erfüllen sie die wichtige soziale Funktion, aggressive Strebungen abzuführen, die unterdrückt und verdrängt werden müßten, wenn sie sich nicht im Aggressionsventil der Strafe und des Zwangs entladen können.

Grotjahn (1949) schreibt zum gleichen Vorgang, daß Intoleranz die Projektion von Schuld ist und daß Identifikation oder wenigstens ein Teil davon in jedem Verbrechen steckt. Er bestätigt damit, daß es leichter für uns ist, "jetzt als ein Zuschauer an den Verbrechen und Bestrafungen anderer Leute teilzunehmen, als in uns selbst zu blicken und diese in uns selber zu entdecken und so alle Peinlichkeit von Schuld und Scham zu erleiden".

Regression und Kompensation sind als Begleiterscheinungen des Narzißmusphänomens bereits angesprochen worden. In der Regression mag eine gewisse Nähe zur Introjektion liegen, denn es handelt sich um sehr diffuse und vage Bilder, die in der Reaktion als Verschmelzungsphantasien ins Innere hineingenommen werden. Die Erwachsenen behalten diese Bilder bei, so daß sie sich verhängnisvoll auswirken können, wie es sich im Suizid [79] häufig darstellt.

Das seelische Gleichgewicht ist primär abhängig von den Funktionen der Abwehrmechanismen. Der Mensch mag selbst von großen Gefahren der Außenwelt bedroht sein, er kann dennoch mit ungünstigen Umweltbedingungen fertig werden, vorausgesetzt die Abwehrmechanismen funktionieren. Die gesunde Abwehr ist wiederum von Sozialisationsbedingungen abhängig. Die Entwicklung und Wirksamkeit der Abwehr sind individuell. Jeder Einzelne muß in jeder Gesellschaft das soziale Umfeld für sich verarbeiten. Vom Ergebnis dieser individuellen Verarbeitung her ist die kriminologische Frage zu beantworten, ob und wie jemand zum Verbrecher oder auch zum Verbrechensopfer werden kann, ob er (re-)sozialisierbar ist oder nicht. Störungen im Abwehrregulativ lassen den Kulturmenschen in seinem Verhalten sozial entgleisen, so daß er unter diesem Verhalten entweder selbst leidet oder sein Mitmensch leidet; sehr oft aber auch beide leiden müssen. Der Kulturmensch von heute setzt verdrängte Triebimpulse in sozial gebilligte und weitergehend in sozial angesehene Tätigkeiten um, auf die das Triebziel verschoben wird, d.h. er sublimiert diese Impulse.

4.12 Der Fall Udo

Die Auswirkungen von Liebesverlust, Trennungsangst, Frustration, Depression und narzißtischen Störungen in Verbindung mit Aggressivität werden im folgenden exemplarisch am Fall Udo aufgezeigt.

79 Vgl. Kap. 8.3 Der Suizidkomplex

Die Tat

Udo [80] war wegen versuchten Totschlags vor dem Schwurgericht angeklagt. Der zur Tatzeit 21jährige hatte bei einer "Rangelei" einen 23jährigen Punker mit einem Taschenmesser durch einen schräg geführten Stich in den Rücken, der selbst noch die Nierenkapsel durchstoßen hatte, lebensgefährlich verletzt. Der Vorfall erschien zunächst als ein "alltäglicher" Zusammenstoß zwischen einem Punker und einem "bürgerlichen" Jugendlichen, der mit einer noch recht harmlosen Provokation angefangen hatte. Udo löste durch Herumspritzen mit dem Rest einer Bierflasche an einem stadtbekannten Punkertreffpunkt einen später nicht mehr nachzuvollziehenden Streit aus. Wäre die lebensgefährliche Verletzung nicht gewesen, wäre wohl Udos Schicksal niemals zum Gegenstand einer so gründlichen Beobachtung und Begutachtung geworden.

Vorgeschichte

Udo wurde in eine lieblose Welt hineingeboren. Seine Mutter hatte ihn weder gestillt noch sich sonst um ihn gekümmert. Bei der Mutter handelte es sich um eine bindungsunfähige, triebhafte Persönlichkeit mit Tendenz zur Verwahrlosung. Zeitweise ging sie auch der Prostitution nach. Ein halbes Jahr nach Udos Geburt trennten sich die Eltern. Das Kind kam zunächst für fünf Monate zu seinen Großeltern, dann für 14 Tage zu seiner Mutter zurück und schließlich in ein Heim. Im Alter von dreieinhalb Jahren ist es dann wieder kurzfristig zur Mutter zurückgekommen, bis es wieder für ein weiteres Jahr bei den Großeltern verblieb. Mit viereinhalb Jahren hat dann der Vater, der zwischenzeitlich wieder geheiratet hatte, den Jungen zu sich genommen. Er versorgte seinen Sohn überwiegend selbst, weil die zweite Ehefrau kein Interesse an dem Kind zeigte. Sie lehnte Kinder ab und regredierte selbst Udo

80 Im Fall Udo (Name geändert) wurden vom Verfasser die Originalermittlungsakten nach Verfahrensabschluß ausgewertet. Udo wurde aufgrund eines nervenärztlichen Gutachtens von Prof. Chr. Eggers, Direktor der Rheinischen Landes- und Hochschulklinik in Essen, freigesprochen. Dem Angeklagten wurde wegen seiner Persönlichkeitsstruktur in Verbindung mit affektiver Erregung ein schuldfreies Handeln zugebilligt. Ihm wurde zugestanden, nicht die Fähigkeit gehabt zu haben, das Tatgeschehen richtig zu verarbeiten.

gegenüber in einer Eifersuchts- und Konkurrenzhaltung. Körperliche und geistige (Sprach-)Entwicklung blieben zurück. Das Kind war erst mit sechs Jahren endgültig sauber gewesen. Nach der Einschulung ist es wegen zu großer Aggressivität ausgeschult worden. Nach der Wiedereinschulung wurde es ein Jahr später in eine Pflegestelle gegeben. Die Pflegestellen wechselten dann mehrfach wegen seines extrem aggressiven Verhaltens. Allein die Grundschule wurde viermal gewechselt. Als Udo etwa acht Jahre alt war, hatte dann der zwischenzeitlich zum dritten Mal verheiratete Vater ihn wieder in seine Familie aufgenommen. Ein Jahr später wurde sein Stiefbruder geboren. Bis zu diesem Zeitpunkt kam seine neue Stiefmutter mit ihm zurecht. Danach fühlte er sich erneut vernachlässigt. Mit elf Jahren fing Udo an zu stehlen und lief mehrmals von zu Hause weg. In der Erziehungsberatung wies er auf seine Angst vor Verletzungen und vor dem Sterben hin. Er versuchte, sich durch Medikamenteneinnahme, Strangulation und Sich-vor-ein-Auto-werfen wiederholt das Leben zu nehmen. In einer ersten psychiatrischen Untersuchung gab er an, daß er Angst vor der Ablehnung der Eltern habe. Einmal im Monat werde er verprügelt. Im Verlaufe einer Therapie zeigte sich eine gravierende Kommunikationsstörung zwischen den Eltern und dem Kind. Mit seinem Vater lebte Udo in einem Annäherungs- und Vermeidungskonflikt. Der Junge benahm sich weiter gegenüber seinen Eltern provozierend, indem er immer wieder weg lief und stahl. Er erlebte daraufhin offensichtlich massive Ablehnung. Schließlich erhielt er einen Amtsvormund und kam mit 13 Jahren wieder in ein Kinderheim. Nach anfänglichen Zornesausbrüchen nahm ihn dann kurzfristig seine wieder verheiratete leibliche Mutter auf, die sich aber als total erziehungsunfähig erwies. Zum Schluß holte ihn der Großvater mütterlicherseits in seinen Haushalt. Von diesem Zeitpunkt an begann Udo, seine Entwicklungsrückstände aufzuarbeiten und sich zu einem aufgeweckten Jungen zu entwickeln. In späteren Untersuchungen bestätigte sich, daß er über eine sehr hohe Intelligenz (IQ größer als 130) verfügte.

Analyse

Udos Kindheit dürfte der negative Paradefall sein, um aufzuzeigen, wie die Entwicklung eines Kindes seelisch-geistig und körperlich nahezu bis an den Abgrund gefährdet werden kann.

Kate Friedländer (1949) schreibt:

> Längere Störungen vor dem dritten Lebensjahr, Mangel an Interesse oder Zeit von Seiten der Mutter, Persönlichkeitsdefekte der Mutter, welche sie beim Stillen, beim Abstillen und bei der Reinlichkeitserziehung widersprüchlich machen, alle können zu einer Störung der Ichentwicklung führen.

Nicht nur der häufige Wechsel von Heim- und Pflegestellen wirkte sich auf Udo verheerend aus, sondern auch die Heimbedingungen. Es wurde über das erste Kinderheim berichtet, daß Angehörige nur durch eine Scheibe Kontakt zu ihren Kindern aufnehmen konnten. Die Kinder selbst wuchsen unter äußerst beengten Bedingungen auf. Diese Verhältnisse datieren nicht etwa aus einer Zeit um die Jahrhundertwende, sondern man schrieb inzwischen das Jahr 1967. Schon zu diesem Zeitpunkt verhielt sich Udo so, wie man es an ihm noch 18 Jahre später sehr typisch beobachten konnte: Streben nach Aufmerksamkeit bei gleichzeitiger Angst vor zu starker Nähe. Sehr früh hielt er schon andere Kinder auf Distanz. Kinder entwickeln unter solchen Bedingungen schwere Verhaltens- und Entwicklungsstörungen, wie sie unter dem Begriff des Hospitalismus bzw. der anaklitischen Depression beschrieben worden sind. Es handelt sich dabei um die von René Spitz geschilderten depressiv-apathischen Zustandsbilder, die durch körperliche Reifeverzögerung und seelische Deprivation gekennzeichnet sind. Sie sind nur unter sehr günstigen und glücklichen Umweltbedingungen später einigermaßen zu kompensieren.

Bei Udo hatte sich ein solches depressives Syndrom in Verbindung mit einer autistischen Psychopathie herausgebildet. Darunter versteht man eine Beziehungsstörung zur Umwelt und eine Einengung der Person auf das eigene Selbst, und zwar unter Bedingungen, wie sie bei narzißtischen Störungen vorliegen und wie sie von Anfang an bei Udo vorgelegen haben müssen. Typisch für solche Persönlichkeiten ist, daß sie sehr stark innengelenkt sind, zu Sonderlingen werden und Gefühle anderer nicht auf- und wahrnehmen können. Dadurch wird es ihnen nahezu unmöglich, sich gefühlsmäßig anzupassen und annehmen zu lassen. Sie erweisen sich selbst als unfähig, andere anzunehmen. Udo konnte in seiner Kindheit kein wirkliches Urvertrauen in eine Sicherheit und Geborgenheit spendende persönliche Umwelt entwickeln. So sind neben den depressiven Verstimmungsneigungen paranoid-mißtrauische Rückzugstendenzen, bei Udo in den Autismus, verständlich. Udo ging in distanzloser Naivität auf den Punker zu, erhoffte sich in irrealer Weise hohe Befriedigung seiner Wünsche und seines Strebens nach Annahme und Kommunikation. Diese unrealistische Erwartung konnte nicht erfüllt werden, so daß er wieder enttäuscht wurde. Freud (1940) hat solche Vorgänge mit dem Bild des Protoplasmatierchens verglichen. Das narzißtische Selbst stellt sozusagen ein großes Reservoir dar, "aus dem Libidobesetzungen an Objekte ausgeschickt und in das sie wieder zurückgezogen werden", so wie ein "Protoplasmakörper mit seinen Pseudopodien verfährt".

In den Phasen der Depressionsabwehr sind Mischzustände nicht selten, in denen es zu einer Kombination der nach innen gerichteten Aggression mit gleichzeitiger Außenprojektion der eigenen Aggressionen auf paranoid erlebte Personen und Situationen kommen kann. Hier gilt, was zur Struktur paranoider Ängste und zu ihrer Entstehung in diesem Kapitel ausgesagt wurde. Ängste, daß andere ihm etwas "Böses" wollen, sind für Udo typisch. In der Situation der Rangelei mit dem Punker wurden sie zum kriminogenen Faktor. Er mußte das Schlimmste von ihm befürchtet haben, möglicherweise hat er sogar um sein Leben gebangt.

Neben dem autistischen Syndrom ist bei Udo auch ein fetischistisches Verhalten zu erkennen. Als Udo in die Pflegefamilie aufgenommen wurde, hat er auch damit angefangen, seine Schuhe mit ins Bett zu nehmen und sie zu liebkosen. So ein Fetisch stellt ein Symbol dar, in dem etwas sehr Wichtiges verehrt wird. Bei dem Fetisch handelt es sich um ein prägenitales bzw. präödipales Symbol, das auf eine Entwicklungsstörung deutet. Auch hier läßt sich wieder eine Parallele zwischen *Kind und Wilden* ziehen. Das Regredieren wird deutlich gemacht. Zunächst hat ein solches Symbol den Charakter eines "Übergangssymbols", das nach Winnicot (1973) eine besondere Bedeutung für das Kind erhält. Solche Übergangsobjekte stellen häufig einen Muttterersatz dar, mit dem es bei Abwesenheit der Mutter in Beziehung tritt. Bei kleinen Kindern übernehmen die sogenannten Kuscheltiere, eine Windel oder ähnliches vorübergehend eine solche Funktion. Das Kind nimmt diese Objekte als Einschlafhilfe mit ins Bett, auf Reisen und auch ins Krankenhaus, vor allem dort, wo es sich allein und verlassen fühlt [81]. Da Udos Mutter bzw. eine mütterliche Ersatzperson niemals zur Verfügung stand, wurde das Übergangsobjekt zum dauerhaften fetischistischen Symbol, auf das Udo als *ein Stück von ihm* fixiert war. Einen fetischistischen Charakter als Symbol des autistischen Rückzugs auf das eigene Selbst bekam der Schuh, als Udo mit zehn Jahren in der zweiten Pflegefamilie war. Bis zu dem Zeitpunkt der Untersuchung verband er auch als Erwachsener damit seine Onaniepraktiken. Der Gutachter mußte zu dem Schluß kommen, daß bei Udo der Fetisch brennpunktartig die Beziehungsstörung zu seiner Umwelt und den narzißtischen Rückzug repräsentiert.

Udo sah sich nicht imstande, verläßliche und konstante Beziehungen zu Freunden, auch keine zum anderen Geschlecht zu knüpfen, obwohl für ihn sehr kennzeichnend ist, daß er sich solche Beziehungen sehr intensiv wünschte, weil ihm jedes Gefühl der Geborgenheit fehlte. In Fällen, wo die Mutter abweisend oder vernachlässigend oder emotional, labil oder ambivalent, wo die Pflege des Kindes unzureichend oder zu unpersönlich ist oder von zu häufig wechselnden Personen ausgefüllt wird, kommt die Umwandlung narzißtischer Libido in Objektlibido nicht angemessen zustande. Das Kind verbleibt im Zustand mangelnder Bindungsfähigkeit und -möglichkeit. Der Wechsel von Stimulation und Abbruch von Bindungen, von Verwöhnung und Ablehnung setzt das Ich schwersten Gefährdungen aus. Aus dem narzißtischen Rückzugsverhalten bei dem gleichzeitigen Wunsch nach Kontakten erklärt sich auch das Nähe-Distanzproblem, das Udo in seinem Verhältnis zum Vater bestimmt hat. Daß er in der Tatsituation überhaupt zugestochen hat, dürfte in der affektiven Überwindung starker Hemmungspotentiale begründet liegen. Seine Hemmung erlaubte ihm nicht, seine Aggressivität gegenüber der unmittelbaren Umwelt auszuleben, schon aus Angst, mögliche Bezugspersonen zu verlieren. Ein paranoides Bedrohtheitsgefühl muß dann übermächtig geworden sein, so daß Udo aus einem diffusen Angstzustand heraus zugestochen haben muß. Eine generelle Hemmung der Ichentwicklung hat bei ihm zu einer projektiven Verzerrung der Welt geführt, die den Psychopathen in die Rolle des Verfolgten gebracht hat.

---

81 Näheres hierzu in Eggers, Chr.: Bindungen und Besitzdenken beim Kleinkind, 1984.

Der Mensch hat nur zwischen zwei Möglichkeiten die Wahl: zurückzugehen oder voranzuschreiten. Er kann entweder zu einer archaischen, pathologischen Lösung regredieren, oder er kann progredieren und seine Menschlichkeit weiterentwickeln.

Erich Fromm

5. Der normale und abnorme Verbrecher

5.1 Der normale Verbrecher

Es ist schwierig, eine Trennungslinie zwischen normal und abnorm zu ziehen. Kriminalität in einer Gesellschaft als normal anzusehen, war für Emile Durkheim (1950/1967), heute der Altvater unter den Soziologen, eine Selbstverständlichkeit. In der Einleitung der Londoner Ausgabe zu Durkheims "Sociology and Philosophy" bemerkt J.G. Peristiany:

> Die Phänomene und die Quote ihres Vorkommens sind gesund und normal, wenn sie Existenzbedingungen wiederspiegeln, welche mit der durchschnittlichen Gesellschaft dieses Typs assoziert sind.

Nach Durkheims Auffassung hat zwar die Normalität des Verbrechens nichts mit der Verbrechenshäufigkeit zu tun, aber andererseits wird ein plötzliches Ansteigen von Kriminalität zweifellos als anormal betrachtet. Adolphe Quetelet (1935) [82] folgerte aus seinen statistischen Untersuchungen, daß das Handeln des Menschen konstanten Gesetzmäßigkeiten unterworfen sei. Kriminalität stelle danach ein "normales" soziales Massenphänomen in einer annähernd konstanten Größe dar, wie andere Phänomene, z.B. Tod, Geburt, Heirat etc. Änderungen sind in der Regel auf Veränderungen sozialer Rahmenbedingungen zurückzuführen.

Gegen diese Betrachtungsweisen ist einzuwenden, daß sie sich vom individuellen Verbrecher gelöst haben. Durkheim (1950) stellte die Außerachtlassung des Individiums ausdrücklich heraus. Die Erörterungen über den Verbrechensbegriff [83] , wonach individuelles Verhalten nach dem Grad der Anpassung an eine bestimmte Kultur mit ihren ethisch-

82 Quetelet, Adolphe (1796 - 1874), belgischer Mathematiker und Statistiker, der 1835 mit einer ersten Veröffentlichung die wissenschaftliche Kriminalstatistik begründete.

83 Vgl. Kap. 2.1 Der Verbrechensbegriff

sozialen Normen bewertet wird, um über Normabweichungen urteilen zu können, müssen einbezogen werden. Die Normabweichung steht im Widerspruch zum "Normalen". Jedoch gilt auch hier eine Anpassung, die den kriminellen Normen nachgibt. Selbst die kriminelle Subkultur spiegelt soziale Rahmenbedingungen und das Wertemuster der herrschenden Kultur wieder, nur mit der von Moser (1970) näher erläuterten Einschränkung, daß es sich um ein "einseitig erfülltes Wertmuster der Gesamtgesellschaft" handele, "daß Kriminalität... aus einseitiger Konformität mit einem Teilbereich des Wertsystems erwüchse".

Vergnügen, Abenteuer, Männlichkeit, aggressionsbesetzte Verhaltensweisen, wie sie beim Autofahren, im Kampfsport, Geschäftsleben, Rivalitäts- und Konsumverhalten einer Leistungsgesellschaft üblich sind, werden, in den Medien propagiert, zum integrierten Bestandteil im Wertsystem. Die Subkultur nimmt sie auf und gibt sie selektiv verzerrt wieder. Eine Folge daraus ist der Veralltäglichungsprozeß der Gewalt, den Hacker (1971) beklagt, weil er zur Gewöhnung führt. Das Gewohnte wird schließlich zur Normalität, weil, nach Hacker, "Gewöhnung an Gewalt das einfache, daher gewaltsam vereinfachte Resultat zwangsmäßiger Eingewöhnungsvorgänge ist". Der normale Verbrecher handelt ebenfalls aufgrund komplexer Eingewöhnungsvorgänge, die sein Über-Ich kriminell überzogen oder durchlöchert haben, ohne die eigentliche Über-Ich-Struktur zu deformieren. Solche Bedingungen führen zu einem "kriminellen" Über-Ich. Ich und Über-Ich werden mit falschen Werten besetzt, jedoch handelt der "normale" Verbrecher dabei durchaus im Einklang mit Ich und Über-Ich. Ein solcher Einklang ist in seinen Übergängen fließend, was besagt, daß immer von gewissen Toleranzwerten auszugehen ist. Im Regelfall fällt selbst die Abweichung von der Norm unter einen Toleranzbereich, so daß erst Sanktionen nach deutlichem Überschreiten des zulässigen Toleranzwertes greifen. Solche Toleranzen unterliegen wiederum einer relativierenden moralischen Betrachtung.

Normalität wird durch die Regel- und Normauslegung definiert. Jedes Fußballspiel liefert mit seinem Regelwächter, dem Schiedsrichter, dafür den Beweis und ist Beispiel für die Problematik der Grenzziehung zur Normalität. Foulspiel, zumindest hartes Spiel, mehr oder weniger offen oder versteckt gegen den Gegenspieler eingesetzte Gewalt, wird bis zu einem gewissen Grad als normal hingenommen. Der Schiedsrichter interpretiert durch seine Entscheidung über die Regelanwendung auch das Foulspiel und damit das noch als "normal" hinzunehmende Maß an Gewalt [84] . Er definiert damit nicht nur regelwidrige Gewalt, sondern bezieht eine Regeltoleranz ein, die in das taktische Spielerverhalten einfließt. Auf diese Weise entlastet er auch den einzelnen Spieler von der Verantwortung für sein Verhalten. Der Schiedsrichter geht noch einen Schritt weiter mit seiner Entscheidung über das Sanktionsmittel in seiner Definitionsmacht. Frei- und Strafstöße gehören zur Normalität eines Spiels, soweit das Spiel nicht in eine "Bolzerei" ausartet und aus den Fugen gerät. Nicht normal wäre dann das häufigere Zeigen gelber und roter Karten, und keiner würde mehr von einem *normalen* Spiel sprechen. Der Spielbetrachter hat ein ziemlich genaues Empfinden darüber, wo noch normal "foul" gespielt wird, oder wo er dem Spieler einen "Schaden" zuschreibt. Der "normale" Spieler kennt seine Grenzen auch in der Grenzüberschreitung. Dieses Beispiel ist auch in seinen Auswirkungen im Blick auf Norm, Sanktion und Herrschaft auf Staat und Gesellschaft zu übertragen.

Weniger schwierig, aber nicht befriedigender ist das "Nicht-Normale", das Anormale zu beschreiben, wobei Kulturstandards immer wieder einzubeziehen sind. Die Knabenliebe, ein Unzuchtsverbrechen am Kind, entsprach im antiken Griechenland durchaus normalen gesellschaftlichen Gepflogenheiten.

Normal wäre demnach alles, was als nicht anormal bzw. *nicht-normal* angesehen wird. Der anormale Verbrecher wäre der psychopathische, psychotische, neurotische und schwachsinnige Täter. Psychoanalytisch gesehen wäre der Verbrecher mit einem unstrukturierten oder gar keinem Über-Ich anormal und gleichzustellen mit einem Menschen, der absolut "ichfremd" handelt. Selbst der Verbrecher mit gewissen Über-Ich-Lücken wäre noch als sogenannter normaler einzustufen, weil seine Über-Ich-Struktur an sich nicht deformiert bzw. defekt ist. Dagegen wäre der Verbrecher aus Schuldbewußtsein mit seinem insgesamt sadistischen, weil fehlstruktuierten Über-Ich eher neurotisch als normal. Normalität definitiv zu beschreiben, erweist sich daher nahezu als unmöglich, weil sie vom Standpunkt des Betrachters und der Gesellschaft

---

84 Vgl. Klaus Köhn (1986) "Fußball und Gewalt", In: Kripo-Campus, Fachhochschulzeitschrift BDK, LV NW 10/86

in jeweiligen Kulturbezügen und von ihren Abgrenzungen abhängig ist. Normalität orientiert sich weitgehend am angepaßten Verhalten, einer Fähigkeit, die im Sozialisationsprozeß erworben wird.

Der normale Verbrecher handelt aus keiner Störung des seelischen Gleichgewichts heraus. Wenn das Gleichgewicht in Gefahr gerät, werden der Organismus und der psychische Apparat stimuliert, um sich besser anpassen zu können oder um einen Weg für die Problemlösung zu finden. Mißlingt dieser Vorgang, so wird eine unspezifische Nervosität und Erregung beibehalten, die zu anormalen Reaktionen oder verfehlten Anpassungsstrategien führen. Der Verbrecher aus Schuldbewußtsein repräsentiert ein Resultat solcher Manifestationen. Andererseits können psychische Deformationen auch in Verwahrlosungen oder seelischen Krankheiten ihre Ursachen haben.

In den folgenden Abschnitten werden sowohl Verwahrlosungserscheinungen als auch der psychotische, psychophatische, schwachsinnige und neurotische Verbrecher vorgestellt. Trennungslinien, z.B. zwischen Psychopathie und Neurose, zu ziehen, ist ebenso schwierig, wie das Normale eindeutig festzulegen ist. Der Psychopathie- und Verwahrlosungsbegriff sind in der Literatur umstritten. Die angelsächsische Psychiatrieforschung [85] hat den auch in der Kriminologie verwandten Psychiatriebegriff viel enger als deutsche Autoren gesehen. So erheben die nachfolgenden Ausführungen keinesfalls den Anspruch, die unterschiedlichen Positionen auch nur annähernd darzulegen oder die schwierige Diskussion über den psychiatrischen Krankheitsbegriff, über Verwahrlosung, Psychose und Neurose erschöpfend und in allen ihren Abgrenzungen zu behandeln. Die wesentlichen Formen des Seelisch-Abweichenden sollen nur in bezug auf die Delinquenzbereitschaft für ein vertieftes psychanalytisches Verständnis erörtert werden.

5.2 Kriminelle Verwahrlosung

Verwahrloste gehören wie Kriminelle zu den Unangepaßten in unserer Gesellschaft. Der Verwahrloste braucht nicht unbedingt kriminell zu sein. Er ist es nur dann, wenn er geltendes Strafrecht verletzt und zum Rechtsbrecher wird. Ob verwahrlost oder kriminell, wie er sich auch

85 Vgl. Cleckley (1959), McCord, W. u. McCord, I. (1956), Kallwass (1969), Karpmann (1948)

verhält, er ist in jedem Fall auch dissozial. Ein rückfälliger Exhibitionist ist dissozial, weil sein Verhalten eine fortgesetzte kriminelle Handlung darstellt. Nicht unbedingt muß dagegen der Exhibitionist verwahrlost sein. Das ist erst dann der Fall, wenn die Dissozialität über den sexuellen Bereich auf andere Sozialräume übergegriffen hat. Dies zeigt sich u.a. in der Alkoholabhängigkeit, Bindungs- und Kommunikationsunfähigkeit oder in dem Unvermögen, die elementaren Abläufe eines geordneten Lebens in einem durch eine Wertordnung bestimmten Sozialsystem zu steuern und zu kontrollieren.

Verwahrlosung kann, muß aber beispielsweise nicht für einen Homosexuellen oder Suizidgefährdeten zutreffen. Das gilt auch für den Homosexuellen, der sich strafbar macht. Erst wenn das Bedürfnis nach *Verwahrtsein* nicht befriedigt wurde, tritt Verwahrlosung ein. *Verwahrtsein* bedeutet das Erleben des Geborgenseins in einer Umwelt, die das Individuum mit Wärme annimmt. Die durch Zuwendung, Annahme oder Ablehnung geformte Charakterstruktur bildet die Voraussetzung für Verwahrlosungsprozesse. Dort, wo ein Kind bereits die Schule schwänzt, stiehlt, wiederholt ausreißt, sich an keine regelmäßigen Zeiten der Heimkehr, des Spielens, der Mahlzeiten oder an keinen Schlafrhythmus hält, sondern immer wieder aus der Ordnung ausbricht, hat sich Verwahrlosung in auffällig sichtbaren Symptomen als Syndrom manifestiert. Als Ursache werden häufig nur die Auslöser, z.B. Angst vor Strafe, Angst vor Nicht-Versetzung, Überforderung oder Krankheit u.v.m. gesehen. In Wirklichkeit sind diese Umstände nur Anlässe, eine latente Verwahrlosung in eine manifeste zu überführen, weil dafür die Charakterstruktur bereits vorhanden war.

August Aichhorn (1957) fordert daher, nicht "nachzusehen, was die latente Verwahrlosung zur manifesten macht, sondern zu ergründen, was die latente hervorruft". Er schreibt dazu u.a.:

> Die Behebung der Verwahrlosung kann nicht darin bestehen, durch eine symptomatische Behandlung, etwa durch Anwendung von Strafmitteln, die Verwahrlosungsäußerungen zu beseitigen, die latente Verwahrlosung aber bestehen zu lassen, sondern sie muß auf die die Verwahrlosung verursachenden Momente eingehen und dadurch auch eine latente Verwahrlosung beheben.

Viele Autoren verweisen bei der Entstehung der Verwahrlosung auf die für die Charakterbildung maßgebliche Wechselbeziehung von Anlage und Umwelt. Die Beteiligungsgrade von Anlage und Umwelt sind nicht nur sehr unterschiedlich, sondern werden auch sehr verschieden beurteilt. Dies mag daran liegen, daß sich die Beteiligung später nicht einmal in einer Anamneseuntersuchung eindeutig klären läßt.

Schultz-Hencke (1951) sieht vor allem in der sogenannten "Hypersensibilität" den für die Anlage entscheidenden Faktor. Darunter versteht er eine übermäßige Ansprechbarkeit und Empfindsamkeit. Dazu zählt er die "Hypermotorik" und "Hypersexualität", die extrem nach Entladung drängen. Ein empfindsames Kind ist durch die Umwelt schneller zu schädigen als ein robustes, eher anlagemäßig mit einem dicken Fell ausgestattetes. Annemarie Dührssen (1955) spricht vom sogenannten "Affektgedächtnis", wenn Kinder so veranlagt sind, früh erworbene Reflexe über längere Zeit hin zu bewahren. Wichtig ist, daß es zu kriminellen Verwahrlosungserscheinungen deshalb kommen kann, weil sich das Kind mit kriminellen Eltern identifiziert. Also ist mit an Sicherheit grenzender Wahrscheinlichkeit auszuschließen, daß eine kriminelle Veranlagung vererbt wurde, sondern vielmehr ist aufgrund des Identifikationsprozesses die Weitergabe bestimmter Verhaltensmuster wahrscheinlicher, und es liegt eine Symptomtradition vor.

Der Verwahrlosungsstruktur liegen in erster Linie zugrunde: Vermeidung jeglicher Unlust, Ichbezogenheit, mangelnde Schuldgefühle, Mißtrauen, Gemütsarmut, Haltschwäche, diffuse Lebensplanung, eingeschränkte Einsichtsfähigkeit und Triebbestimmtheit.

Eberhard Künzel (1971) unterscheidet begrifflich den Verwahrlosten mit "antisozialer" Einstellung von dem Geisteskranken, dem er die "asoziale" Einstellung zuschreibt. Er will damit die emotionale Einstellung unterstreichen und hervorheben, daß die Verwahrlosten emotional gegen die Wertnormen der sie umgebenden herrschenden Moral opponieren, jedoch aber grundsätzlich zum Leben in einer Gemeinschaft fähig sind. Letzteres wird dem Psychotiker abgesprochen.

Die Verwahrlosungsstruktur wird ferner durch Bindungs- und Hemmungslosigkeit bestimmt. Gerade die Hemmungslosigkeit ist dasjenige Symptom, das die Verwahrlosung von der Neurose unterscheidet. Der Neurotiker leidet unter seiner Gehemmtheit. Auch kann seine Neurose geradezu von "Bindungen", die ihn fesseln, bestimmt sein. Der neurotische Verbrecher handelt eher aus einem moralischen, inneren Konflikt heraus (wie der Verbrecher aus Schuldbewußtsein). Der Verwahrloste sieht sich eher in eine Konfliktsituation gestellt, weil er im äußeren Gegensatz zu seiner Umwelt steht. Er reagiert seine negativen Affekte nach außen ab. Es ist daher sinnvoll, wie Künzel (1971), "echte" Verwahrlosung von einer neurotischen Charakterstruktur, die die "neurotische Verwahrlosung" bedingt, zu unterscheiden. Es gibt zweifellos kriminelle Verwahrlosungserscheinungen, die schon bei normal reagierenden Charakterstrukturen vorliegen. Künzel [86] hielt die Hervorhebung für notwendig, "daß Kinder, die unter Betreuung antisozialer Erziehungspersonen oder in verbrecherischen Subkulturen aufwachsen und sich mit ihren so gearteten Vorbildern identifizieren, später von ihrem Ich-Ideal ebenso kategorisch zu gesellschaftsfeindlichem Handeln getrieben werden wie andere, die sich ein sozialgerichtetes Ich-Ideal erworben haben, von diesem ausgeglichen innerhalb der Sozietät gehalten werden."

Die nicht-neurotischen Verwahrlosungsstrukturen bedürfen daher der Abgrenzung von den Neurotikern und den Geisteskranken. Dabei gibt es fließende Übergänge, insbesondere zu den Neurosen. Der kriminellen Verwahrlosung ist daher eine Position zwischen dem Normalen und Nicht-normalen einzuräumen. Verwahrlosen kann der Verwöhnte, der niemals entscheidende Triebeinschränkung erfuhr, aber auch genauso gut derjenige, der von der einen zur anderen Erziehungsperson ausweichen kann. Auch dieser vermeidet es, Einschränkungen zu erfahren und zu verarbeiten. Er lernt nicht, mit Versagung zu leben. Schließlich läuft auch das Kind Gefahr zu verwahrlosen, das wegen übermäßiger Strenge keine Liebes- und Bindungsfähigkeit erworben hat [87].

Als Umweltfaktoren lassen sich hier wieder die für psychoanalytische Überlegungen wesentlichen Umstände anführen. Zum einen ist es der Mangel an "Urvertrauen", ohne das ein Kind nicht liebesfähig wird. Hans Zullinger (1960) mißt die Liebesfähigkeit an dem Vermögen, verzichten zu können, d.h. Triebeinschränkung hinzunehmen. Zum anderen geben Verwöhnung und Inkonsistenz dem Kind keinen Halt mehr. Neben der Härte steht die materielle Verwöhnung und der Stil des "lais-

---

86 Künzel (1971) weist dazu auf Alexander/Staub (1929) hin und zitiert fortführend August Aichhorn (1957): "In solchen Fällen sind Ich und Ich-Ideal an sich und in ihren gegenseitigen Beziehungen vollständig normal, nur die Stellung bei der Außenwelt ist eine von der Norm abweichende."

87 In diesem Sinne unterschied Aichhorn (1957) unter seinen Fürsorgezöglingen drei Verwahrlosungstypen, auf die auch Künzel (1971) hinweist.

sez-faire, laissez-aller" der Erziehung, die der Verwahrlosung im kriminellen Bereich Vorschub leistet. Dieser Prozeß läuft nach folgendem Schema ab: Das lästige Kind wird materiell mit Geschenken abgespeist, damit es nachgibt. Es bekommt alles und darf alles. Zuwendung wird durch materielle Zufuhr ersetzt. Dadurch wird über einen Verwöhnungseffekt im Kind eine Anspruchshaltung aufgerichtet, die eine buchstäbliche Haltlosigkeit begründet, denn haltlos wachsen die Ansprüche, die dann letztlich auch nicht mehr von den Erziehern erfüllt werden können. Schließlich wird der Punkt erreicht, an dem das Kind den Anspruch selbst ausgleicht. Vielleicht erst auf Kosten der Eltern durch kleine Diebstähle im häuslichen Milieu. Später hält es sich an den Elternnachfolgern schadlos. Am Ende wird die auf die Eltern gerichtete Anspruchshaltung auf die Gesellschaft übertragen. Da die Gesellschaft letztlich ebensowenig auf Dauer den Anspruch befriedigen kann, wird der Ausgleich wieder selbst im kriminellen Handeln, vor allem im Bereich der Eigentums- und Vermögenskriminalität herbeigeführt. Aus dem Anspruchsdenken wird die antisoziale Einstellung, die die Verwahrlosungserscheinung kennzeichnet, begründet. Wir begegnen wieder der Habensmentalität, die nicht nur für die Jugendkriminalität einen kriminogenen Faktor darstellt.

Neurotische Grenzfälle der Verwahrlosung zeigen sich z. B. in sogenannten "Symboldiebstählen" [88], wo die Handlung oder das Diebesgut selbst für die entbehrte Zuwendung steht. Der Verwahrlosungsprozeß geht dann häufig mit einer zunehmenden Neurotisierung einher. Verwahrlosung und Neurose überschneiden und bedingen sich zusehends. Mit Hinweis auf E. Opitz (1959) ist Verwahrlosung als ein Prozeß seelisch-geistiger und charakterlicher Fehlentwicklung anzusehen, wobei der Milieuschaden, der vornehmlich durch inkonsistentes Erziehungsverhalten ausgelöst wird, immer mehr in den Mittelpunkt rückt. Künzel bezieht sich hier wieder auf Opitz. Er zeigt im Frühstadium die Symptome auf, daß das Kind entweder "gefügig, musterhaft, übermäßig brav, still, introvertiert, tölpelhaft oder unlebendig" wird oder gegen die bedrängende Umwelt aufbegehrt. Erst im späteren Stadium, wenn Milieuschäden, die insbesondere durch Liebesverlust verursacht werden, weiter andauern, steigert sich die Ichbezogenheit zu Lasten der Umwelt-

---

88 Vgl. Kap. 8.2 Das Symboldelikt und die kriminelle Fehlhandlung

bezogenheit mehr und mehr, solange bis eine soziale Einordnung nicht mehr möglich ist. Wunsch- und Omnipotenzphantasien, Tagträume und eine sich immer mehr ausbreitende Habensmentalität kompensieren ein mangelndes Selbstwertgefühl. Ein sich aufblähendes falsches Ideal-Ich tritt an die Stelle des Ich-Ideals. Im Endergebnis vermischt sich die Verwahrlosung mit einer Entschluß- und Verantwortungslosigkeit. Die Umweltbezogenheit wird völlig aufgegeben. Im letzten Stadium der Verwahrlosung ist antisoziales Handeln kaum mehr bewußt. Der Verwahrlosungsprozeß führt zu einem psychischen Ungleichgewicht mit noch anfänglichen Konfliktsituationen bis zu einer charakterlichen Deformierung, aus der in den Spätfolgen antisoziales Handeln konfliktfrei erwachsen kann.

5.3 Das psychische Ungleichgewicht

Die beschriebenen Wirkweisen psychischer Instanzen zeigen, wie sehr sie an ihren Strukturen orientiert sind. Die Eigenschaften dieser Strukturen sind an "Regelkreise" gebunden, die das zu "Körper und Psyche" beschriebene Gleichgewicht erhalten sollen.

Konrad Lorenz (1973) [89] veranschaulicht die Wirkung dieses Mechanismus an einem dynamischen Vorstellungsbild, das aus mehreren Systemen besteht, wie z.B. der psychische Apparat. Die Systeme verstärken sich gegenseitig so, "daß das System *a* die Wirkung von *b*, *b* die von *c* usw. unterstützt, bis zuletzt *z* seinerseits eine verstärkende Wirkung auf die Leistung von *a* ausübt". Lorenz nennt einen solchen Kreis, der sich bestenfalls im labilen Gleichgewicht befinden kann, eine "positive Rückkopplung". Wenn jetzt eine Wirkung verstärkt wird, muß dies zu einem Anschwellen, bei einer Verminderung zu einem Verebben von Aktivitäten führen. Durch eine sogenannte "negative Rückkopplung" wird aber erreicht, daß für die Gleichgewichtserhaltung geringe Verstärkungen oder Vermeidungen aufgefangen werden. Lorenz sieht diese "negative Rückkopplung" in den organischen Systemen verwirklicht. Die Techniker haben sie nur von der Natur kopiert. Ein sol-

89 Konrad Lorenz wendet dieses Prinzip auf alle höher integrierten organischen Systeme an. Losgelöst von einem reinen biologistischen Denken, das hier unterstellt werden könnte, wird dieses Prinzip, das in der Medizin als "Homöostasie" bekannt ist, worunter das Gleichgewicht der Körperfunktionen zu verstehen ist, auf die psychischen Systeme und deren Funktionen übertragen.

cher Regelkreis ist auch in bezug auf den psychischen Apparat anzunehmen. Ein weiterer Regelkreis dürfte auch körperliche und psychische Funktionen miteinander verbinden.

Mit Hilfe dieses Ansatzes lassen sich nicht nur Krankheitssymptome, Neurosen, Psychopathien und Psychosen deuten, sondern auch Kriminalität, soweit sie auf ein Ungleichgewicht zurückzuführen ist. Bei einem Gleichgewichtsverlust versagen die Anpassungsstrategien. Allgemeine und unspezifische Syndrome von Übererregbarkeit, Hypersensibilität oder auch Angst sind dann Versuche des Individuums, das Gleichgewicht erneut herzustellen, um wieder anpassungsfähig zu werden. Gelingt diese Anpassung, werden die unspezififischen Syndrome wieder verschwinden. Gelingt sie aber nicht, dann kann unangepaßtes Verhalten deliktisch durchschlagen. Die Tat zeigt sich dann als der falsche Weg zur Gleichgewichtsherstellung. So mancher Intensiv- und Wiederholungstäter, scheinbar psychisch gesund, wird durch seine Taten vor den Folgen des Ungleichgewichts bewahrt. Der Ablauf wird besonders sichtbar, wenn der schon mehr oder weniger sozialisierte Trieb wieder mächtig wird.

Ein unausgerichtetes, an viele Reize sich bindendes Es kennzeichnet den Triebmenschen. Ein solches Es kann von einer hochgradigen Desintegration eines unstrukturierten, jedoch tyrannischen Über-Ichs ersetzt werden. Da möchten Triebabkömmlinge durchschlagen, aber sofort schlagen tyrannische Autoritäten zurück, so daß außer Angst nichts mehr empfunden wird. Der Teufelskreis von Angst und Aggression, die sich gegenseitig ersetzen und hochschaukeln, schließt sich. Erregung und Nervosität laufen über mehrere Schwellen. Die Erregung beginnt bei der Anreizschwelle und setzt sich über die Frustrationsschwelle hinaus fort. Sie nähert sich bedenklich der Affektschwelle und überschreitet sie sogar im Extremfall, wie der Fall Udo belegt. Im Gegensatz zum zurückschlagenden tyrannischen Über-Ich erfüllt ein schwaches Über-Ich keine Hemmungsfunktion, so daß kriminelle Triebtendenzen ausbrechen können. Ein durchaus normales Über-Ich kann partielle Ausfallserscheinungen zeigen. Solche psychostrukturellen Unterschiede lassen den Grad eines psychischen Ungleichgewichts erkennen. Das normal strukturierte Über-Ich sichert das seelische Gleichgewicht.

Während der Primärsozialisation werden abhängig von familiärer, aber auch außerfamiliärer Interaktion sehr unterschiedliche Über-Ich-

Strukturen, Es-Ausrichtungen und Es-Über-Ich-Relationen gebildet. Identifikationen, Bindungen, Ablehnungen und Ablösungen spielen hier die herausragende primäre Rolle. Wie bereits zu den narzißtischen Projektionen der Eltern auf das Kind angemerkt wurde, sind es im wesentlichen auch bei diesen Vorgängen die frühen Kind-Eltern-Beziehungen, die maßgeblich für das Gleichgewicht im psychischen Apparat verantwortlich sind, oder das, was an die Stelle der Elternbeziehung gesetzt wird. Bindungs- und Kommunikationsfähigkeit sowie die Ausgestaltung sexueller Beziehungen sind weitgehend vom psychischen Gleichgewicht abhängig. Die Bewältigung der Partnerprobleme ist im späteren Leben des Menschen größtenteils von der Bindungs- und Kommunikationsfähigkeit abhängig. Wie kriminogen dieser Hintergrund sein kann, zeigen Wolfgang Salewski und Kurt Schäfer (1979) in ihren Untersuchungen über die Geiselnahme und den erpresserischen Menschenraub auf. Partnerprobleme und Trennungsschwierigkeiten stehen mit 11,4 % an dritter Stelle der von ihnen genannten neun Motive. Fügt man Motive hinzu, die mit Partnerproblemen korrelieren, nämlich Wünsche nach emotionaler Zuwendung und persönlicher Akzeptanz, seelische Krisen, Wünsche nach einem "neuen" Leben und nach persönlicher Freiheit, Drogen- und Alkoholabhängigkeit, dann dürfte ein Motivbündel als Folge eines psychischen Ungleichgewichts mit nahezu 40 % vor rein finanziellen Problemen (30,3 %) oder den Arbeitsplatzproblemen einschließlich der Erwerbsunfähigkeit (zusammen 17,4 %) an erster Stelle stehen.

Das Leben vieler Krimineller ist demnach im weitesten Sinne durch Partnerprobleme und -konflikte gekennzeichnet. Seelische Konflikte sind in den seltensten Fällen als Folge der Kriminalität einzustufen, sondern bilden vielmehr die Vorbedingungen, die zur Kriminalität führen. Das Verbrechen soll - bewußt oder unbewußt - die Lösung des Konflikts ermöglichen. Dieser Sachverhalt gilt nicht nur für den Mezger'schen Konfliktverbrecher [90], der mehr oder weniger die Tat aus

90 Edmond Mezger unterscheidet zwischen den Situationsverbrechern mit den Formen der Konflikt-, Entwicklungs- und Gelegenheitsverbrecher und den Charakterverbrechern mit den Formen der Neigungs-, Hang- und Zustandsverbrecher. In dieser Reihenfolge sieht M. eine Stufenfolge der Bereitschaft zum Verbrechen. Vgl. H.-J. Hoeveler: Kriminologie des Täters. In: Schriftenreihe des Bundeskriminalamtes: Krimininologie, Wiesbaden, 1967, 1-3

einem langsam herangereiften akuten Konflikt heraus, sowohl aus der Vorbedachtssituation als auch affektiv und explosiv begehen kann, sondern wird auch grundsätzlich dort angenommen, wo ein psychisches Ungleichgewicht von vornherein latente Konfliktbereitschaft erwarten läßt. Das kann für den Triebtäter ebenso zutreffen wie für den Mezger'schen Entwicklungstäter, der aus dem bestimmenden Einfluß seiner Entwicklung im Längsschnitt seiner Lebenskurve handelt, und gilt für Fälle neurotischer Manifestationen, z.B. bei immer wieder rückfälligen Dieben. Straftaten werden unter einem unbewußten Wiederholungszwang ausgeführt und sind auch Straftätertypen zuzuordnen, die nach der Tätertypologie von Mezger zu den Charakterverbrechern zählen. Konflikte, ob sie sich aus akuten Anlässen heraus entwickeln oder ob sie permanent bis zur absoluten Partnerschaftsunfähigkeit sich auswirken, dürften ihre wesentlichen Ursachen in den angesprochenen Veränderungen der Ich- und der Über-Ich-Strukturen sowie in der Es-Ausrichtung finden. So muß hier auf die bekannten Wirkfaktoren, die sich aus den frühen Beziehungen in der Kindheit ergeben, wieder zurückgegriffen werden.

Nach psychoanalytischen Auffassungen spielen dabei präödipale und ödipale Beziehungen selbst die herausragende Rolle. In neueren Theorien bezieht sich der Ödipuskomplex nicht allein auf die von Freud entdeckten, inzestuösen, mit dem Vaterhaß verbundenen Wünsche, sondern aus ihm wird mehr schon ein Generationenkonflikt und Geschlechterkampf. Eine eingehende Betrachtung des Ödipuskomplexes, seiner Interpretationsmöglichkeiten und Auswirkungen wird bei der Darstellung des Geschlechterkampfes im Kapitel [91] über "Kriminalität und Geschlecht" nachgeholt. Im folgenden soll vorerst nur auf die Elternbeziehungen eingegangen werden, die am Erhalt des psychischen Gleichgewichts nach Maßgabe der Über-Ich-Strukturen, Es-Ausrichtungen und Es-Über-Ich-Ich-Relationen beteiligt sind.

5.4 Der Verbrecher aus Schuldbewußtsein

Freud (1923) erörtert bei der Einführung des Konzepts eines Über-Ichs in seiner strukturellen Theorie das Vorhandensein eines unbewußten Schuldgefühls. Er hat in seinem Gesamtwerk deutlich machen können,

91 Vgl. Kap. 7. Kriminalität und Geschlecht

wie die dem Menschen eigene Aggressionsbereitschaft neutralisiert wird. Ein wesentlicher Teil davon wird unbewußt verinnerlicht und als Über-Ich in den Dienst der Selbstkritik und des Verhaltens in bezug auf allgemein anerkannte Wertvorstellungen gestellt. Dabei werden im wesentlichen die Grundcharaktere der introjizierten Autoritäten beibehalten. Besonders wirken sich die Macht und Strenge, die Neigung zur Kontrolle und Strafe des frühen Vorbilds aus, das im Regelfall durch den Vater verkörpert wird. Die Strenge des Über-Ichs, die überwiegend vom Grad der dem Über-Ich zugrunde liegenden aggressiven Impulse abhängig ist, richtet sich zwar zunächst gegen das eigene Ich, das jedoch später in einer Identitätsumkehr die so erlebte Aggression an anderen befriedigen möchte.

Die für Wert- und Sollensvorstellungen zuständige zensorische Gewissensinstanz trachtet danach, alle Regungen zu verhindern, die das Individuum in Gefahr bringen, nicht geliebt zu werden. Es entstehen Schamgefühle und die Angst, nicht ernst genommen zu werden. Daraus entwickelt sich Schuldangst. Wo Autonomie und Initiative verhindert wird, entsteht Scham- und Schuldgefühl [92] . Das Über-Ich versucht das Ich zu entwerten. Die zwischen dem Über-Ich und Ich entstehende Spannung wird als Schuldgefühl erlebt. Dieses Gefühl äußert sich in Reue und Strafbefürfnis. Freud greift hier wieder auf den Ödipuskomplex als Ursachenerlebnis zurück, wonach Inzestwünsche und Kastrationsängste schon von vornherein Schuldgefühle auslösen, die somit präeexistent sind. Schuldgefühle stehen auch hinter Ängsten davor, sich nicht so zu verhalten, wie es die Eltern, insbesondere der Vater, früher einmal tatsächlich oder in der Einbildung verlangt haben. Strafe wird ersehnt, um Schuldgefühle zu verringern, d.h. um die zwischen dem Über-Ich und dem Ich aufgebaute Spannung wieder abzubauen. Das Prinzip der Spannungsreduktion zur Vermeidung von Unlust setzt sich wieder durch. Dabei wird nicht nur die Strafe in Kauf genommen, sondern sie kann auch geradezu masochistisch-lustvoll erlebt werden. Freud erklärt das Strafbedürfnis durch den Masochismus [93] des Ichs,

92 Vgl. Erik H. Erikson, In: Kindheit und Gesellschaft (1961)

93 Der Name "Masochismus" geht auf den österreichischen Schriftsteller Leopold Ritter von Sacher-Masoch (1836-1895) zurück. Die Triebrichtung, im Gequältwerden und in der Unterwerfung sexuelle Befriedigung zu finden, wird in seinen Romanen und Novellen beschrieben.

dem er den Sadismus [94] des Über–Ichs gegenüberstellt. Der Masochismus dürfte im Kern wesensgleich mit der von Fromm (1968) weiterentwickelten Auffassung der Nekrophilie sein, die einer der hauptsächlichen Wirkfaktoren aller Destruktion, d.h. bösartiger Aggression, ist.

Schuldgefühl entsteht also erst mit der Aufrichtung des Über–Ichs. "Das Über–Ich peinigt das sündige Ich... und lauert auf Gelegenheiten, es von der Außenwelt bestrafen zu lassen", schreibt Freud (1930).

Zusammengefaßt entspringt das Schuldgefühl nach Freud zwei Quellen:

1. aus dem Triebverzicht, hinter dem die Furcht vor aggressiven Impulsen der äußeren Autorität steht, wobei zumindest mit der Möglichkeit des Eintritts von Liebesentzug zu rechnen ist,
2. nach Verzichtsleistung, worauf die Über–Ich–Errichtung erfolgt.

Es wird also trotz des Verzichts ein besonderes Schuldgefühl gebildet, da das so errichtete Gewissen weiteren Triebverzicht fordert und sich damit der Kreislauf der Schuldgefühlsbildung schließt. Der Triebverzicht ist dem Aggressionsverzicht gleichzusetzen und wird von Freud (1930) wie folgt beschrieben:

> Die Wirkung des Triebverzichts auf das Gewissen geht dann so vor sich, daß jedes Stück Aggression, dessen Befriedigung wir unterlassen, vom Über–Ich übernommen wird und dessen Aggression steigert. Es stimmt dazu nicht recht, daß die ursprüngliche Aggression des Gewissens die fortgesetzte Strenge der äußeren Autorität ist, also mit Verzicht nichts zu tun hat.

Freud nimmt dann für die erste "Aggressionsausstattung des Über–Ichs" eine andere Ableitung vor, um diese Unstimmigkeit auszuräumen und schreibt:

> Gegen die Autorität, welche das Kind an den ersten, aber auch bedeutsamsten Befriedigungen verhindert, muß sich bei diesem ein erhebliches Maß von Aggressionsneigung entwickelt haben, gleichgültig welcher Art die geforderten Triebentsagungen waren. Notgedrungen mußte das Kind auf die Befriedigung dieser rachsüchtigen Aggression verzichten. Es hilft sich aus dieser schwierigen ökonomischen Situation auf dem Wege bekannter Mechanismen, indem es diese unangreifbare Autorität durch Identifizierung in sich

94 Der Name "Sadismus" geht auf den französischen Schriftsteller Donatien Alphonse Francois Marquis de Sade (1740–1814) zurück. Die Triebrichtung, den Partner körperlich und seelisch zu quälen, um sexuelle Befriedigung zu finden, wird in seinen Romanen und Erzählungen – teils bis zur Obszönität – beschrieben.

> aufnimmt, die nun das Über-Ich wird und in den Besitz all der Aggression gerät, die man gern als Kind gegen sie ausgeübt hätte.

Freud unterstellt bei diesem Ablauf eine "Beziehung zwischen dem Über-Ich und dem Ich", die "die durch den Wunsch entstellte Wiederkehr realer Beziehungen zwischen dem noch ungeteilten Ich und einem äußeren Objekt" beinhaltet.

Aufgrund dieser Annahme behauptet nun Freud, daß das Gewissen von Anfang an durch die Unterdrückung von Aggression entstanden sei, um neue Unterdrückung zu schaffen. Freud führt nun auf das Ursachenerlebnis des Ödipuskomplexes zurück, daß die "rachsüchtige Aggression des Kindes" von der "strafenden Aggression", die es vom Vater erwartet, mitbestimmt wird. Das Schuldgefühl entsteht durch das Freud'sche "Urverbrechen", dem einst vollzogenen "Vatermord" [95]. Nach Freud (1915a) kann das Verbrechen eines Menschen die Folge eines Strafverlangens sein. Ein unbewußtes Verlangen nach Strafe resultiert aus verdrängten ödipalen Wünschen und kann zur Begehung einer Tat führen, auf die mit Sicherheit eine Strafe folgt. Aggression und Schuldgefühl, Sadismus und Masochismus bilden beim Verbrecher aus Schuldbewußtsein die Kontrapunkte eines psychodynamischen Systems. Jeder dieser Punkte dient dem Ich als Abwehrmittel gegen den anderen.

Die psychischen Mechanismen, die nach dem Denkmodell von Freud einen solchen Menschen kennzeichnen könnten, werden im Folgeabschnitt am Beispielfall Dr. L in einer Grobanalyse dargestellt. Daraus erklärt sich, warum bestimmte Kriminelle ihre Tat so begehen, daß sie der Entdeckung sicher sein können. Sie zeigen darüber hinaus häufig ein ausgeprägtes Verlangen, Geständnisse [96] abzulegen, sogar falsche.

---

95 Vgl. Freud, S.: Die Verdrängung (1915 c); dgl. Kap. 8. Phänomene des Urverbrechens

96 Theodor Reik (1925) hat besonders die Gründe, die zum Geständniszwang führen, sehr anschaulich geschildert.

5.5 Der Fall Dr. L

Sachverhalt [97]

Anläßlich einer Verkehrskontrolle in A–Stadt fiel der Beschuldigte Dr. L auf, als er, nur 10 Meter von einer polizeilichen Kontrollstelle entfernt, die Scheibe des an der Vorderfront der Gaststätte "V", Ecke H–Straße/V–Straße angebrachten Zigarettenautomaten mit einem Ziegelstein zertrümmerte und Zigaretten aus den Automatenschächten entwenden wollte. Dr. L leistete bei seiner Festnahme keinen Widerstand. Auf der Fahrt zur nächsten Polizeidienststelle gestand er den Polizeibeamten, daß er schon zwei Automatenaufbrüche begangen habe.

In seiner Vernehmung zur Person sagte Dr. L u.a. aus:

> Ich unterhalte eine selbständige Rechtsanwaltspraxis in A–Stadt. Bis zu meiner Promotion, also auch während des Studiums, habe ich im Haushalt meiner Eltern gelebt. Zu meinem Vater, der Strafrichter am Landgericht in B. war, habe ich keine gute Beziehung gehabt. Mit meiner Mutter habe ich mich dagegen besonders gut verstanden. Ich kann sogar behaupten, daß sie mich gegenüber meinen anderen Geschwistern immer etwas vorgezogen hat. Das mag daran gelegen haben, daß ich der einzige Junge unter fünf Kindern war. Meine Mutter war im besonderen Maß ein ausgleichendes Moment in unserer Familie, vor allem im Verhältnis zu unserem sehr strengen und stark an Ordnungsprinzipien ausgerichteten Vater. Ich habe die üblichen Kinderkrankheiten gehabt, sie aber alle dank der Pflege meiner Mutter ohne jede Komplikation überstanden.

Analyse

Es fällt schwer, das von Dr. L gezeigte Verhalten zu verstehen. Als Rechtsanwalt besitzt er ein gehobenes Maß an Sozialprestige und lebt in wirtschaftlich gesicherter Lage. Mit vordergründig einsehbaren oder rein rationalen Motiven ist das Handeln von Dr. L nicht zu erklären. Er ist auch offensichtlich kein Psychopath. Anhaltspunkte, die seine Zurechnungsfähigkeit und damit sein verantwortliches Handeln juristisch

---

97 Der Sachverhalt war im April 1982 Gegenstand einer Kriminologie–Klausur an der Fachhochschule f. öffentl. Verw. NW mit der Aufgabenstellung, das von S. Freud entwickelte Denkmodell vom "Verbrecher aus Schuldbewußtsein" darzustellen.

einschränken könnten, sind nicht erkennbar. Im Vergleich zum Fall Udo hatte Dr. L ein sogenanntes intaktes Elternhaus erlebt. Doch sollten die Elternbeziehungen für ihn genauso schicksalhaft sein, wie sich Ablehnung und Wechsel in der Erziehung auf Udo ausgewirkt haben.

Nach der Aussage zur Person liegt seit Beginn der ödipalen Phase bei Dr. L eine an sich zunächst normale Objektbeziehung zur Mutter vor. Die psychischen Repräsentanzen der Mutter sind stärker besetzt als alle anderen, ausgenommen die des eigenen Selbst. Die soweit vom Sachverhalt her bekannte Kindheitsentwicklung zeigt, daß die Mutter ausschließliches Liebesobjekt blieb. Mit dem damit zwangsläufig verbundenen unbewußt wirkenden Inzestwünschen, die Mutter "zu besitzen", wächst ebenfalls unbewußt das Verlangen nach "Vernichtung" oder "Beseitigung" des Rivalen, der hier der Vater sein muß, um sich an seine Stelle setzen zu können. In einer normalen Beziehung kommt es zum Abbau solcher Haßgefühle gegen den "rivalisierenden Vater", indem sich das Kind mit ihm identifiziert, um an seiner Macht und Stärke teilzuhaben. So tritt an die Stelle des "Hasses" Bewunderung und Liebe. Bei der Identifizierung mit dem als Rivalen erlebten Vater ist im Motiv die Folge starker libidinöser Besetzungen zu erkennen. Auf eine solche Identifizierung mit dem Vater, die zur Befreiung von den Fesseln eines präexistenten Schuldgefühls führen könnte, kann man aus der Kindheit von Dr. L nicht schließen. Hier dürften aufgrund eines nicht gesprengten Ödipus-Komplexes schwere Schuldkonflikte im Zusammenhang mit einer überstrengen Über-Ich-Bildung von Bedeutung sein. Es dürfte davon auszugehen sein, daß aufgrund der unbewältigten ödipalen Phase zum großen Teil im Es Inzest- und Tötungsimpulse weiterlebten.

Nur der ständige Widerstand in der Gegenbesetzung eines Schuldgefühls hat L davon abgehalten, seine Impulse offen auszuleben. Die von ihm begangenen Automatenaufbrüche könnten am vorläufigen Ende einer Kette von auf Dauer nicht wirksamen Abwehrmechanismen stehen.

Aus dem Sachverhalt ergeben sich ausreichende Anhaltspunkte für solche Überlegungen. Dr. L ist Rechtsanwalt. Daß er auch Jurist wurde, könnte u.a. als ein Versuch zu deuten sein, mit dem Vater sich doch noch – wenigstens zu einem späteren Zeitpunkt auf der Berufsebene – zu identifizieren. Möglicherweise gibt ihm auch der Beruf des Juristen die Chance, zum Teil mit seinem strengen Über–Ich fertig zu werden, indem er nicht zum Täter wird, sondern durch Strafverteidigung eine Identifikation [98] mit ihm herbeiführt. Sein Ich könnte durch die Berufsausübung eine Reaktionsbildung gegen sein Schuldgefühl aufrichten, so daß an die Stelle des unbewußten Schuldgefühls ein Überlegenheitsgefühl gesetzt wird. Jeder Freispruch, den er als Anwalt erzielen würde, könnte auch ein symbolischer Racheakt, zumindest ein Sich-durchsetzen gegenüber dem ungeliebten Vater, dem alten Strafrichter, bedeuten, mit dem er auf dieser Ebene konkurrierte. Der gegen den Vater gerichtete Kampf wird auf einen anderen *Strafrichter* verschoben. Dabei muß offenbleiben, ob erfolgreiches Konkurrieren als Überlegenheitsgefühl erlebt wird oder das Schuldgefühl verstärkt. Vermutlich spielt beides eine Rolle. Für Dr. L dürfte Verdrängung, Kompensation und Verschiebung nicht ausgereicht haben, was eine überstrenge Über–Ich–Bildung zur Folge hatte. Es fragt sich, inwieweit für L die besonders intensiv erlebte Strenge seines Vaters dafür ursächlich war.

Ohne Zweifel wirkt sich das introjizierte autoritäre Vaterbild auf die Über–Ich–Bildung aus. Dieses Phänomen dürfte mit der für die Über–Ich–Bildung zur Verfügung stehenden Triebenergie gekoppelt sein. L ist einziger Sohn unter fünf Kindern mit einem als allmächtig erlebten Vater. Eine solche Konstellation verstärkt die in der ödipalen Phase erlebten Kastrationsängste. Psychoanalytiker halten es für wahrscheinlich, daß solche Ängste häufig zur Bildung eines unerwünscht strengen Über–Ichs führen und infolgedessen später zu einem unerwünscht strengen Verbot von Sexualität und/oder Aggressivität. Ein Hauptfaktor ist anscheinend die Intensität der aggressiven Komponente der ödipalen Wünsche. Das heißt auf L bezogen und vereinfacht ausgedrückt, daß die Intensität der feindseligen Impulse, die L gegenüber seinem Vater empfindet, maßgeblicher für die Strenge seines Über–Ichs sein könnte als der Grad der Strenge, die der Vater ihm gegenüber ausgeübt hat. Die Erklärung dürfte darin zu suchen sein, daß die ödipalen Objekte aufgegeben oder durch Über–Ich–Identifikationen ersetzt wurden. Die Triebenergie, die zuvor diese Objekte besetzt hat, könnte zumindest zu einem Teil für das zu entwickelnde Über–Ich zur Verfügung stehen. So

98 Vgl. Fußnote 25 zu Kap. 3.2. Das Unbewußte zur Schicksalspsychologie von Leopold Szondi, hier: wahllenkende Faktoren, die nicht allein genetisch bedingt sind.

könnte die dem Über-Ich zugeführte Triebenergie von der Aggressionsenergie der ödipalen Objektbesetzung abgeleitet werden. Das kann heißen: je mehr aggressive Energie zur ödipalen Objektbesetzung vorhanden ist, umso größer ist auch die Menge solcher Energie, die später dem Über-Ich zur Verfügung steht. Diese aggressive Energie kann dann gegen das eigene Selbst gerichtet werden, um Gehorsam gegenüber dem Über-Ich zu erzwingen oder um Übertretungen zu bestrafen, die ein überstrenges Gewissen verletzt haben. Die Mißbilligung, die das Ich erfährt, läßt ein starkes Schuldgefühl entstehen, das auf Entlastung drängt. Darauf folgt das Strafverlangen. Es kommt zur Anknüpfungstat, die L mit dem Automatenaufbruch, ohne erkennbares Motiv, begeht. Er begeht sie so, daß die Tatumstände zu seiner Festnahme führen müssen. L dürfte also unter einem neurotischen Zwang gehandelt und keinesfalls bewußt die Umstände seiner Festnahme herbeigeführt haben. Die Festnahme wird in diesen Fällen unbewußt ersehnt, um dem Strafbedürfnis entgegenzukommen. Die freiwillige Selbstbezichtigung, schon zwei Automatenaufbrüche begangen zu haben, unterstreicht zusätzlich die neurotische Fehlhaltung.

Mit August Aichhorn (1957) muß ganz allgemein gesagt werden, "daß dissozialen Handlungen weit häufiger unbewußtes Schuldgefühl zugrunde liegt, als gewöhnlich angenommen wird". Der Ursprung der Schuldgefühle ist auf die verdrängte Angst in der Ödipusphase zurückzuführen. Allerdings grenzt Aichhorn die Dissozialität aus Schuldgefühl ein. Er beschränkt sie auf Täter, die von einem unbewußt so "übermäßig strengen Ichideal" gequält werden, daß sie diffuse Schuldgefühle in Straftaten binden, um durch Strafe Schuldentlastung zu erreichen. Auch Freud (1915c) verweist ausdrücklich darauf, daß nur solche Verbrecher ihre Tat aus Schuldbewußtsein begehen können, die ein unbewußtes Verlangen nach Strafe haben. Der Verbrecher aus Schuldbewußtsein handelt, um mit seinem überstrengen Gewissen fertig zu werden. Er unterscheidet sich darin vom Psychopathen, der kein Gewissen zu haben scheint oder zumindest ein defektes hat. Dieser Verbrecher ist auch nicht der "Normale", der z.B. Automatenaufbrüche in Bereicherungsabsicht begeht, denn der "Normale" hat eine dem Verbrechen angepaßte Moral. Alexander und Staub (1929) sprechen davon, daß der "Normale" seine Verbrechen aufgrund seines kriminellen Über-

Ichs "konfliktlos" begeht, nämlich "ichgerecht" und "über-ich-gerecht".

5.6 Die Über-Ich-Lücken

Hier wird weder ein fehlendes noch ein tyrannisches Gewissen angesprochen, sondern es geht allein um Gewissensdefekte, die einer Delinquenz zugrunde liegen können. Es handelt sich hier nicht um eine an sich normale oder sogar überstrenge Gewissenskontrolle, sondern um partielle Ausfallserscheinungen und um Lücken in der Wirksamkeit des Gewissens. Gegenstand der folgenden Betrachtungen sind nicht Störungen oder Deformationen der gesamten Über-Ich-Struktur.

Moser (1970) zitiert William Healy und August F. Bronner zur Theorie der Über-Ich-Lücken, um mit nachfolgender Aussage einen frühen Hinweis auf entsprechende Gewissensdefekte zu geben.

> Die Tatsache scheint klar, daß der Damm, den wir Gewissen oder Über-Ich nennen, sich überall findet, in verschiedenen Individuen aber eine unterschiedliche und einseitige (partial) Rolle in der Bestimmung und Motivation des Verhaltens spielt. Das Gewissen kann lediglich bestimmte Bereiche des Verhaltensfeldes umschließen.

Adelaid Johnson und andere Autoren haben bei den von ihnen untersuchten dissozialen Kindern einen Über-Ich-Defekt in umgrenzten Verhaltensbereichen festgestellt, den sie nicht einer allgemeinen Schwäche des Über-Ichs zuschrieben, sondern den sie "Über-Ich-Lücken" (Superego-lacunae) nannten. Sie stellten fest, daß solche Defekte, also Über-Ich-Lücken bei den Kindern, mit ähnlichen Defekten der Eltern korrespondieren. Die Defekte der Eltern haben wiederum ihren Ursprung in der bewußten oder unbewußten Willfährigkeit ihrer Eltern. Johnson (1949) führt beispielhaft an, wie Eltern die Initiative für das Weglaufen ihres Kindes auslösen können. Mit sechs Jahren mag das Kind zornig aufbegehren: "Ihr liebt mich nicht – keiner liebt mich – ich hasse euch alle". Dem Kind wird geantwortet: "Gut, warum packst du nicht deine Sachen und gehst?". Auf ähnliche Weise wird zum Diebstahl angeregt.

"Wir werden gut oder schlecht in der Abhängigkeit von den Phantasien unserer Eltern über uns", erklärt Johnson (1949). Die Kinder agieren Impulse aus, die die Eltern mit Mühe bei sich unterdrücken. Es gibt Eltern, die für ihre eigenen kaum integrierten verbotenen Impulse eine

Ersatzbefriedigung finden müßten, wenn dies die Kinder nicht für sie täten. Dies geschieht durch ihre unbewußte Toleranz und Inkonsistenz gegenüber den Kindern in bestimmten Verhaltensbereichen. Es ist die Erziehung des "Nicht-doch". Johnson und andere [99] zeigen auf, wie das Kind subtil ermutigt wird, sich entgegengesetzt zur propagierten Norm zu verhalten. Das Kind erkennt an der Reaktion der Eltern, ob sein Verhalten nicht letztlich vom Vater oder von der Mutter bzw. von beiden Elternteilen insgeheim als "lustvoll" erlebt wird. Kein Maß späterer Strafe wird dann noch abschreckend im Hinblick auf die Wiederholung des Ausagierens wirken. Die Eltern mögen dem Kind, das dem Nachbarn die Zunge herausstreckt, auf dem Mund schlagen, und sie freuen sich insgeheim doch darüber, daß das Kind etwas getan hat, was sie dem Nachbarn gegenüber unterdrücken müssen. Eltern mögen über den ersten Diebstahl ihres Kindes aufrichtig erschrocken sein und dennoch dabei die Genugtuung verdrängen, daß das Kind etwas getan hat, was sie sich selbst nie getraut haben. Abweichungen solcher Kinder werden begünstigt, weil ihre Eltern darauf warten, daß sie eintreten. Die Kinder nehmen bereitwillig Signale auf, die durch ständig lauernde Verhaltenskontrollen gesendet werden. Ein Kind würde vermutlich nie auf die Idee kommen, z.B. in eine bestimmte Pfütze zu treten, wenn es nicht ständig durch Beobachtung und Verbote auf ein solches Agieren hingewiesen würde. Letztlich nimmt das Kind auf, daß es zum Verbot noch eine Alternative gibt. Und vor allem findet ein alternatives Bild im Bewußtsein desjenigen, der hier verbietet, Eingang in die kindliche Psyche. Vater oder Mutter, die dann strafen, erleben dann nicht nur ihre Ersatzbefriedigung, zu der sie aus unbewußten Motiven gedrängt werden, sondern sie erleben zusätzlich Möglichkeiten, ihre gleichzeitig entstehende Aggression abzuführen. Zu dieser Aggression kommt es, weil das Kind mit seinem Verhalten die Trieb-Über-Ich-Balance der Eltern stört. Die Strafen dienen der Selbstkontrolle und Festigung der eigenen Triebkontrolle. Die so erzogenen defektbehafteten Kinder werden dann wieder zu Eltern, die nun wiederum gegenüber ihren Kindern ein ähnliches Verhalten zeigen können. Es bahnt sich eine endlose Konflikttradition an, so daß sich die Frage nach den psychologischen und sozialen Grundbedingungen stellt.

---

99 Vgl. u.a. Giffin und Litin (1954)

Johnson (u.a. 1949, 1959), Ezra F. Vogel und Norman W. Bell (1968) gehen von unbewußten Elternkonflikten oder von starken Spannungen zwischen den Eltern aus, die verdrängt werden, um z.B. den Ehefrieden nicht zu gefährden, oder weil vor dem eigenen Konflikt mit der Umwelt zurückgeschreckt wird. Diese Anpassung erhält einen höheren Stellenwert als z.B. die Auseinandersetzung mit der Umwelt oder dem Ehepartner. Die Anpassung wird somit zum Instrument der Konfliktunterdrückung. Dennoch kann der Konflikt stellvertretend im Kind aufrechterhalten werden. Konflikte und Spannungen werden durch Konfliktübertragung gelöst. Das Kind dient der Konfliktentlastung der Eltern. Maßgeblich für einen solchen Mechanismus, der die Sündenbockrolle begründet, sind Konstitution, Geschwisterfolge und Geschlecht. Häufig handelt es sich um das konstitutionell schwächste Kind unter den Geschwistern. Beim Geschlecht spielt eine wesentliche Rolle, ob das Kind als Junge oder Mädchen auch innerlich von den Eltern angenommen wird. Z.B. kann die Mutter eine ambivalente Haltung bis zur Ablehnung, die sie stets gegenüber dem gleichgeschlechtlichen Elternteil unterdrückt hat, nun auf die Tochter übertragen [100]. Alle genannten Autoren sehen in der Inkonsistenz des Umgangs mit dem Kind die Hauptbelastung einer solchen Rolleninduktion.

Richter (1963) hat in seinen Untersuchungen besonders herausgestellt, daß das Kind in den unbewußten Vorstellungen der Eltern als Ersatz eine Vielzahl von Rollen an Vaters oder Mutters Stelle vertritt. Das Kind wird aber nicht dadurch entlastet, weil man das Ausagieren von ihm nun nicht mehr erwartet (die Eltern tun es ja nun selbst), sondern weil es jetzt im Normkonflikt lebt. Dieser Konflikt ist im Widerspruch zwischen den von den Eltern gestellten Verhaltensanforderungen und dem tatsächlichen Elternverhalten begründet. Auch hier wird sich im Regelfall kein Über-Ich ohne Mängel bilden können.

In der Regel beginnt ein unangemessenes Erziehungsverhalten in der Elternreaktion auf das Nein des Kleinkindes in der ersten Trotzphase, die für die Ich-Findung grundlegend ist. Das Kind übt seinen Willen in dieser Phase ein. Angenommen, ein Kind soll seine Milch trinken und sagt trotzig "nein". Wie könnte sich ein Dialog zwischen Kind und Bezugsperson abspielen:

---

100 Vgl. Kap. 7.8 Die Minus-Frau, hier: Ablehnung des eigenen Geschlechts

1. Variante

Das Kind wird mit absoluter Erziehungsmacht veranlaßt, die Milch zu trinken. Der Trotz wird rigoros gebrochen. Das Kind erlebt sich ohnmächtig und fühlt sich bedroht. Unter Umständen erfolgt die Abwehr über die Identifikation mit dem Angreifer. Ein schwaches Ich verliert die Macht über die Ich-Inhalte. Erzogen wird ein willensschwacher Mensch. Die Entwicklung zum "Verbrecher aus Schwäche" [101] und zum "Vermögensverbrecher aus geringer Widerstandskraft" [102] wird begünstigt.

2. Variante

Man läßt das Kind gewähren und gibt nach. Das Ich wird übermächtig werden. Das Über-Ich verliert die Kontrolle über das Ich. Die Chance zu lernen, mit Frustrationen umzugehen, wird vertan. Erzogen wird der Egoist, der seinen Willen über alles stellt. Sein Ziel wird die Mittel heiligen. Aus solchen Persönlichkeitsstrukturen wird der aggressive Verbrecher und der "Verbrecher aus Mangel an Gemeinschaftsgefühl" [103] geformt. Narzißtische Neigungen werden verstärkt.

3. Variante

Das Kind wird überlistet. Der Erzieher handelt nach dem Motto: Wehe, du trinkst die Milch! Der kleine Neinsager trinkt nun gerade die Milch. Das Erziehungsziel ist scheinbar erreicht. Hier vollzieht sich auf der Erzieherseite, was in anderen Verhaltensbereichen unbewußt abläuft, was auf der Seite des Kindes anfänglich noch auf der unbewußten Ebene wahrgenommen wird und was zur Spaltung der Kommunikationsebene beiträgt. Die Folgen können zur Verunsicherung künftiger Handlungs- und Anforderungserwartungen führen, wie sie auch bei inkonsistenter Erziehungspraxis eintreten. Die auftretenden Mängel werden in den Über-Ich-Lücken offenbar. Selbst eine allgemein noch als intakt angesehene Intelligenz und Lernfähigkeit wird charkteristische Störungen aufweisen. In bestimmten Situationen oder bei speziellen Anforderun-

101 Tätertyp nach Hans W. Gruhle, In: H.J. Hoeveler, 1967

102 Tätertyp nach Seelig, In: H.J. Hoeveler, 1967

103 Ebenso ein Tätertyp nach Seelig

gen wird es zum Versagen kommen. Cleckley (1959) nennt diese Vorgänge die "Unfähigkeit, aus Erfahrung zu lernen". Solche Lücken bedingen auch einen Mangel an Urteilsfähigkeit.

Als Lösungsmöglichkeit für die verworfenen Varianten können Überlegungen in Frage kommen, dem Kind Alternativen, z.B. hier die Wahl unter mehreren Getränken oder, wenn es unbedingt schon Milch sein muß, die Wahl aus dem Glas, der Tasse oder dem Becher zu trinken, anzubieten. Dem Kind bliebe die Möglichkeit der Willenseinübung durch die Vorgabe von Willenszielen offen. Das Nein in der Trotzphase ist ein Nein, das an die Stelle eines noch nicht erkennbaren Zieles gesetzt wird. Zur Ausformung einer normalen defektfreien Über-Ich-Struktur gehört, daß das Ich die Fähigkeit erwirbt, sich an Zielen zu orientieren. Das Maß, demzufolge das Kind Ich-Ziele an die Stelle von Triebzielen setzen kann, wird vom Elternbild mitbestimmt. Bei Nietzsche, in "Menschliches, Allzumenschliches", heißt es:

> Die unaufgelösten Dissonanzen im Verhältnis von Charakter und Gesinnung der Eltern klingen in dem Wesen des Kindes fort und machen seine innere Leidensgeschichte aus. [104]

5.7 Psychosen und Psychopathien

Bis in das 19. Jahrhundert hinein dämonisierte man geistige Anomalien, nicht unbedingt organisch erkennbare Krankheitsbilder, und dachte mehr oder weniger spekulativ über das "ver-rückte" Phänomen im Menschen nach. Als naturwissenschaftliches Denken sich immer stärker durchsetzte, die Hirnforschung intensiv einsetzte, begann sich im ausgehenden 19. Jahrhundert zunächst ein somotologischer Krankheitsbegriff [105] durchzusetzen. Die Psychose wurde in erster Linie als eine organische Krankheit angesehen, die sich auf den Geisteszustand eines Menschen auswirkte. Dies erwies sich als eine ätiologische Einengung. Es gibt psychotische Syndrome, die nicht unbedingt auf organisch nachweisbare Ursachen zurückzuführen sind, sondern die sich allein in

104 Richter (1963) hat dieses Nietzsche-Wort über seine Arbeit zur "Psychoanalyse der kindlichen Rolle" in "Eltern, Kind und Neurose" gestellt.

105 Vgl. Griesinger, W., In: Die Pathologie und Therapie der psychischen Krankheiten, Berlin, 1892

seelischen Störungen ausdrücken, also auf psychopathologische Befunde beschränkt bleiben.

Mit dem Psychopathiebegriff soll ein abnormes, nicht auf einer körperlichen Krankheit beruhendes Persönlichkeitsbild erfaßt werden. Die Entwicklung führte dazu, exogen zwischen organischen und endogen zwischen nicht körperlich begründbaren Psychosen zu unterscheiden. Exogene Psychosen werden durch infektiöse Krankheiten (z.B. Hirnhautentzündungen, Gehirnentzündungen, Gehirnerweichungen, spinale Kinderlähmung), innere Krankheiten (u.a. Stoffwechselerkrankungen, endokrine Störungen), Hirntumore, Hirnverletzungen und Hirnintoxikationen (durch Alkohol, Drogen usw.) ausgelöst. Zu den endogenen gehören u.a. Schizophrenien und manisch-depressive Erkrankungen. So unterschiedlich die Verlaufsformen und so vielfältig die psychischen Symptome sein mögen, die die verschiedensten Syndrome bilden, so auffällig ergibt sich doch zunächst ein gemeinsames Bild. Es treten abnorme Gefühls- und Gemütszustände auf. Das Drang-, Trieb- und Willenserleben sowie das Bewußtsein ist erheblich beeinträchtigt. Trugwahrnehmungen und -erinnerungen, verändertes Zeit- und Raumerleben, Stimmungsverschiebungen, Halluzinationen, Wahnvorstellungen und Ideenflucht, Auffassungsstörungen sowie generell Beeinträchtigungen aller sinnlichen Wahrnehmungen sind den Psychosen gemeinsam. Bei organisch bedingtem Schwachsinn zerfällt infolge des Hirnabbauprozesses die Intelligenz.

Bei den Schizophrenen ist zeitweilig ein ambivalentes Verhalten infolge von Funktionsspaltungen zu beobachten. Widersprüchliches existiert im Kranken nebeneinander. Die gleiche Person wird zugleich geliebt und gehaßt. Der Patient will zugleich dableiben und weggehen, wollen und nicht-wollen. Affekte können sich verschieben: Was Freude auslösen sollte, löst Zorn aus. Im Autismus kommt es zu Kontaktverlusten mit der Wirklichkeit. So ein Psychotiker kommt sich zuweilen selbst fremd vor und sucht sein Ich. Er kann sich mit anderen Personen und Gegenständen identifizieren; sein Ich spaltet sich und zerfällt in quasi verselbständigte Komplexe [106]. Im manischen Syndrom zeigen sich Euphorie, emotionale Labilität und ein Übermaß an Tätigkeitsdrang, der den Psychotiker zum grenzenlosen Leichtsinn (z.B. Verschwen-

106 Vgl. Bleuler, M., In: Lehrbuch der Psychiatrie, 1969 (11. Aufl.)

dungssucht) führen kann. Dagegen dominieren Antriebshemmungen, Melancholie, Entschlußlosigkeit und Suizidgedanken beim Depressiven.

Der Psychopathiebegriff war ursprünglich so umfassend, daß er auch Verhaltensformen beschrieb, die den Neurosen zuzurechnen sind. Heinz Dietrich (1968) sieht den Psychopathiebegriff durch den Einbruch der psychoanalytischen Neurosenlehre in Mißkredit gebracht und kritisiert, daß seine Auflösung der Kriminologie ein wesentliches Fundament genommen hat. Dem muß entgegnet werden, daß neue Ansätze mit psychoanalytischen Methoden mehr Differenzierung, neues Verständnis, umfassendere Therapiemöglichkeiten, bessere Typisierungen und Prognoseaussagen bringen können. Unter den Delinquenten sind Neurosen weitaus häufiger als Psychosen. Mannheim (1974) gibt einen Überblick, der über alle am "Institute for the Study and Treatment of Delinqency (I.S.T.D.) in London untersuchten Fälle, die in den Jahren 1937 bis 1941 aufgestellt wurden. Darunter fielen nur 2 % Psychotiker und 4,5 % mit Grenzfällen von Psychosen. Ähnlichkeiten zwischen Psychopathen und Neurotikern bestehen zweifellos, wenn auch die Psychiatrie immer wieder bemüht ist, in der klareren Abgrenzung zum Psychopathiebegriff mehr die Unterschiede herauszustellen. McCord/McCord (1964) stellten vor allem die moralischen Schwächen des Psychopathen heraus und nannten ihn asozial. Er sei von primitiven Wünschen und einer übertriebenen Gier nach Erregung getrieben und mißachte die Einschränkungen seiner Kultur. Ihm wird unterstellt, die schrecklichsten Taten ohne Gewissensbisse zu begehen, weil er keine Schuld empfindet und eine verstümmelte Liebesfähigkeit hat. Jvy Bennett (1960) setzt die gemütlosen Charaktere mit psychopathischen Persönlichkeiten gleich. Hier liegt die Beziehung zwischen Psychopathie und Verbrechen nahe, jedoch warnt Mannheim (1974) davor, die Bedeutung solcher Beziehungen zu überschätzen. Nicht jeder Psychopath muß unbedingt ein Krimineller sein, und nicht jeder Kriminelle ist ein Psychopath. Der kriminelle Psychopath ist nur einer unter vielen Typen psychopathischer Persönlichkeiten, und er kommt weniger häufig vor als angenommen wird.

Kurt Schneider (1950) hat die psychopathischen Persönlichkeiten sehr treffend typisiert. Er beschreibt die, die an ihrer Abnormität leiden "oder" unter deren Abnormität die Gesellschaft leidet. Trotz dieser im

"Oder" formulierten Doppelaussage sollte man nicht nur das Selbstleiden und das Leiden-zufügen als einander alternativ ausschließend verstehen, denn beides ist zusammen möglich. Kurt Schneider versucht, seinen Psychopathiebegriff nicht an bestimmten Krankheitsbildern festzumachen, sondern möchte vielmehr die Persönlichkeit als Ganzes erfassen.

Sein Bemühen, Psychopathen in zehn Typen einzuteilen, führte vor allem zu einer in der Praxis brauchbaren Beschreibung von Charaktereigenschaften und ihrer Kombinationsmöglichkeiten. Diese weniger wissenschaftstheoretische Aussage ist vor allem eine kriminologische Orientierungshilfe. Er unterscheidet: hypertyme (betriebsame und aktive, jedoch insgesamt oberflächliche), depressive (freudlose, grüblerische), selbstunsichere (von Zwängen gequälte, mit schlechtem Gewissen), fanatische (versessene und verschrobene), stimmungslabile (reizbare und verstimmte), geltungsbedürftige (selbstgefällige, zu Phantastereien neigende), explosible (jähzornig, aufbrausend aggressive), gemütlose (mitleid-, scham-, ehr- und gewissenlose), willenlose (haltlose, im Guten und im Bösen beeinflußbare) und asthenische (seelisch und körperlich versagende) Psychopathen.

Die Problematik in der Auseinandersetzung mit psychischen Erkrankungen, die Schwierigkeit, sie begrifflich klar ätiologisch und phänomenologisch einzuordnen, zeigt sich im Leiden an "Multipler Personality Disorder" (MPD). Der Multiple verkörpert abwechselnd alle Rollen: mal ist er ein verängstigtes Kind, hilflos den einfachsten Alltagsproblemen ausgesetzt; mal aggressiver Krimineller, gewaltätig und grausam; dann wieder ein selbstquälerisch manisch depressiver oder inniglich liebender und fürsorglicher Mensch. In krassesten Formen vollzieht sich ein radikaler Persönlichkeitstausch, z.B. spricht der Multiple in der Rolle des trotzigen oder wütenden Kindes auch die Sprache eines solchen Kindes. Das MPD-Syndrom gleicht der "verhexten", vom Dämon besetzten Persönlichkeit, wie William Blatty in der Roman-Kind-Figur "Regan" in "Der Exorzist" beschreibt.

Es ist unklar, ob es sich hierbei um besonders halluziniertüchtige Schizophrene handelt. Die Krankheitssymptome lassen sich je nach Ausprägung der Epilepsie, Schizophrenie, manischen Depression, der Drogensucht, dem Alkoholismus oder auch einem Hirntumor zuschreiben. Erst seit den 80er Jahren wurde das Krankheitsbild in "Diagnostic and Stastistical Manual of Mental Disorders" beschrieben. Die amerikanische Psychiatrie-Forschung, u. a. am National Institute of Mental Health, fand heraus, daß alle MPD-Kranken in ihrer Kindheit größter Grausamkeit und Brutalität ausgesetzt waren. Die Beteiligung eines schwerwiegenden Traumas beim MPD-Syndrom könnte daher sehr wahrscheinlich sein.

Der kriminelle Multiple könnte ein "Rächer" sein. Er ist nach dem Menschen modelliert, der für die ursprünglichen Verletzungen verantwortlich war. Übernimmt diese Persönlichkeitsvariante die Macht über den Multiplen, so fügt sich dieser zwar zunächst die größten Verletzungen zu, ohne sich dessen bewußt zu sein, oder aber wird zum Verbrecher aus Schuldbewußtsein. Im letzteren Fall tritt die Strafe, die er erleidet, an die Stelle der Verletzung. Die gefährlichste Variante ist die, wenn aus einer maso-sadistischen Dynamik heraus agiert wird. Der Rächer wird zum grausamen Gewaltverbrecher. Die Tat löscht die traumatische Erinnerung, und die ursprünglich erlittene Verletzung bleibt im Unbewußten verschlossen. Der von F. R. Schreiber beschriebene Mörder Joe Kallinger [107] könnte ein MPD-Syndrom-Träger sein. An ihm ist auch das andere Gesicht des Multiplen zu erkennen, der sich vor der Nachstellung des Rächers zu schützen versucht und - soweit es nicht durch eine tiefe Angst entstellt wird - auch Liebe und Fürsorglichkeit zeigen kann.

Das MPD-System hält sich so gut es geht selbst in Gang und ermöglicht wenigstens dem Betroffenen eine Randexistenz, die nicht immer als MPD-Syndrom erkannt wird.

5.8 Monomanien und Phobien

Mania bedeutet Besessenheit, Sucht, übersteigerter Betätigungsdrang und Leidenschaft. Die Monomanie bezeichnet das Objekt und den Inhalt der Leidenschaft. Der Monomaniker ist nur in einer Betätigungsrichtung und/oder Erscheinungsform manisch. Zu den klassischen Formen, denen man immer wieder in der kriminologischen Literatur begegnet, gehören u.a. die Kleptomanie (Stehlzwang), Pyromanie (Zwang zur Brandstiftung), Dipsomanie (periodisch auftretende Trunksucht),

---

107 Vgl. Kap. 4.10 Angstabwehr, hier: Hinweis auf F.R. Schreiber

Poriomanie (Freiheitsdrang), Graphomanie (Schreibzwang), Nymphomanie (Mannstollheit).

Eine abschließende Phänomenologie ist kaum möglich, da unter jedem Kulturwandel neue "Leidenschaften" auftauchen und andere u.U. zurücktreten. Die Phantasie des Menschen ist unerschöpflich, und immer wieder werden neue Suchtmittel zur Befriedigung entdeckt. In der heutigen Zeit spielen Eß- und Magersucht eine verheerende Rolle. In der materiellen Überflußgesellschaft gewinnt bei zunehmender emotionaler Verarmung die Oniomanie (Kauf- und Konsumzwang) zunehmend an Bedeutung. Ein in eine bestimmte Richtung zielender Betätigungsdrang, z.B. im sexuellen Bereich der Exhibitionismus, eine an einer Einzelleidenschaft orientierte Genußsucht oder die Erzielung eines Lustgewinns, letztlich die Befriedigung eines im Sinne von Freud definierten Partialtriebs bestimmen die Monomanie. Da nach Freud (1905) ein solcher Partialtrieb Quelle sexueller Befriedigung ist, typisierte man die Monomanien auch als sexuelle Perversionen.

Nicht immer aber muß die sexuelle Komponente für eine Monomanie so ausschlaggebend sein, wie es Freud angenommen hatte. Soweit Monomanien in der Delinquenz eine Bedeutung haben, sind sie nicht nur auf die sexuellen Bezüge zu beschränken. Die Monomanien sind in der Regel mischstrukturiert und mehrdimensional. Dietrich beschreibt die Mehrdimensionalität bei der Eifersucht folgendermaßen: depressiv, anankastisch (zwangsneurotisch), hysterisch und paranoisch. Er überträgt die Mischstruktur auf die Monomanien generell.

In den Monomanien manifestieren sich Triebrepräsentanzen. Ihre Triebabkömmmlinge sind, wenn sie auf wesentliche archetypische Grundmuster reduziert werden, sowohl phylogenetisch als auch ontogenetisch nachvollziehbar. Sexualität, Sammelleidenschaft, Wanderverhalten, wie es heute noch lebenden Nomaden eigen ist, u.v.m. finden in der jeweils den Menschen umgebenden Kultur ihre sozial gebilligten Ausdrucksformen. Beispiele dafür sind viele Hobbies, die eine bereits phylogenetisch erworbene Sammelleidenschaft befriedigen, oder der moderne Tourismus, der die Sehnsucht nach Freiheit stillt, weil der Nomade im Menschen z.T. zwar kulturell überlagert, aber letztlich noch nicht ganz ausgerottet ist. Bei diesen Beispielen handelt es sich um kulturell angepaßte Verhaltensformen. Monomanien aber sind Fehlanpassungen. So drückt sich häufig die Poriomanie in der Landstreicherei, im

Weglaufen von Kindern und Jugendlichen und im Vagabundieren aus. Das Autofahren kann bei dem Poriomanen zur kriminellen Leidenschaft werden. Er stiehlt ein Auto, und er wird zum rücksichtslosen Verkehrssünder, wenn er seine Leidenschaft im Geschwindigkeitsrausch auslebt. Der Kaufsüchtige kann nicht haushalten und sparen. Er macht Schulden und wird aus seiner Situation heraus vorzugsweise Vermögens- und Eigentumsdelikte begehen. Er kann zum Verschwender werden. Nicht selten führt Verschwendungssucht in die Entmündigung. Die Oniomanie steht auch beispielhaft für die mehrdimensionale Mischstruktur der Monomanien. Die dem Kleptomanen stets nur unterstellte sexuelle Komponente ist in der Tat selten. Der Bibliophile läßt sich in seiner Leidenschaft für Bücher oft soweit hinreißen, daß er kleptoman wird.

Bei der Durchsuchung der Wohnung eines 16jährigen Mädchens, das auf frischer Tat bei einem Ladendiebstahl betroffen wurde, stellte ich ein ganzes Warenarsenal von Kosmetikartikeln sicher. Darunter befanden sich mehrere Hundert Lippenstifte, eine große Anzahl von Badesalzen und Kosmetiktäschchen sowie diverse Körperpflegemittel, die weit über das Maß des Eigenverbrauchs hinausgingen und die nicht zum Weiterverkauf gestohlen waren. Die Kosmetikwarendiebstähle decken noch ein weiteres Phänomen auf, nämlich daß ein Konsumgut zur Prothese werden kann, die ein schwaches Ich stützt. Kaufen, Konsumieren, Stehlen können ineinander übergehen. So hat die Ladendiebin nicht nur gestohlen, sondern auch eine Unmenge von Kosmetikartikeln trotz ihrer bescheidenen Mittel gekauft. Kauf- und Diebesgut haben so zusammen den Symbolcharakter eines tief empfundenen seelischen Mangels erhalten.

Bei den Ladendiebstählen sind sowohl die männlichen als auch weiblichen Tatverdächtigen über 60 Jahre überrepräsentiert. Hinter dieser Alterskriminalität stehen menschliche Grundängste. Der biologische Altersprozeß mindert nicht nur die Merkfähigkeit, sondern engt das Rechtsbewußtsein durch Altersstarrsinn ein und baut die Fähigkeit zum rationalen Handeln ab. Die Persönlichkeitsstruktur muß nicht immer völlig verändert werden; vielmehr legt ein Verlust an rationaler Kontrolle die Tiefenschicht der Persönlichkeit bloß. Kulturell erworbene Schutzbarrieren gegen die Triebabkömmlinge, z.B. Scham, werden abgebaut. Latent vorhandene Monomanien treten deutlicher zutage. Im

Freiwerden existentieller Ängste kann bei alten Menschen z.B. das Sammeln und die Sparsamkeit krankhaft werden. Dabei fällt es ihnen schwer, sich von etwas zu trennen. Sie heben alles auf: Zeitungen, alte Schuhe und andere im Grunde nutzlose Sachen. Lebensmittel verschimmeln im Keller. Dies alles trägt zur Entstehung eines seelisches Ungleichgewichts bei, wodurch viele Senioren manisch zum Diebstahl getrieben werden; d.h. durch manische Kriminalität wird Angst in depressiv erlebter Spannung abgebaut. Diebstahlshandlung und Diebesgut erfüllen eine Funktion, die der Mischstruktur der Monomanien entspricht. Weiter wird aufgedeckt, daß die soziale Isolation, die nicht immer nur auf das Alter beschränkt sein muß, aber immer in enger Beziehung zu den Grundängsten zu sehen ist, Monomanien - auch im kriminellen Feld - begünstigt.

Zulliger (1953) hat in seinen pädagogischen Arbeiten insbesondere auf die Symboldiebstähle, die von Kindern begangen werden, hingewiesen. Diebstahlshandlung und Diebesgut stehen als Ersatz für entgangene Elternliebe. Der Psychoanalytiker Arthur Kielholz (1920) bezog sich auf Freuds "Psychopathologie des Alltagslebens" und führte aus, daß Diebstahlshandlungen in symbolischer Form der Erfüllung unbewußter Triebstrebungen dienen können. Diese muß sich nicht nur wie beim Verbrecher aus Schuldbewußtsein auf die Befriedigung eines unbewußten Strafverlangens beschränken, sondern es können auch unterdrücktes Liebesverlangen, Wünsche nach Zuwendung oder auch verdrängte Sexualität sein, die in monomanischer Delinquenz befriedigt werden.

Eine tiefenpsychologisch angelegte Produktwerbung legt es bewußt darauf an, Konsum und Konsumgut als "Suchtmittel", "Symbol" oder "Prothese" anzubieten. Kosmetik wird z.B. zum Ersatz für Schönheit und Jugend, die durch das Produkt verfügbar erscheinen. Die Werbung erweist sich dabei eindeutig als Verstärker monomanischer Tendenzen und baut nicht nur Kaufhemmungen, sondern auch Stehlhemmungen ab. Kaufhysterie ist nichts anderes als eine hysterische Komponente einer Monomanie. Der Konsum- und Kaufsüchtige kann zum "Rückzügler" wie der Drogensüchtige werden. Wo Teppiche und Bettwäsche Wärme ersetzen sollen, wo menschliche Wärme fehlt, setzt der manische Rückzug in die katalogausgestatteten Wohnzimmerkulturen ein. Dort, wo der Rückzug erfolgt, findet man immer mehr Orte der Drogensucht und der Suizide [108]. Die Kriminalität wird in doppelter Hinsicht begünstigt: 1. Der Rückzügler ist in seiner sozialen Situation ein leichteres Opfer, wenn nicht gar ein pädisponiertes Opfer, und trägt zu einer gewissen Viktimiserung bei, so daß von einer unbewußten präexistenten Opferbereitschaft auszugehen ist. 2. Der Übergang vom Konsum zur Eigentumskriminalität kann sich jederzeit vollziehen. Der totale Verbrauch und die Zerstörung, die sich vorzugsweise in vandalistischen Begehungsformen jugendlicher Delinquenten zeigt, überschneiden sich. Sachbeschädigungen bis hin zur Brandstiftung und der Diebstahl von Sachen, die kaum oder gar nicht benötigt werden, die nur eine kurze Besitzgier befriedigen, werden in einer Wegwerfgesellschaft zu ein- und derselben Handlung, die sich allenfalls nur durch juristische Tatbestände unterscheiden lassen.

Die krasseste Form des absoluten Konsumverhaltens ist die Gleichsetzung von Sache und Mensch. Die Gleichsetzung entspringt der gleichen Wurzel, nämlich der der Entpersönlichung von Beziehungen zwischen Menschen und Sachen und zwischen Menschen untereinander. Der Handtaschenraub, der durch den gewaltsamen reißenden Griff nach der vom Passanten getragenen Tasche ausgeführt wird, ist gleichzusetzen mit dem Griff in die Schaufenster- oder Warenauslage. Der Schlag auf den Kopf oder in das Gesicht des Opfers unterscheidet sich kaum mehr vom Einschlagen eines Fensters oder einer Tür. Der Monomaniker bewegt sich auf einem großen Feld krimineller Aktivitäten. Dazu gehören neben den Delikten der Eigentums- und Vermögenskriminalität, Gewalt-, Sexual- und Rauschdelikte. Er ist der Typ des "Leidenschaftsverbrechers", der vom Affektverbrecher zu unterscheiden ist. Die *Leidenschaft* verleiht dem Monomaniker ein gesteigertes Selbstgefühl, macht ihn tatkräftiger, ist Quelle seiner kriminellen Energie und entzieht jeglicher Vernunft den Boden.

Die *Leidenschaft* [109] tritt somit als wesentlicher Faktor für die Monomanien eindeutig in den Vordergrund. Die Leidenschaft verselbständigt sich in einem gehobenen Ichgefühl, das gegenüber einem Über-Ich sich übermächtig aufbläht. Das daraus resultierende Handeln erhält ei-

---

108 Vgl. Kap. 8.3 Der Suizidkomplex u. 8.5 Der Suchtkomplex

109 Zu dieser Leidenschaft gehört auch das Spiel, das Zusammenhänge monomanischer Delinquenz in einem eigenen Milieu aufzeigt. Vgl. Kap. 8.5 Der Suchtkomplex

ne sehr starke egoistische Komponente und läßt angemessenes Sozialverhalten nicht mehr zu. Dietrich schreibt, daß delinquente Monomaniker nicht, wie oft vorgegeben wird, unvermittelt oder aus einem schnell aufschießenden Affekt heraus handeln. Ihre Taten sind vielmehr lange in Gedanken vorweggenommen und ausgekostet. Zu ihnen zählen auch die Intensivtäter, die stets in gleicher Arbeitsweise vorgehen, um ihrer Leidenschaft zu frönen. Monomaniker vertrauen auf ihr Glück, sie sind oft von großer Rücksichtslosigkeit. Selbstkritik wird verdrängt, und Widerstände der Realität werden ignoriert. Die hysterische Komponente findet häufig bei vielen Tätern ihren Ausdruck in Omnipotenzphantasien und die paranoische nicht selten im Wahn, der zu gefährlichen Gewaltverbrechen führen kann. Dazu gehören auch die auf Perversionen beruhenden Sexalverbrechen. In seiner psychoanalytischen Deutung der Perversion als sogenannte "positive" Neurose [110] stellt sie Dietrich an die Seite der "Leidenschaften und Suchten" und rechnet sie der monomanischen Delinquenz zu.

Monomanische Symptome finden sich daher in einer breiten Fächerung unterschiedlicher Verbrechen, die ebensogut die Eigentums- und Vermögenskriminalität, die durch Perversion begründete Sexual- wie Aggressions- und Rauschkriminalität umfassen kann. Monomanische Delinquenten fürchten nach Dietrich (1968) die Anhäufung der Aggression ihres Über-Ichs, wenn sie nicht von Zeit zu Zeit den Aggressionstrieben ihren Lauf lassen. Der Autor bezieht sich hier auf ein "masochistisches Strafbedürfnis", das wir vom Verbrecher aus Schuldbewußtsein her kennen. "Die Angst vor ihrem Über-Ich ist dann größer als die Angst vor der äußeren Strafe: Ja die Strafe kann zu einer eigenen Quelle neurotischer Lustbefriedigung werden", schreibt Dietrich (1968).

Den Monomanien können nun gewisse Phobien, also krankhafte Ängste, gleichsam polar gegenübergestellt werden. Die Phobie wird entwickelt, um einer Monomanie entgegenzuwirken. Gegen die Kaufsucht kann eine Phobie gegen Geschäfte oder, auf Kleider bezogen, eine Kleiderfurcht aufgerichtet werden. Aus Furcht davor, einer Frau Gewalt

---

110 Freud ging von der unorganisierten kindlichen Sexualität aus, die sich erst im Erwachsenenalter unter der Regie des Partialtriebs organisiert, bewußt wahrgenommen und mit Lustbefriedigung belohnt wird. Dieser Effekt veranlaßte Freud, die Perversion als das "Positiv der Neurose" zu bezeichnen. Perversion bildet sich durch das Fixieren oder durch die Regression auf eine prägenitale Stufe aus.

anzutun, kann eine Phobie vor Frauen aufgebaut werden. Der Phobiker meidet die Gelegenheit, die Diebe machen könnte. Gegen den Drang wegzulaufen, u.U. ins Verderben, kann als Abwehr eine hysterische Lähmung gebildet werden. Ein leidenschaftlicher Haß, der den Betroffenen möglicherweise durch einen Tötungszwang in den Abgrund zu stürzen vermag, kann eine hysterische Erblindung zur Folge haben.

Dadurch, daß jeder Monomanie eine entsprechende Phobie zugeordnet werden kann, tritt die hysterische Komponente im seelischen Abwehrmechanismus strukturpsychologisch wieder sehr deutlich hervor. So bricht ein im Unbewußten gestautes, zu hysterischen Symptomen gegenläufiges Gefühl durch. Ein im Unbewußten aufgestauter Drang zu Zwangsgedanken und Zwängen führt zu neurotischen Störungen, und die im unbewußten gestaute Empfindung verursacht phobische Ängste. 1972 wurde auf einer Tagung der Schweizerischen Ärztegesellschaft für Psychotherapie in Bern die Beziehung zwischen Funktionstypus und Neurosenstruktur aufgezeigt und auch die Gefahr der Dissoziation für die Pysche dargelegt.

5.9 Die Neurosenbildung

Die Psychodynamik zeigt die qualitative Bedeutung auf, die Neurosen im Delinquenzverhalten haben können. Die quantitative Rolle sollte aber auch nicht überschätzt werden. Neurosen haben mit den Psychosen gemeinsam [111], daß sie sich in einer Störung der Persönlichkeit auswirken. Beim Monomaniker kann die Neurosenbildung zur Delinquenz führen; beim Phobiker dient die Neurosenbildung der Verteidigung gegen aggressive Impulse. Dort, wo kriminelle Tendenzen nicht umgesetzt werden können, werden neurotische Symptome entwickelt.

Im wesentlichen kann die Neurosenforschung auf zwei Ansätze reduziert werden. Der eine Ansatz geht auf Sichtbares und auf Körperstörungen, auch im Zusammenhang innerer und äußerer Erlebnisse, zurück. Hier sind die reinen Funktionstörungen des Körpers mit dem Ein-

111 Bewußt wird ausgespart, über Unterschiede zwischen Neurosen und Psychosen zu diskutieren, seien die Auffassungen darüber qualitativer Art (wonach der Psychotiker in einer irrealen und eigenen Welt lebt) oder quantitativer Art (wonach die Psychose eine fortgeschrittenere oder auch schwerere Form der Neurose ist). Manchmal wird auf den Begriff der Psycho-Neurose ausgewichen, der gutachterlich oft unterschiedslos verwendet wird.

flußfaktor Psyche von den offensichtlich nicht organisch bedingten Störungen zu unterscheiden. Schultz [112] (1953) sieht in der Neurose eine "funktionelle Störung des gesamten Organismus Mensch".

Viktor Frankl (1968) schließt dabei immer einen psychophysischen Vorgang ein und unterscheidet Organneurosen, bei denen sich psychische Störungen organisch auswirken, und Pseudoneurosen, bei denen psychische Störungen nicht verursachende, sondern nur auslösende Funktionen haben können. Organische Störungen, die in den seelischen Bereich hineinwirken, nennt Frankl "reaktive Neurosen".

Orientiert an der Erfahrung, daß viele Menschen auf starke seelische Belastungen mit akuten oder chronischen körperlichen Symptomen reagieren, ist die Auffassung von der "abnormen Erlebnisreaktion" begründet worden. Die abnorme Erlebnisreaktion beinhaltet zugleich die Neurose. Kurt Schneider (1966) definiert die "Erlebnisreaktion" als "sinnvoll motivierte, gefühlsmäßige Antwort auf ein Erlebnis" in Formen der "Trauer über, Reue wegen, Furcht vor, Mut über". "Sinnvoll motiviert" ist eine Erlebnisreaktion dann, wenn sie einen verständlichen Grund, z.B. Trauer über den Verlust eines nahestehenden Menschen, hat. Das *Abnorme* könne in der Überreaktion gesehen werden, wenn die Reaktion nicht mehr so ohne weiteres nachvollziehbar ist und unverständlich bleibt, wenn sie nach Erscheinungsform, Heftigkeit und Dauer von dem als üblich Erwarteten in vergleichbaren Situationen abweicht. Hierbei muß wieder das Maß der Normalität zu der jeweils herrschenden Kultur in Beziehung gesetzt werden. Ein überlautes Klagegeschrei in der Trauer wird in unserer Kultur schon als abnorm bewertet, dagegen in einer afrikanischen Stammeskultur als normal gelten. Die auslösenden Erlebnisse können äußere oder aber innere sein. Schneider setzt sie mit Reaktionen auf einen inneren Konflikt gleich und beschränkt sich auf bewußte und erinnerte Erlebnisse.

Wenn man die Neurose, nach dem Verständnis von Schneider: "die abnorme Erlebnisreaktion", nicht in Beziehung zu unbewußt gewordenen Erlebnissen und deren Verarbeitung im Unbewußten setzt, weil

---

112 Schultz, H.J. (1963) unterscheidet nach einer formalen Strukturlehre: a) Fremdneurosen (Hauptquellen liegen in Umweltfaktoren), b) Randneurosen (Hauptquellen im körperlichen Bereich), c) Schichtneurosen (Hauptquellen in der Persönlichkeitsschicht des Trieb- und Affektbereichs), d) Kernneurosen (der Kern der Persönlichkeit ist betroffen).

eben keine im somatisch-physischen Sinne interpretierbare nervliche Erkrankung vorliegt, dann unterscheidet sich seine Auffassung grundlegend von einigen tiefenpsychologischen Vorstellungen und Begründungen. Die Neurosenforschung, die einige ihrer Ansätze in der Tiefenpsychologie hat, erschließt erst durch Vorgänge im Unbewußten die psychodynamische Struktur der Neurose. Die Psychodynamik öffnet erst das Verständnis für Neurose und Verbrechen bis hin zu der angesprochenen relativierten und differenzierten Gleichsetzung von Neurotikern und Verbrechern, mit der sich die psychoanalytische Kriminologie auseinandersetzen muß. Nur die für die Kriminologie wesentlichen tiefenpsychologischen Erkenntnisse zur Neurosenforschung sollen daher anschließend in Kurzform dargestellt werden. Schultz-Hencke schreibt in seinem Lehrbuch der analytischen Psychotherapie (1951) u.a.:

> Faktisch sind die Begriffe analytische Psychotherapie, dynamische Psychiatrie, dynamische Psychologie und Neo-Psychoanalyse nahezu synonym.

In der Neurose werden die eigentlichen Bedürfnisse verdrängt und verleugnet und statt dessen Schuldgefühle erlebt.

***

Neue Verbrechen können verhindert werden, wenn die Opfer beginnen zu sehen; damit wird der Wiederholungszwang aufgehoben oder abgeschwächt.

Alice Miller

6. Forschungsansätze

6.1 Der Ansatz von Freud

Diese Ausführungen können nur Forschungsansätze berücksichtigen, die sich für eine psychoanalytische Kriminologie auf die wesentlichen Gesichtspunkte beschränken. Sigmund Freud bietet auch hier wieder den fundamentalsten Ansatz. Er führt die Neurose auf einen unbewußten Konflikt zwischen dem Ich und den unterdrückten bzw. verdrängten Wünschen zurück. Freud sieht im Tabu-Phänomen eine nachweisbare Übereinstimmung mit der Zwangsneurose. Angesichts der Sexualtabus seiner Zeit sind es bei ihm hauptsächlich sexuelle Wünsche, die verdrängt werden. Das komplexe Bild der Monomanien zeigt jedoch, daß die Sexualkomponente nur eine unter vielen anderen ist.

Jeder einzelne hat ein Stück seines Besitzes, seiner Macht, seiner Aggressionen und Neigungen zugunsten einer kulturbildenden Gemeinschaft abgetreten. Durch diesen Verzicht trägt jeder dazu bei, einen gemeinsamen Besitz von materiellen und ideellen Gütern zu bilden. Jede Norm lebt von diesem Beitrag. Ihre Einhaltung, Durchsetzung und Kontrolle sind vom Maß des individuellen Verzichts abhängig. Wer in einer Gesellschaft sich nicht daran beteiligt, steht einer sozialen Struktur asozial gegenüber. Ausgenommen ist nur der, dem es seine soziale Position und besondere Fähigkeit erlaubt, sich durchzusetzen. Seine soziale Position oder die im Beruf umgesetzten Fähigkeiten vermitteln Kompetenzen.

Der Polizist darf als Vertreter eines staatlichen Monopols Gewalt gegenüber Mitbürgern ausüben, was sich der Bürger selbst versagen muß. Der Richter ist befähigt und autorisiert zu urteilen und zu strafen. Kläger und Beklagte, Ankläger und Angeklagte müssen sich seinem Spruch beugen. Nicht jeder für sich allein, sondern nur die kompetenten Organe dürfen Strafen und Maßregeln vollstrecken. Die Möglichkeiten sozial gebilligter Wunscherfüllung bestimmen den Grad der Unterdrükkung und auch Verdrängung, wie auch umgekehrt das Maß der Kompetenz und Autorität die Möglichkeiten individueller Befriedigung bestimmen.

Kriminalitätstheorien von Durkheim und Merton wären ohne psychoanalytische Aussagen über den Beitrag des einzelnen zur Kultur in ihrem Kern überhaupt nicht denkbar und nachvollziehbar. Nur gehen die Soziologen davon aus, daß die legitimen Mittel, u.a. Brauch und Recht, zur Erreichung von kulturellen Zielen durch die Herrschenden definiert sind, während die Psychoanalytiker von einem Prozeß der Kulturbildung durch Triebeinschränkung und Triebsozialisation ausgehen. Die Stimulierung solcher Ansprüche muß folglich den Kulturfeind solange fördern, bis er sich als asozial oder kriminell entlarvt.

Der Auffassung von der ungleichen Einbeziehung der Mitglieder in eine Gesellschaft und damit der ungleichen Teilhabe an legitimen Mitteln zur Erreichung kultureller Ziele, die die Soziologen zugrundelegen, werden ungleiche Sozialisationsbedingungen entgegengesetzt.

Zunächst ist jeder mit seinen Ansprüchen auf Triebbefriedigung Feind der Kultur. Die Neopsychoanalytikerin Karen Horney (1951) ergänzt hier Freud, wenn sie auf den Widerspruch, der in der Weckung unserer Bedürfnisse und der tatsächlichen Vereitelung ihrer Befriedigung liegt, hinweist. Sie schreibt:

> Aus ökonomischen Gründen werden Bedürfnisse in unserem Kulturkreis dauernd hervorgerufen durch Reklame, durch herausfordernden Konsum und durch das Ideal, es den anderen gleichzutun. Jedoch ist für die große Mehrzahl die tatsächliche Erfüllung der Bedürfnisse eng begrenzt.

Erst die kulturelle Überformung schafft das Maß der kompetenten Macht, Aggression, Liebe und der Teilhabe an den Besitzgütern. Sie billigt dem einzelnen die jeweilige soziale Position zu bei partiellen Teilverzichten. Durch Verzichte ermöglicht die Kultur wieder die Ausbildung sozialer Positionen und Fähigkeiten. Um individuelle Teilhabe an der Kultur zu sichern, bietet die Gesellschaft höhere Ziele an, durch die sich erst Menschsein verwirklichen läßt. Solche Ziele institutionalisieren sich u.a. in Religionen und Ersatzreligionen sowie Ideologien, die erheblich an der Tradierung von Brauch und Recht beteiligt sind. Die Tradition fordert umgekehrt wieder Triebunterdrückung, so daß mit Hilfe der übernommenen Normen die Kultur die Entstehung von Neurosen und Psychosen beeinflußt. Der Anpassung steht nun das Handeln gegenüber, um die Außenwelt zu verändern. Nur der flexible Wechsel von Anpassung und Handeln trägt dazu bei, daß das neurotische Symptom vermieden werden kann. Handeln, um ein neurotisches Symptom zu vermeiden, kann einerseits schon Verbrechen sein, kann aber andererseits auch den Zwangscharakter der Neurose annehmen. Dem ständigen Wechsel von Handeln und Anpassung muß hier das entscheidende Gewicht beigemessen werden.

Die Forderung der Gesellschaft an den einzelnen, sich gewisse Wunscherfüllungen zu versagen, haben sich in einem Kultur–Über–Ich als psychogenetisches Erbe niedergeschlagen, werden weitergegeben und ständig erneuert. In der vom Neurotiker gemiedenen realen Welt herrscht die Gesellschaft der Menschen und der von ihr geschaffenen Individuen. Wo sich aber der an keinem Kollektiv mehr orientierte Egoismus hemmungslos durchsetzt, wird das Realitätsprinzip aufgegeben. Die Abkehr des Neurotikers von der Realität ist gleichzeitig der Austritt aus der Gemeinschaft. Hier wäre die Paralelle zum Verbrecher zu ziehen.

Neurosen sind nach Freud soziale Zerrbilder. Ihre Genese erklärt Freud dadurch, daß sich die asoziale Natur der Neurosen aus der ursprünglichen Tendenz des Menschen ergibt, sich aus einer unbefriedigenden Realität in eine lustvolle Phantasie zu flüchten. Wenn man hier wieder, bei allen Vorbehalten, stark vereinfachend auf einen in der Tiefe des Menschen wurzelnden Kern vom Unbewußten des Kulturmenschen ausgeht, so wird das in der Psychoanalyse angewendete Prinzip der Parallelisierung des Seelenlebens von Kind, Urmensch, Neurotiker, Perversen und Verbrecher wahrscheinlich.

Ein weiteres Kernstück im Ansatz von Freud ist der Wiederholungszwang und seine Dämonie. Die Psyche bemüht sich ständig aufs neue, ein einst erlittenes Trauma durch Verwandlung der verdrängten Komplexe in einem aktiven Ausleben zu bewältigen. Es heißt bei Freud (1909):

> Was so unverstanden geblieben ist, das kommt wieder; es ruht nicht, wie ein erlöster Geist, bis es zur Lösung und Erlösung gekommen ist.

Dieser Mechanismus ist vor dem Hintergrund einer fehlenden Ichstärke, z.B. im Zusammenhang einer narzißtischen Störung, zu sehen. "Die Verdrängung erfordert einen anhaltenden Kraftaufwand", wie umgekehrt "ihre Aufhebung eine ökonomische Einsparung bedeu tet" [113]. Im Fall von Frustrationen und Belastungen erfolgt daher eine Regression mit geringeren, weniger aufwendigeren und anstrengenderen Mitteln auf das bereits psychisch Vorgegebene. Das Vorgegebene ist ohnehin von der Ichschwäche her psychogenetisch festgelegt. Diesem Wiederholungszwang schreibt Freud einen "dämonischen Charakter" zu, weil er den Menschen schicksalhaft ins Verderben führen kann.

Die Vergangenheit muß also therapeutisch aufgearbeitet werden, um das Trauma zu heilen. Die Psyche wird sonst mit einem Alptraum belastet und in ihrer autonomen Entwicklung behindert. Der Wiederholungszwang erklärt die Sucht, sich für das Erlittene zu rächen; er erklärt, warum der Mensch sich irrational in Leiden und Leidenschaft verirrt, um sich dabei zwanghaft aufzuzehren. Wenn die Dämonie des Wiederholungszwangs auf das Verbrechen bezogen wird, da sich das Böse verselbstständigt, dann läßt sich die Dämonie mit dem Satz von Ronald D. Laing (1975) ausdrücken:

> Wenn man das Sein mittendurch spaltet, wenn man darauf besteht, das eine ohne das andere zu haben, wenn man sich an das Gute klammert und das Böse nicht wahrhaben will, wenn man das eine vor dem anderen verleugnet, dann geschieht es, daß der dissoziierte böse Trieb, jetzt böse in einem doppelten Sinn, zurückkehrt, um das Gute zu durchdringen und auszufüllen und es in sich selbst zu verwandeln.

Die Lehre von Freud hat Nachfolger gefunden, die im besonderen an der Libidotheorie und an der Lehre von den Abwehrmechanismen festgehalten haben. Die anglo-amerikanische Forschung, an der Spitze die Arbeiten von Glover, Jones, Anna Freud, Melanie Klein, Spitz und Erikson, aber auch Fenichel, Reik, Reich, Federn und Alexander/ Staub haben das Strukturmodell des psychischen Apparates von Freud mit seinen Instanzen Es, Ich und Über-Ich vertieft. Das hat zu einer maßgeblichen Beeinflussung der psychoanalytischen Ansätze in der Kriminologie geführt. Spätere Nachfolger wählten von diesen Grundlagen her andere Richtungen, die die psychischen Strukturvorstellungen von Freud zurücktreten ließen, die weniger auf die Phylogenese zentrierten und von biologischen und deterministischen Vorstellungen entfernten. Dafür ließen sie die Umweltfaktoren stärker in den Vordergrund treten.

113 Vgl. S. Freud, In: Verdrängung (1915a)

Die Vertreter der Neopsychoanalyse schränkten die Bedeutung der Sexualität ein und erweiterten, unter Einbeziehung vertiefender konfliktpsychologischer Erkenntnisse, die Forschungsansätze.

6.2 Der individualpsychologische Ansatz

Die Individualpsychologie befaßt sich mit dem Menschen als Einzelwesen und rückt die Charakterbildung in den Mittelpunkt. Alfred Adler [114] , ein Zeitgenosse Freuds, gilt als Begründer dieser psychologischen Richtung, die zu den Grundlagen der Tiefenpsychologie gehört. Vereinfacht gesagt, leitet Adler menschliches Verhalten und Charakterbildung aus dem Streben nach Macht ab.

In der Individualpsychologie geht es um ein einheitlich geordnetes Ganzes der Menschenkenntnis, also um ein System, das so weit gefaßt ist, daß es auch den Bereich der Neurosen, Psychosen und der Kriminalität umfaßt. Adler integriert darin alles, was er als allgemeingültig ansah. Psychoanalytisch ist der Ansatz in der Individualpsychologie deshalb orientiert, weil das System "unbewußt" und der Mechanismus der Abwehr seine Grundlagen sind. Die allgemeine Auffassung von der Person als dynamische Struktur und von den Beschwerden als Persönlichkeitsstörung, die als Abweichung vom Normalen zu werten sind, ist ebenso psychoanalytisch begründet wie die Ansicht, daß die Entwicklung der ersten Lebensjahre entscheidend ist. Bezüglich dieser Auffas-

114 Adler (1870 - 1937) wird häufig für einen Schüler, mitunter sogar für einen Abtrünnigen von Sigmund Freud gehalten. Adler hat jedoch von der Sozialmedizin seinen eigenen tiefenpsychologischen Ansatz gefunden und ist 1902 auf den Freud'schen Wiener Diskussionskreis gestoßen, den er 1911 wieder verlassen hat, weil er die Freud'sche Sexualtheorie der Neurose in Frage stellte. Gemeinsam ist ihm mit Freud die Beschäftigung mit dem Unbewußten, so daß von daher die Individualpsychologie gleichfalls der Tiefenpsychologie zuzurechnen ist. Er gründete die "Gesellschaft für freie Psychoanalyse", die darauf in "Gesellschaft für Individualpsychologie" umbenannt wurde. 1910 wurde Adler Präsident der "Wiener Psychoanalytischen Vereinigung" und Schriftleiter des von Freud herausgegebenen "Zentralblatts für Psychoanalyse". U.a. war er Herausgeber der während des Krieges eingestellten "Zeitschrift für Individualpsychologie", die er 1923 unter dem neuen Titel "Internationale Zeitschrift für Individualpsychologie" wieder ins Leben rief. 1924 wurde Adler zum Professor am Pädagogischen Institut der Stadt Wien ernannt. Sein Hauptwerk, seine zahlreiche Aufsätze, Schriften und Bücher waren überwiegend an erzieherischen und heilpädagogischen Erkenntnissen orientiert.

sungen gab es auch zwischen Freud und Adler keine grundsätzlichen Streitpunkte.

Adler (1930) legt in seinen Ausführungen zu "Die Technik der Individualpsychologie" sein Gewicht auf die Beschäftigung mit Kindern. Er geht auf die Arbeit der nach dem 1. Weltkrieg entstandenen Erziehungsberatungsstellen ein. In den Erziehungsschwierigkeiten sieht er eine Antwort des Kindes auf eine massive Entmutigung. In "Die Seele des schwer erziehbaren Schulkindes" (1930) macht er Mut, positive Entwicklungen stärker zu beobachten und das Selbstwertgefühl der Kinder zu festigen. Die von ihm mit Kindern wiedergegebenen Gespräche beginnen mit der Anerkennung und dem Mutmachen. Erst dann gibt Adler (1930) den Hinweis auf das Fehlverhalten nach dem Motto: "Du fürchtest dich, und dann benimmst du dich so wie..."

Entschieden hat sich jedoch Adler gegen die Auffassung gewendet, daß für verschiedene Neurosen das Steckenbleiben auf einer der prägenitalen Stufen der Sexualentwicklung bzw. das Mißlingen einer Entwicklungsstufe allein verantwortlich ist. Die Individualpsychologie begreift den Menschen als Ganzes, und zwar sowohl in seiner Individualität als auch in seiner Sozietät. Danach ist niemand eine Insel, sondern Teil einer Gemeinschaft, mag diese klein oder auch größer sein. Adler vertritt in seiner Neurosenlehre die Thesen von der Organminderwertigkeit, der Demütigung, der Verhätschelung und von der Unterdrückung des weiblichen Geschlechts.

Er versteht unter der Organminderwertigkeit keine "herabsetzende Kritik über das Ganze einer Psyche", sondern noch nicht voll entwickelte, in der Entwicklung zurückgebliebene, im Wachstum gehemmte oder veränderte Organe. Jedes Organ hat von Natur aus einen ihm innewohnenden Betätigungsdrang. Auf dieser These beruht das von Adler entwickelte Triebverständnis. Durch Überkompensation kann u.U. ein solches Organ funktionstüchtiger werden als ein gesundes. Organminderwertigkeit kann sich auch psychisch auswirken. Hier ist auf die Kompensationen im psychischen Bereich hinzuweisen [115]. Zur Neurosenbildung kommt es nur deshalb, weil die Umwelt falsch auf die Min-

---

115 Hier wird auf die "Ärztlich-pädagogischen Arbeiten des Vereins für Individualpsychologie", herausgegeben mit Dr. Karl Furtmüller (1973), hingewiesen. Es handelt sich um den Sammelband "Heilen und Bilden", 1914 veröffentlicht, mit Aufsätzen von Adler und seinen Mitarbeitern.

derwertigkeitsgefühle reagiert. Lombroso glaubte, daß der geborene Verbrecher durch Stigmata gekennzeichnet sei. Adler dagegen geht davon aus, daß der so stigmatisierte Mensch von seiner Umwelt in die Neurose gedrängt wird und schließlich zum Verbrecher werden könne, auch um die Neurose abzuwehren.

"Menschsein heißt: sich minderwertig fühlen!", betont Adler (1933). Das Minderwertigkeitsgefühl beeinflußt das Seelenleben, und es "läßt sich leicht aus dem Gefühl der Unvollkommenheit, der Unvollendung und dem ununterbrochenen Streben der Menschen und der Menschheit verstehen". Zur Überwindung dieser Minderwertigkeit entwickelt nun der Mensch ein triebhaftes Verlangen, ein Streben nach Lernen und sozialer Anpassung, wobei auch wieder die Kompensation eine große Rolle spielt. Der durch einen "Conterganschaden" [116] ohne Unterarme geborene Mensch lernt seine Fußzehen geschickt wie Finger zu benutzen. Der vielleicht nicht immer äußerlich brillierende Mensch wird seine Minderwertigkeit durch Charme und Intelligenz wettmachen. Erfolgreiche Heiratsschwindler sehen oft so unscheinbar aus, daß es immer wieder unverständlich erscheint, daß sich die Frauen gerade von ihnen hereinlegen lassen. Das mehr Scheinen als Sein vieler Jugendlicher beruht auf einer teils begründet, aber auch unbegründet empfundenen Minderwertigkeit gegenüber den Erwachsenen und ihrer Welt. Durch das kompensierende Streben nach Überlegenheit wird der Wille zur Macht deutlich, der den Charakter formt, den wir als "Napoleon-Komplex" typisieren können. Der Ausgleich der Minderwertigkeit scheitert in der Regel daran, daß die Realität der Kompensation Grenzen setzt, wobei neue Minderwertigkeitsgefühle entstehen, die ein neues Streben nach Überwindung hervorrufen. Scheitert die Kompensation, so kann dies auch zu abweichendem Verhalten führen. Damit gewinnt der von Adler auch eingebrachte Faktor von Demütigung und Verhätschelung eine Bedeutung, dessen Folgen in den Abschnitten über Liebesverlust, Verwöhnung und Inkonsistenz im Erziehungsverhalten schon beschrieben worden ist.

---

116 Contergan, ein bis zu Beginn der 60er Jahre von den Ärzten verordnetes Schlafmittel, daß in der Schwangerschaftszeit eingenommen, zu schwerwiegenden Fruchtschäden führte, d.h. Kinder wurden mit Mißbildungen, insbesondere an Armen und Beinen geboren.

Für die Kindererziehung hat Adler besonders auf die wichtige Rolle des Familienklimas hingewiesen, denn diesem ist das Kind primär und permanent ausgesetzt. Erfreuliche wie schmerzliche Erlebnisse prägen entscheidend und tragen u.U. zur Bildung neurotischer Symptome, z.B. Bettnässen, Stottern, Auftreten von hysterischen Fieberanfällen (wenn die Eltern weggehen wollen), Angstanfälle und Phantasielügen bei. Diebstähle, zunächst noch im häuslichen Milieu, sind häufig die Einstiegskriminalität dieser gefährdeten Kinder, die später allzuleicht an kriminelle Jugendliche geraten können, dort renommieren und zu allen Schandtaten bereit sind. In vorpubertären sexuellen Phantasien deuten sie um, was halb erwünscht und halb gefürchtet wird, was sich in pseudologischen Aussagen [117] niederschlägt. Konfabulation, z.B. ein auf Erinnerungstäuschung beruhender Bericht erfundener Erlebnisse, läßt sich nur schwer von der Wahrheit unterscheiden.

Damals nahezu revolutionär, heute brandaktuell, ist die von Adler erkannte Auswirkung der Unterbewertung des weiblichen Geschlechts in unserer Gesellschaft. Das Problem der Geschlechtszugehörigkeit wirkt sich bei Frauen und Männern im Hinblick auf abweichendes Verhalten unterschiedlich aus. Als Freud 1886, nach seinem Studienaufenthalt in Paris, in einem Vortrag über die Hysterielehre von Professor Charcot in Wien die Erkenntnis einbrachte, daß auch Männer "hysterisch" erkranken können, erlebte er in der wissenschaftlichen Welt nicht nur Ablehnung, sondern auch heftigen Widerstand. Diese Reaktion dürfte auf die gesellschaftliche Zurücksetzung der Frau [118] zurückzuführen sein. U.a. erkannte Adler, daß von der Erziehung her die Frau in ihrer Aktivität Einschränkungen erfährt. Männer dagegen wehren sich als weibisch zu gelten und entwickeln Ängste, in den Beziehungen zu Frauen zu versagen oder von ihnen abhängig zu werden. Adler (1912) hat solche Reaktionen in dem Begriff "männlicher Protest" zusammengefaßt. Frauen können soweit gehen, ihre Geschlechtsrolle abzulehnen. Diese Phänomene zur Dynamik der Neurose werden so defi-

---

117 Vgl. Köhn, Klaus, In: Die aktive Rolle des Mädchens unter 14 Jahren bei Sexualdelikten (1975)

118 Adler hat die Zurücksetzung der Frau nach einigen Vorarbeiten 1911 in einen vor der "Wiener Psychoanalytischen Vereinigung" gehaltenen Vortrag über "Verdrängung und männlicher Protest; ihre Rolle und Bedeutung für die neurotische Dynamik" herausgestellt.

niert, "als ob der Patient sich aus einer Frau in einen Mann verwandeln oder seine Unmännlichkeit verbergen wolle". Damit zeigt Adler die Leitlinie des menschlichen Strebens auf, die aus der Minderwertigkeit zum Geltungsstreben, aus der Ohnmacht zur Macht führt. Das oft neurotische oder kriminelle Schicksal der Muttersöhne ist an diese Leitlinie gekettet. Adler (1913) glaubte mit dem Aufzeigen der Unterdrückung der Frau "an eine der tiefsten Wunden unseres gesellschaftlichen Lebens gerührt zu haben". Die Konflikte, die sich aus dem Prozeß des Wandels geschlechtsspezifischer Rollenerwartungen in unserer Zeit ergeben, haben ihn uneingeschränkt bestätigt. (Das nächste Kapitel über Kriminalität und Geschlecht geht näher auf diese Problematik ein).

Der individualpsychologische Ansatz sucht zwar Ursachen aufzuspüren, jedoch erkannte Adler, daß neurotisches und kriminelles Verhalten nicht allein von den Ursachen her bestimmt werden. Der einzelne trifft jeweils eine persönliche zielgerichtete Entscheidung in Eigenverantwortung. Den Ursachen kommt allenfalls nur eine stimulierende Bedeutung zu. Das zielgerichtete Handeln im Lebenslauf des Individuums wirkt dabei an der Charakterbildung mit. An den Gedanken, Absichten und Affekten orientiert sich der individuelle Lebensstil und bildet die Leitlinie, die sich auf das an der Individualität und Gesellschaft ausgerichtete Leitbild zubewegt. Der Neurotiker und auch der neurosenbedingt handelnde Delinquent verhält sich anders und meint nur, angepaßt zu sein. Er ist sich des Umstandes nicht bewußt, daß sein Verhalten in Wirklichkeit sozial unangepaßt ist.

Für den normalen Kriminellen gilt dies in diesem Ausmaß nicht. Er hat sich teils unbewußt, teils aber sehr bewußt von der Gemeinschaft gelöst. Er richtet sich nach der Maxime: Hauptsache, ich werde nicht erwischt. Adlers finales Denken setzt einen Freiheitsraum, allerdings nur in dem möglichen Spielraum, den eine Gemeinschaft noch zuläßt. Neurotiker und Kriminelle kennen diese Grenzen nicht. Der Neurotiker vermag sie nicht zu erkennen; der Kriminelle will sie oft nicht sehen, so daß Rechts- und Freiheitsräume anderer zerstört werden.

6.3 Der Ansatz von Schultz–Hencke

Harald Schultz–Hencke gehört mit zu den profiliertesten Vertretern der Neo–Psychoanalyse, die das Werk von Freud weiterentwickelte [119]. Jedoch war Freud für ihn kein Papst und sein Werk - wie die Psychoanalyse überhaupt - kein Dogma. Schultz–Hencke hat stets die Freiheit gefordert, die Psychoanalyse einer permanenten Prüfung an erlebter Erfahrung zu unterziehen. "Denn", so schreibt er (1931), "die Lebensnähe und der Wahrheitsgehalt der Psychoanalyse ist einfach abhängig von der immer währenden Kontrolle durch die empirische Realität". Er ging ebenfalls wie viele Nachfolger Freuds davon aus, daß nicht alle Wünsche, Bedürfnisse und Antriebe auf sogenannte Partialtriebe zurückzuführen seien, wie es Freud in seiner Sexual- und Libidotheorie postulierte.

Schultz–Hencke stellte den sexuellen Bedürfnissen andere gleichberechtigt zur Seite. Da er jedem Bedürfnis eine Antriebsseite zuordnete, sprach er folgerichtig vom Antriebsleben und vom Antriebserlebnis. Für die Neurosenentstehung können dann mehrere Antriebsfelder, die seelische oder zwischenmenschliche Konflikte auslösen, wichtig sein. Auf dieser Grundlage hat er ein umfassendes System der Neurosenlehre erarbeitet.

Zu den neurosenrelevanten, konfliktträchtigen Antriebsfeldern zählt er das intentionale, kaptativ–orale, retentiv–anale, motorisch–aggressive, urethrale und das liebend–sexuelle Antriebserleben. Der intentionale Antrieb [120] ist der, der den Menschen dazu treibt, sich der Welt zuzuwenden und sie zu entdecken. Jeder Forscherdrang ist auf diesen Antrieb zurückzuführen. Der kaptativ–orale Antrieb [121] zeigt sich in

---

119 Schultz–Hencke (1892–1953) setzte sich mit Freuds Libidotheorie und Metapsychologie kritisch auseinander. Auf ihn geht ein "Antriebsmodell" zurück, das er stufenweise entwickelt hat. Die sogenannte "Leib–Seele–Beziehung" beschreibt er als eine "Gleichzeitigkeitskorrelation". In den Mittelpunkt stellt er den Menschen als "zoon politicon". Seine wesentlichen Erkenntnisse sind zu entnehmen dem Lehrbuch der analytischen Psychotherapie (1965). Zu seinem Werk wird auf E. Jorswieck "Die psychoanalytische Begriffswelt" Bezug genommen (1972).

120 Intentional aus dem Lat.: zielgerichtet, zweckbestimmt, absichtlich.

121 Kaptativ aus dem Lat. (capere): in Besitz nehmen, gefangennehmen. Oral aus dem Lat. (os = Mund): dem Munde zugehörig, die orale Welt ist die Mundwelt. Der Säugling bringt alles zum Mund.

der Entwicklungsphase des Kleinkindes und ist durch das Zugreifen und Habenwollen gekennzeichnet. Das retentiv–anale Erlebnis [122] liegt in dem weiteren Bedürfnis begründet, alles behalten und nichts abgeben zu wollen. Der Geiz findet hier seine Wurzeln.

Die Entwicklung des Kindes schließt auch den motorischen Antrieb ein, sich zu entladen, was zur Aggression und zur Zerstörung [123] führt. Die Aggression verbindet Schlultz–Hencke mit dem Streben nach Geltung. Der Gegenbegriff zur Zerstörung ist der Aufbau. Gegenbegriffe bedingen einander wie die von den Vorgängen der Beschleunigung (positiv) und des Abbremsens (negative Beschleunigung). Schultz–Hencke bringt nun Aggression mit ihrer positiven Seite des Aufbaus und der negativen der Zerstörung in einen Zusammenhang mit dem Geltungsstreben.

Den urethralen Antrieb [124] verbindet er ebenfalls eng mit dem Streben nach Geltung. Er zeigt sich in dem Erleben, sich verströmen zu lassen, so daß dieses Bedürfnis eine sexuelle Komponente enthält.

Der letzte Antrieb ist schließlich das Liebestreben in seiner ganzen sexuell–erotischen Erlebnisbreite bis in den Zärtlichkeitsbereich hinein.

Von diesen Antriebsbereichen ließe sich die Brücke zur Entwicklungspsychologie des Kindes [125] schlagen. Auch das Modell der Libidoentwicklung von Freud weist Parallelen in bezug auf orale, anale und genitale Phasen auf. Die sechs Antriebsbereiche lassen sich nun auf drei wesentliche, für das konfliktträchtige Erleben bedeutsame Antriebe konzentrieren: auf das Besitz-, Geltungs- und Liebesstreben.

Seit jeher haben sich in menschlichen Gesellschaften Konflikte um Besitz, Geltung und Sexualität gedreht. Nahezu alle großen Verbrechen sind von diesen Motiven angetrieben und beherrscht worden. "Der Mensch ist so geartet, daß er im Grunde ebenso eindeutig nach Dauer

---

122 Retentiv aus dem Lat. (retinere): zurückbehalten; anal aus dem Lat.: zum After gehörend, bezieht sich hier auf das Zurückhalten des Stuhls, auffällig in der Phase der Reinlichkeitserziehung.

123 Aggression aus dem Lat. (ag-gredi = herangehen): Herangehen, das sowohl mit Zerstörung als auch mit Aufbau in Verbindung zu bringen ist

124 Urethral aus dem Lat./Griech.: zur Harnröhre gehörig; gemeint ist hier, frei urinieren zu können, sich auslaufen, ausströmen zu lassen als ein Vorgang, dem hier eine höhere Bedeutungsebene beigemessen wird.

125 Vgl. Dührssen, Annemarie (1954)

strebt, wie daß er faktisch dem Augenblick verfällt", schreibt Schultz-Hencke, um die Gegensätzlichkeit menschlicher Antriebserlebnisse aufzudecken. Der Mensch ist das nicht festgelegte Tier, denn er ist in seinem Wesen zwie- und mehrspältig, während das Tier an den Instinkt gebunden ist. Schultz-Hencke beschreibt dies mit dem Bild vom Apfel in der Hand. Der Apfel löst den Drang aus, sowohl ihn zu essen als ihn auch wegen seiner Schönheit aufzuheben. In jeder Verhaltensweise ist ein innen- und zwischenmenschlicher Gegensatz zu sehen, der zur Ambivalenz führt. Nach dem Modell des Antriebserlebens gibt es kein menschliches Bedürfnis, das nicht zugleich ein gegensätzliches auszulösen imstande ist. So hat jeder Mensch gleichzeitig ein Hingabe- und Geborgenheitsbedürfnis.

Die neurotische Struktur entsteht nun durch Hemmung, d.h. einen Vorgang, der von den Bezugspersonen, vor allem der Mutter, in Gang gesetzt, das Antriebserleben drosselt bzw. abwürgt. Der Vorgang erfolgt im Kindesalter, etwa bis zum 5. Lebensjahr. Ausgelöst wird diese Hemmung durch Zwang, Härte und extreme Strafen oder durch ein Übermaß an Liebe und übertriebene Verwöhnung. Für die letztere Ursache ist die ständige Furcht vor Liebesverlust von größter Bedeutung, weil sie nach Schultz-Hencke "einen wesentlichen Teil der kondensierten Furchterlebnisse ausmacht, die wir Schuldgefühle zu nennen pflegen". Es ist bekannt, daß gleichermaßen mangelnde Zuwendung und übertriebene Verwöhnung ebenso mit einer höheren Delinquenzbereitschaft korrelieren, wie das Nebeneinander von beiden Verhaltensformen. Tilmann Moser (1970) bemerkt dazu in einer Fußnote, die auf H.E. Richter (1963) Bezug nimmt:

> Die emotionale Erziehung des Kindes... wurde in der Regel mit größter Inkonsistenz und Extremen von Ungeduld und harter Frustration ausgeführt, die sich mit Nachsicht und Verwöhnung aufwechselten.

Moser diskutiert dabei Forschungsergebnisse, die hohe Übereinstimmungen in den Korrelationen zwischen kriminellem Verhalten und gestörten Sozialisationsbedingungen ausweisen. In ihnen spielen Inkonsistenz der Elterneinstellung, Beziehungsstörungen zwischen den Eltern, Mangel an Aufsicht und Zuwendung sowie hoher Verwöhnungsgrad (Overprotection) eine große Rolle.

Die Hemmung des Antriebserlebens gelingt meist nicht vollständig, so daß eine "Dennoch-Wirksamkeit" eines gedrosselten Bedürfnisses zurückbleibt. Diese "Dennoch-Wirksamkeit" wird dann zum "Antriebssprengstück", das nun, latent vorhanden, die Neurosenstruktur bildet. Je nach dem, welche Antriebserlebnisse gestört werden, reagieren darauf unterschiedliche Hemmungen, so daß verschiedene Neurosen strukturen entstehen können, und zwar: die schizoide, depressive, zwangsneurotische, hysterische, neurasthenische sowie Mischstrukturen.

Bei der schizoiden Struktur liegt eine Störung des intentionalen Erlebens vor, die besonders eine Kontaktarmut bedingt. Ursächlich sind mangelndes Gefühl der Geborgenheit und fehlende Nestwärme. Das Mißtrauen wird gegen das Vertrauen gesetzt. Aggressionen werden nicht emotional gepolstert und ausgeglichen. Die depressive Struktur wird auf oral-kaptative Hemmungen zurückgeführt. Oral-aggressive Impulse werden durch Härte und/oder Verwöhnung im ersten Lebensjahr unterdrückt. Der Gehemmte kann nicht fordern und zupacken. Er läßt alles mit sich geschehen. Er ist passiv und staut seine oral-aggressiven Impulse auf, so daß Schultz-Hencke in ihm den "latenten Raubmörder" sieht. Der Depressive ist einerseits suizidgefährdet, aber andererseits auch einer, der eigentlich morden möchte. Schultz-Hencke erkennt in der Depression einen "schwebenden Antagonismus" zwischen oral-aggressiven und furcht- und schuldbesetzten Impulsen, die miteinander im Kampf liegen.

Zwangsneurotische Strukturen entspringen ebenfalls konkurrierenden Impulsen, und zwar sowohl retentiven als auch motorisch aggressiven. Die Hemmung wirkt auf beide Impulse: auf die, die Bedürfnisse "behalten zu wollen" und auf die, "motorisch-aggressiv heranzugehen". "Bedürfnis" und "Antriebsleben" gebraucht Schultz-Hencke als synonyme Begriffe, weil nach seiner Ansicht in jedem Fall jedes Bedürfnis eine Antriebsseite hat. Die Hemmung erfolgt in einem Alter, in dem die Trotzphase zwar noch nicht erreicht ist, das Kind aber schon über die Schwelle der absoluten Ohnmacht der ersten Lebensjahres hinausgegangen ist. Davon ausgehend, daß ein Bedürfnis das andere auslöst, können actio und reactio sogar körperliche Symptome wie Stottern und Zittern verursachen. Das Kind wird trotz eines Gegendrucks der Eltern versuchen, sein Bedürfnis nach motorischer Entladung durchzusetzen, dafür Strafe erfahren und seine Gefühle als schlecht empfinden. Die so entwickelten Schuldgefühle werden die Affekte zusätzlich hemmen.

Noch vorhandene Sprengstücke des Antriebserlebens werden im späteren Leben noch lange, und zwar vom eigentlichen Impuls isoliert [126], wach bleiben. Die daraus resultierenden Vorstellungen erhalten magische Kraft, von der sich auch der Verbrecher aus Schuldbewußtsein treiben läßt und auf denen auch die Zwangsneurose beruht. Die Zwangsneurotiker entwickeln häufig Phobien, die sie zu "Vermeidern" machen.

Zur Ausbildung hysterischer Strukturen kommt es erst im Vorschulalter, wo das Kind magische Vorstellungen zugunsten eines realistischen Weltbildes aufgibt. In diesem Alter wird bewußt die Geschlechtsrolle erkannt. Die Motorik wird realen Zielen untergeordnet. Wenn nun die Bedürfnisse in diesem Alter gehemmt bzw. gedrosselt werden, dann bleiben dem Antriebserleben wesentliche Realitätsanteile versagt. Die Folgen sind mangelnde Identifizierung mit der Geschlechtsrolle; frühkindliche Erlebnisbilder werden festgeschrieben und fremde Rollen gespielt. Der Hysteriker lebt in einer Phantasie- und Wunschwelt. Er negiert oft die Verbindlichkeit von Normen, wie dies vielen Kriminellen eigen ist.

Bei der neurasthenischen Struktur handelt es sich um einen aus allen vorgenannten Strukturen gebildeten Komplex, auf den die Hemmungen in den ersten fünf Jahren des Kindes gleichmäßig wirkten. Selten werden diese Strukturen in ihren reinen Formen vorzufinden sein. Mischstrukturen, wie sie bei den Monomanien zu finden sind, werden daher eher die Regel bilden. Desgleichen dürften Hemmungen in jedem Sozialisationsprozeß Folge notwendiger Triebdrosselung und -einschränkung sein, wenn Triebziele durch reale Ichziele in Reifeschritte verwandelt werden. Alle Menschen reagieren somit nicht immer gleich mit einer Neurose, jedoch bestimmen die Gehemmtheiten die Richtung des späteren Verhaltens. Die Frage nach der Neurosenstruktur stellt sich hier auch unter einem quantitativen Aspekt, nämlich nach Häufigkeit, Ausmaß, Umfang und Auswirkung. Viele Verhaltensweisen, auch sozialabweichende und kriminelle, werden die Folgen gehemmter Bedürfnisse sein, ohne daß das Ausmaß gleich auf eine Neurose hindeutet.

---

126 Hier zeigt sich eine Parallele zu S. Freud, der auf den Abwehrmechnismus "Isolierung" bei der Zwangsneurose hinweist.

Schultz-Hencke verwendet hier den Begriff "neurotoid" [127]. Mit dem Konzept der neurotoiden Charakterstruktur dürfte man vielen Delinquenten gerecht werden.

6.4 Der "neurotische Mensch" von Karen Horney

Wie Karen Horney [128] im Vorwort zu ihrer deutschen Ausgabe (1951) in "Der neurotische Mensch unserer Zeit" schreibt, kommt es ihr auf zwei Dinge an, und zwar auf:

1. Die kulturelle Bedingtheit von Neurosen,
2. Die Rolle der Angst, wie sie aus gestörten menschlichen Beziehungen erwächst und wiederum auf sie einwirkt.

Horney konzentriert sich "auf die wirklich vorhandenen Konflikte und die Lösungsversuche des Neurotikers, auf seine eigentlichen Ängste und auf die gegen sie angewandten Verteidigungsmittel." Im Grunde bleibt sie, wie sie in ihrer Einleitung zur amerikanischen Ausgabe (1946) betont, auch bei der allgemeinen psychoanalytischen Aussage, daß sich Neurosen im wesentlichen aus der frühen Kindheitsentwicklung heraus bilden. Sie wendet sich aber gegen die Auffassung, man müsse sich ausschließlich so eng auf die Kindheit zu beziehen, daß lediglich nur eine simple Beziehung von Ursache und Wirkung im Hinblick auf die frühen Kindheitserlebnisse hergestellt wird. Horney bezieht die späteren Lebenskonflikten in ihre analytischen Überlegungen stärker ein und sieht in späteren Reaktionen nicht nur überwiegend eine Wiederholung von früheren.

---

127 Auch Ernst Kretschmer zeigt in "Körperbau und Charakter" (1961) solche "Mittelstellungen" zwischen Kranken und Gesunden auf, die er auch als "-oide" typisiert.

128 Karen Horney (1895 - 1952), 1932 ausgewandert in die USA, in Chicago wirkende Psychotherapeutin, spätere Leiterin des American Institute of Psychoanalysis, hat mit ihrer Forschung einen sehr großen Einfluß auf die vorherrschenden Konzepte über den Ursprung neurotischer Konflikte und deren Lösungsmöglichkeiten ausgeübt. Mit ihrem 1937 erschienenen Buch "The Neurotic Personality of Our Time" (deutsch: Der neurotische Mensch unserer Zeit, 1951) rief sie in ihrem orthodox-freudianisch ausgerichteten Institut Ärger und Bestürzung hervor. In ihrem 1939 erschienenen Buch über "New Ways in Psychoanalysis" (deutsch: Neue Wege in der Psychoanalyse, 1973) distanziert sie sich weiter von Freud, indem sie der Auffassung widerspricht, daß die Neurosenentstehung von instinktiven und genetischen Komponenten abhängig sei.

Die Neurose ist Horney zufolge "eine seelische Störung, die durch Befürchtungen und Abwehrmaßnahmen gegen diese Befürchtungen veranlaßt wurde, und durch den Versuch, Kompromißlösungen für einander widersprechende Tendenzen zu finden". Horney nennt "derartige Störungen nur dann eine Neurose...", wenn sie von der innerhalb eines besonderen Kulturkreises üblichen Norm abweicht". Damit sieht sie in der Neurose eine Entstellung des Charakterbildes. In der Auseinandersetzung mit Freud verwirft sie phylogenetische und biologische Vorstellungen und sucht die den Menschen bestimmenden Kräfte im Hier und Heute, also im sozialen Umfeld. Horney skizziert die "Hauptlinien", die sich aus neurotischem Streben nach Macht, Ansehen und Besitz entwickeln, als einen Teufelskreis (circulus vitiosus) wie folgt:

> Angst, Feindseligkeit, verminderte Selbstachtung; Streben nach Macht und dergleichen; verstärkte Feindseligkeit und Angst; die Tendenz, einem Wettbewerb auszuweichen (begleitet von Selbstverkleinerungstendenzen); Mißerfolge und Diskrepanz zwischen Möglichkeit und Leistung; verstärkte Überlegenheitsgefühle (mit mißgünstigem Neid); verstärkte Empfindlichkeit (mit erneuten Vermeidungstendenzen); verstärkte Feindseligkeit und Angst, die den circulus vitiosus wieder von vorn anfangen lassen.

Viele dieser Tendenzen, die den Teufelskreis in Bewegung halten, finden sich in der Persönlichkeitsstruktur zahlreicher Krimineller wieder, die häufig nicht unbedingt als Neurotiker charakterisiert werden. Horney hält die Mechanismen der Angstabwehr für unbewußt charakterbildend. Der Heldencharakter dürfte zu einem großen Teil auf eine Abwehrdynamik zurückzuführen sein, weil er aus dem Bedürfnis, Furcht zu überwinden, geboren wird. Die Heldentat und das Verbrechen können aus dieser Sicht eindeutig Parallelen aufweisen.

Nach einer an der Erziehung orientierten Auffassung von Neurose entwickelt das Kind schon von seinen neurotischen Eltern her zunächst Grundangst und baut dann zur Vermeidung eine Abwehr gegen Gefahren auf. Die neurotische Lebenshaltung ist das Resultat eines Kernkonfliktes, der durch miteinander unvereinbare und gegensätzliche Tendenzen ausgelöst wird. Gefühlsmäßige Widersprüche in Bedürfnissen, wie u.a. gleichzeitiges Dominieren und Sich-Unterwerfen, aggressives Herangehen und Vermeiden bei gleichzeitiger Furcht vor Konkurrenz, beinhalten das Neurosengefüge, das Horney auf die verkürzte Formel von der Hinwendung zum Menschen und der Abkehr von dem Menschen bringt. Sie vertieft auch die Auffassung über neurotische Schuldgefühle und gibt dem "Verbrecher aus Schuldbewußtsein" eine zusätzliche Dimension. Dem "Verbrecher aus Schuldbewußtsein" kann man das "Verbrechensopfer aus Schuldbewußtsein" zur Seite stellen.

Der neurotische Mensch führt nicht nur in einem unbewußten Vorgang durch eine Anknüpfungstat eine Schuldentlastung durch die Strafe für diese Tat herbei, sondern er kann auch Erleichterung fühlen: wenn ihn ein Verlust trifft, er Schmerz erfährt, einen Unfall erleidet, sein Vermögen verliert, schließlich auch Opfer eines Verbrechens wird. Diesen Gedankengang bekräftigt Horney, wenn sie schreibt (1951):

> Die Beobachtung einer solchen Reaktion und auch die Tatsache, daß er (der Neurotiker) manchmal widrige Umstände, wenn auch unbeabsichtigt, geradezu arrangieren oder zu provozieren scheint, führt zu der Annahme, daß der Neurotiker derart heftig Schuldgefühle hat, daß er, um sich von ihnen zu befreien, ein Bedürfnis nach Strafe entwickelt.

Die Strafe trifft ihn dann in Form der Tat, der er durch die unbewußt provozierenden Rolle, die er spielt, zum Opfer fällt. In einem entscheidenden Punkt wird jedoch der Unterschied zum Verbrecher aus Schuldbewußtsein (vgl. Freud) deutlich: Das Schuldgefühl wird nicht als unangenehm empfunden. Nach Horney besteht der Neurotiker auf seinem Schuldgefühl, weil für ihn das Beharren darauf eine wichtige Funktion hat, nämlich einen Leidensgewinn daraus zu ziehen. Leiden kann auch ein Mittel sein, seine Ansprüche durchzusetzen. Der Neurotiker hat panische Furcht vor Mißbilligung und Kritik. Er beabsichtigt durch sein Leiden jeglicher Kritik zuvorzukommen und lebt nach dem Motto: tu mir nichts; ich bin doch schon so in meinem Leid bestraft. Wer wird es noch wagen, den jämmerlich zusammengeschlagenen Renommierer in seinem Schmerz vorzuwerfen, daß z.B. seine Rechthaberei, sein Egoismus und seine Arroganz für seine viktimogene Rolle verantwortlich sind. So mancher, der vorgibt, wegen seines Gewissens tugendhaft und gesetzestreu zu sein, hat in Wirklichkeit nur Furcht vor Ablehnung. Er nimmt nicht nur die Schuld auf sich, sondern er behält sie sozusagen abwehrend. Durch Selbstbezichtigung vermeidet er eine Anklage.

In diesem Zusammenhang sei wieder auf die Erfahrung kriminalistischer Ermittlungsarbeit hingewiesen, in der es vorkommt, daß sich Menschen eines Verbrechens bezichtigen, das sie nicht begangen haben. Erfahrene Kriminalisten wissen auch, daß sie Vorwürfe aus den

Vernehmungsgesprächen herauslassen müssen. Die Furcht vor Mißbilligung veranlaßt sowohl den Delinquenten als auch das Opfer zu schweigen. Erst wenn der Vernommene das Vertrauen gewinnt, reden zu können, treten seine Schuldgefühle zurück, weil er sie nicht mehr zur Abwehr braucht.

Horney weist in ihrer Neurosenforschung noch auf das für die Kriminologie wichtige Masochismusproblem hin. Für sie beinhaltet der Masochismus, der für Freud ein sexuelles Phänomen ist, keine biologische Triebrichtung, sondern ist das Resultat von Persönlichkeitskonflikten. Kein Mensch, so begründet sie, setzt sich das Ziel zu leiden. Aber das Leiden ist für sie etwas, was der Mensch auf sich nimmt, um damit die "Preisgabe seiner selbst" zu bejahen. Das erinnert wieder an das Zurückwollen in den Urzustand, den Zustand des primären Narzißmus. Es wirkt wie ein dionysisches Prinzip, hinter dem die Tendenz steht, das Ich loszuwerden. Horney (1951) zitiert aus den wedischen philosophischen Traktaten des Upanischads, wenn sie schreibt: "Durch ein Verschwinden ins Nichts werden wir ein Teil des schöpferischen Prinzips des Universums", und sie meint damit "das Auflösen in ein Größeres". Der Hinweis auf den Dionysos-Kult ist ebenso angebracht wie der auf alle anderen Kulte, die Ekstase herbeiführen, ob es nun ekstatisch-kultische Tänze sind, Flagellantismus im religiösen Wahn oder das Rauschgiftphänomen in unserer Zeit. Das Leiden ist somit der Preis, den der Neurotiker für sein Bestreben nach Auflösung individueller Grenzen, d.h. für die Befriedigung tiefverwurzelter Bedürfnisse zahlt, was wiederum ein Licht auf das Regressionsphänomen wirft.

6.5 Jung und die analytische Psychologie

Carl G. Jung [129] ist von der Gleichartigkeit der menschlichen Psyche so überzeugt gewesen, daß er dafür den Begriff des kollektiven Unbewußten geprägt hat. Er reduziert dabei "gewissermaßen den Menschen auf seine phylogenetische Vorlage..." (1921). Die Inhalte des kollektiven Unbewußten sind eine Reihe von Vorstellungen, die durch einen gemeinsamen Gefühlston als eine aus mehreren Teilen bestehende Ganzheit zusammengehalten werden [130] . Jung nennt solche Inhalte "Komplexe", so daß dieser Ansatz auch "Komplexe Psychologie" genannt wird. Seelische Inhalte unterschied Jung (1921) in Komplexe, die in der ersten Stufe nie bewußt werden, und solche, die durch den Verdrängungsmechanismus entstanden sind. Folglich gibt es dann solche, die zum Bewußtsein gehören. Inhalte der ersten Stufe nehmen bei Jung die Entwicklung des Charakters vorweg, so daß sich eine durch den Charakter besetzte Besessenheit entwickeln kann. Er geht davon aus, "ein und denselben psychischen Vorgang durch zwei gegensätzliche Theorien, die sich gegenseitig ausschließen können", zu erklären. Er ist sicher, "daß die intellektuelle Erfassung eines psychischen Vorgangs zur Paradoxie und Relativität führen muß" (1921). So ist auch Jungs Psychologie eine des Bewußtseins und des Unbewußten.

Die Persönlichkeitsstruktur enthält zwei polare Gegensätze. Es handelt sich um die Funktionen "Denken und Fühlen" im rationalen und um "Empfinden und Intuition" im irrationalen Raum. Das bewußte

---

129 C.G. Jung (1875-1968), Begründer der "Komplexen Psychologie", entscheidend geprägt von seiner Beziehung zu S. Freud, von dem er sich später distanzierte, weil er Schwierigkeiten mit dem Stellenwert hatte, den Freud der Sexualität und dem Ödipuskomplex in der Neurosenentstehung gegeben hat. U.a. war er Vizepräsident der Deutschen Allgemeinen Ärztlichen Gesellschaft für Psychotherapie (1930), später Präsident der von ihm zur Internationalen Gesellschaft für Psychotherapie umgestalteten Deutschen Gesellschaft (1933). 1939 gab er das "Zentralblatt für Psychotherapie und ihre Grenzgebiete" heraus. Sein Leben war die Geschichte einer Selbstverwirklichung des Unbewußten. Er bewegte sich auf dem Pfad in eine Philosophie des Unbewußten. Seine wichtigsten geistigen Quellen bildeten die romantische Philosophie, die Naturphilosophie, die Schriften der Mystik und der Gnosis bis hin zum Okkultismus.

130 Vgl. Meier, Carl Alfred "Die Empirie des Unbewußten", mit besonderer Berücksichtigung des Assoziationsexperimentes von C.G. Jung, Lehrbuch der Komplexen Psychologie von C. G. Jung, Band I, Zürich/Stuttgart 1969

Handeln wird nun von einem dieser Paare, dem die "Primärfunktion" zugeschrieben wird, am stärksten bestimmt. Das der "Primärfunktion" entgegengesetzte Paar tritt dann weniger in das Bewußtsein, so daß "bewußt" und "unbewußt" jeweils als Pole einer geordneten Ganzheit im umgekehrten Verhältnis zueinander stehen.

Das Unbewußte ist aber für Jung nicht nur eine individuelle Erwerbung, die im Verlauf eines Lebens wegen der Unvereinbarkeit mit dem Bewußtsein verdrängt wurde, sondern eine Erwerbung der Menschheit. Die Inhalte des von der Menschheit Erworbenen drücken sich u.a. in vielen Märchen und Mythen aus. Es handelt sich um die auf die "phylogenetische Vorlage" reduzierten Urbilder, die Jung uns als "Archetypen" vorstellt. Unter zahlreichen Beispielen wird auf das Urbild des Verrats hingewiesen, u.a. von Judas an Christus. Der Verrat wird in archetypischen Figuren-Konstellationen verkörpert, bei den Ägyptern von Seth und Osiris, bei den Germanen von Loki und Baldur, Siegfried und Hagen. Dem Urbild von Unschuld und Reinheit begegnen wir in der Gestalt des Pontius Pilatus, der "seine Hände in Unschuld wäscht". Nicht wenige reinigen noch heute ihr schlechtes Gewissen, indem sie unbewußt im Alltag zwanghaften Wasch- und Reinigungsritualen unterliegen. In der christlichen Wassertaufe wird archetypisch die Seele von Sünde und Schuld "reingewaschen". Ständig wiederholen sich in diesen archetypischen Bildern Grundmuster, die u.a. auf die Tatsache des Geschlechterkampfes, die Beziehungen der Geschlechter und der Generationen, schlechthin auf die Grundeigenschaften des von Liebe und Haß bestimmten Verhaltens hinweisen. Trotz unterschiedlicher Gestalten zeigen alle Komplexe in ihrem Kern eine kollektive bzw. universale Symbolsprache auf. Es ist die Sprache, von der Fromm (1957) sagt, daß wir Menschen "innere Erfahrungen so zum Ausdruck bringen, als ob es sich dabei um Sinneswahrnehmungen handelte...". Die Symbolsprache ist eine Sprache, in der die Außenwelt ein Symbol unserer Seele und unseres Geistes ist.

Jung unterscheidet sich dadurch von Freud, daß er in Symbolen weniger den irrationalen und antisozialen Impuls, sondern mehr das Erfahrene aus vergangenen Zeiten erkennt. Denn gerade das gibt dem System "Unbewußt" eine weitere um Archetypen bereicherte Dimension. Das Unbewußte wird von Jung (1912) "als eine objektive und kollektive Psyche" verstanden. Wenn im Körperlichen eine gewisse Disposition zu

Krankheitsbildern vorhanden ist, dann dürfte Jung zu folgen sein, auch eine gewisse Disposition anlagebedingter Komplexe ist zu bejahen. Wenn er die Begriffe "Trieb" und "Instinkt" synonym verwendet, dann unterstreicht er damit, daß die Komplexe im Unbewußten ihre trieb-biologische Wurzel haben.

Jung (1919) rückt damit den Archetypus in die Nähe der Instinkte als typische Form des Handelns, wo es um gleichmäßig wiederkehrende Formen des Reagierens ohne Rücksicht auf ein zusätzliches Motiv geht. Dies scheint auch auf Abläufe von außergewöhnlichen Verbrechen zuzutreffen. Das gilt dort, wo man an gewisse Tötungsrituale denkt, aber auch an die vom Täter beibehaltenen Arbeitsweisen, der sogenanten "Perseveranz" im "Modus operandi", wenn dabei nicht nur an technisch erworbene Fähigkeiten, sondern mehr an die personengebundenen Verhaltensweisen gedacht werden. Manche Verbrecher legen ein dem sogenannten Appetenzverhalten vergleichbares Handeln an den Tag. Sie suchen bewußt Situationen, in denen mit dem Auftreten eines "Schlüsselreizes" [131] gerechnet werden kann, der dann die Tat nach einem bestimmten Verhaltensmuster ablaufen läßt. Triebtäter im Sexualbereich, sogenannte "Orgasmusmörder", sind dafür gefährliche Beispiele. Dies sind Sexualverbrecher, die den physischen Widerstand ihres Opfers erwarten, weil sie ihn als Auslöser für den tödlichen Würgegriff brauchen. Trieb-biologische Wurzeln könnten auch dort naheliegen, wo hormonale Vorgänge, z.B. in der Pubertät oder im Klimakterium, die Psyche beeinflussen. So kann es vorkommen, daß in diesen Entwicklungen manchmal bei vorhandenen Dispositionen richtungsbestimmende Grundmuster des Verhaltens, im Extremfall sogar endogene

131 Die nach Jung trieb-biologische Wurzel der Komplexe, legt den von einem "Schlüsselreiz" nach Lorenz ausgelösten Handlungsablauf nahe. Man geht von Reizvorgängen aus, die kumulativ zur Entladung drängen. Mit zunehmender Stauung wird der gesamte Organismus in Unruhe versetzt, so daß ein starker Antrieb nach einer Reizsituation sucht, die die Stauung durch eine ihr zugeordnete Instinkthandlung beseitigt. Man spricht von einem Appetenzverhalten. K. Lorenz (1963) beschreibt, wie ein Schlüsselreiz dafür sorgt, daß eine bestimmte vorgegebene Instinkthandlung abläuft, nachdem sich ein Tier instinktiv in die Situation begeben hat, wo mit der Auslösung dieses Reizes gerechnet werden kann. Solche Auslösemechanismen beruhen auf festgelegte Verhaltensweisen, die durch für sie bestimmte Reizkombinationen in Gang gesetzt werden.

Psychosen durchschlagen. In diesem Licht kann auch wieder der von Mezger typisierte Entwicklungstäter gesehen werden.

Das Prinzip der Polarität der Psyche und seine Dynamik erschließen somit den Weg zu einem weiteren Verständnis der seelischen Konflikte und neurotischen Störungen. Die Wirkmechanismen beruhen auf der Spannung zwischen zwei Polen. Diese Spannung führt zum Konflikt. Neurotisches Verhalten drückt eine Identitätskrise aus, hinter der sich ein Gegensatzproblem verbirgt. Das Gegensatzproblem macht der Schriftsteller Stevenson in seiner Geschichte von "Dr. Jekyll und Mr. Hyde" auf triviale Weise deutlich. Der angesehene Akademiker verfällt in der primitiven Person des Mr. Hyde dem Blutrausch und sucht ständig neue Mordopfer. Das sittsam tugendhafte "Fräulein" erlebt die Verkörperung ihres Gegensatzes in einer anderen, z.B. in einer Dirne. Eine neurotische Lösung des Gegensatzproblems wäre der Kampf gegen die "Unmoral", d.h. wenn jemand in jeder unverheirateten Frau, die eine sexuelle Beziehung hat, eine "Dirne" sieht und sie mit Anzeigen, Beleidigungen und Diskriminierungen verfolgt.

Die gelungene Lösung wäre eine Mittelpunktfindung, Synthese und Verwirklichung der Ganzheit, die von den Polen umfaßt wird. Auf asoziales Verhalten übertragen bedeutet dies, daß Kriminalität ebenfalls als Ausdruck einer Identitätskrise begriffen werden kann. Die Neurose nach Jung beruht also auf den Gegenpositionen im Unbewußten zwischen den Polen. Fritz Künkel (1927) siedelt den Neurotiker zwischen den Polen von "Minderwertigkeitsgefühl" und "Geltungsbedürfnis" an. Der andere Pol beinhaltet die minderwertigere Funktion, die im Schatten liegt. Therapie heißt daher den gegensätzlichen Pol deutlich machen, um den Umgang damit zu lernen. Die Neurose entsteht aus der unausweichlichen Konfrontation mit einer Lebensmöglichkeit, die im Gegensatz zu der anerkannten Haltung steht und die dieses Individuum für sich selbst verbindlich festschreibt. Dies gilt auch für viele Kriminelle, für Intensivtäter, deren manische bzw. monomanische Struktur immer wieder eine deutliche neurotische Komponente erkennen läßt. Dies kann nicht gleichgesetzt werden mit einer Schuldunfähigkeit. Jung (1928) sieht den Menschen als Ganzes. Er zerlegt seine Psyche nicht in Elemente. Der polymorph-perversen Triebstruktur steht regulierend das Individuationsprinzip gegenüber. hierunter ist ein zielgerichteter Vorgang der Selbstverwirklichung zu verstehen, um Einzelwesen zu werden. Individuation ist ein Prozeß, in dem der einzelne seine Freiheit gewinnt. Erst die Individuation, die der Mensch durch Reife gewinnt, ermöglicht die bessere Erfüllung kollektiver Ansprüche. Die Reife erreicht auch nach Jung der Mensch erst in seiner zweiten Lebenshälfte, so daß aus dieser Sicht die kriminalstatistisch belegte höhere Kriminalitätsaktivität, vorwiegend in der ersten Lebenshälfte, eine weitere Aufhellung erfahren dürfte. Der Kriminelle versagt sich ebenso wie der Neurotiker in seiner Asozialität den Ansprüchen aus den Gemeinschaftsbindungen. Der zur Ganzheit gelangte Mensch hat erst zu seinem Selbst gefunden, wenn das Bewußtsein und das Unbewußte miteinander vereint sind. Gewisse Komplexe vermochte Jung nicht auf die frühere Verdrängung zurückzuführen. Er schrieb sie also der "Primärstufe" zu und konnte bei Normalen und Neurotikern - hier wird ergänzt: auch beim Verbrecher - stets wiederkehrende Typen erkennen. Die Komplexe bedingen Faktoren, die einen Grundcharakter strukturieren. In gewisser Weise werden z.B. "Formen der Anschauung" oder der "Wahrnehmung und Erfassung" zu determinierenden Bedingungen, so daß zur seelischen Reifung eine biologische Komponente hinzukommen muß. "Dr. Jekyll und Mr. Hyde" veranschaulichen, daß der Verbrecher aus dem ungelösten Gegensatz seines Wesens heraus handelt.

6.6 Die humanistische Psychologie von Erich Fromm

Bei der Fülle psychoanalytischer Autoren und der von ihnen vertretenen Richtungen sich nur auf wenige für eine Einführung in eine psychoanalytische Kriminologie beschränken zu müssen, kommt schon einem Dilemma gleich, das allzuoft nur mit Literaturhinweisen gemildert werden kann. Bloße Hinweise auf Erich Fromm [132] werden jedoch kaum der Bedeutung gerecht, die sein Werk für die Weiterentwicklung der

132 E. Fromm (1900-1980), Psychoanalytiker, Sozialphilosoph und Sozialpsychologe. Mit Frieda Fromm-Reichmann u.a. Begründer des Psychoanalytischen Instituts in Frankfurt. Neben Marcuse, Löwenthal, Adorno gehörte er zu dem Kreis junger Gelehrter um Max Horkheimer, der sogenannten "Frankfurter Schule". Seine Konzepte schöpfte er aus den Quellen des Alten Testaments und aus dem radikalen Humanismus von Karl Marx. Seine pessimistische Färbung ist auf seine Erkenntnis zurückzuführen, daß der Mensch dazu neigt, Götzen anzubeten und durch materielle Werte auf Kosten individueller menschlicher Werte in Abhängigkeit zu geraten.

Psychoanalyse wie auch für die Kritik an ihr hat. Hinzu kommt, daß große Teile seines Werkes in den letzten Jahren auch für den wissenschaftlich interessierten Laien zu Bestsellern auf dem Büchermarkt geworden sind. Fromms Ansatz ist sozialphilosophisch [133] und am Sein des Menschen orientiert.

Fromm stellt die klinischen Symptome zugunsten eines menschlichen Reifungs- und Wandlungsprozesses zurück. Er konzentriert sich auf die Freiheitsfrage, auf Vernunft und Liebe. Er geht von dem Streben des Menschen aus, den Sinn des Lebens zu finden. Sinnsuche und Sinnfindung realisieren sich für ihn im Mitformen der Gesellschaft, die den Menschen formt. In diesem Buch wurde bereits darauf eingegangen, daß Fromm in der Nekrophilie, im Inzest und im Narzißmus die Hauptursachen eines bedrohlichen Verfallsyndroms sieht. Er ist überzeugt, daß der Mensch, sobald er aufhört, das Leben zu bejahen, tiefste Störungen seiner Persönlichkeit erfährt und Opfer von Neurosen wird. Es gibt hier kein Zurück mehr zum Garten Eden, sondern nur ein Vorwärts, nämlich die Menschlichkeit weiterzuentwickeln, wenn nicht die archaische, pathologische Lösung zu regredieren, die Überhand gewinnen soll.

Fromm stellt dem Verfallssyndrom kompromißlos das Wachstumssyndrom gegenüber, d.h.: ein Ja zum Leben, zur Liebe zum Nächsten, zur Natur und zum Fremden sowie Unabhängigkeit und Freiheit bestimmen die Progressionsebenen. Auf der Kehrseite liegen die Regressionsebenen, auf denen die Nähe zum Tod, die Abkehr vom Leben und zerstörerischer Narzißmus angesiedelt sind. Nach diesem Modell dürfte das Verbrechen schlechthin als Verfallssyndrom auf den Regressionsebenen anzusiedeln sein. Fromm (1977) argumentiert gegen die Auffassung, daß Destruktivität und Grausamkeit wesensmäßig zur menschlichen Natur gehören soll. Damit löst er sich von den biologisch begründeten Auffassungen, wie sie u.a. von Freud und Lorenz vertreten werden. Allerdings gelingt es ihm nicht, annähernd alle Fragen zu beantworten, die das Problemfeld Destruktivität und Grausamkeit, auch Sadismus, aufwirft. Denn weder die menschliche Charakterstruktur noch die Struktur der Gesellschaft in ihren komplexen Systemen kön-

133 Ein Beispiel dafür ist Fromms Rückgriff auf die Lehrsätze von Spinoza aus "Die Ethik", Schriften und Briefe, In: Das Menschliche in uns. Die Wahl zwischen Gut und Böse (1968)

nen isoliert stehen. Ihm zufolge gibt es keine einfache Beziehung zwischen Umwelt und Charakter. Es gilt für ihn, diese komplexen Systeme mit Sadismusphänomenen in Verbindung zu bringen, um Entstehungszusammenhänge gesellschaftsbezogen zu analysieren.

Ein Aspekt in seiner "Anatomie der menschlichen Destruktivität" erscheint in seiner Bezogenheit auf die Gesellschaft für die Kriminologie von besonderem Interesse: die Langeweile.

Er schreibt dem Organismus ein Bedürfnis nach Stimulation und Erregung zu. Hier erkennt er einen wesentlichen, an der Destruktivität und am Sadismus mitwirkenden Faktor. Die Erregungsfaktoren Wut, Zorn und Grausamkeit wirken intensiver und schneller als produktiv–aktive Impulse. Produktiv–aktive Interessen erfordern progressives Streben, aktives Mitwirken und Bewirken, Liebe zum Mitmenschen und Reife, also Individuation. Dagegen kann Unproduktives durch primitive Reize, selbst und gerade dann, wenn der Mensch in seinem seelischen Wachstum zurückgeblieben ist, erregt werden. Die Massenmedien verdienen daran Millionen,weil sie ein Bedürfnis nach primitiver Erregung durch ihre Angebote an Grausamkeiten, Verbrechen und Nervenkitzel stillen. Je weniger Phantasie ein Mensch hat, desto geringer wird seine Produktivität und Kreativität sein. Der phantasiebegabte Mensch ist seinen Konkurrenten immer um eine Nasenlänge voraus. Mangels anderer Stimulantien wird aber der Unproduktiv–Passive auf den Nervenkitzel und die Darstellungen von Sex und Crime in einem weitaus höheren Maß als andere zur Befriedigung seiner Erregung angewiesen sein.

Das Problem der Stimulation verbindet Fromm daher mit Langeweile und chronischer Depression, um den Zusammenhang mit der Erzeugung von Aggression und Destruktivität herzustellen. Der Zusammenhang von Aggression und Depression ist mehrfach erörtert worden, u.a. in der Darstellung des Ablaufschemas von Angst und Abwehr sowie in dem Abschnitt über die narzißtischen Störungen, aber auch unter Hinweis auf den "latenten Raubmörder" (Schultz–Hencke) und seine schizoide Struktur. Immer wieder machen Sozialarbeiter und Kriminalisten die Erfahrung, daß in den Kreisen der Arbeitslosen, insbesondere unter den Jugendlichen mit unzureichender Bildung und Ausbildung, der Konsum von Pornographie und gewaltverherrlichenden Videos am größten ist, ja teils zur Sucht wird, oft in Verbindung mit Drogen oder Alkohol. Dabei sind Drogen sowohl Antidepressiva als auch Reizerreger. Mit diesen Argumenten wird auch die sogenannte "Katharsis-These" [134] in Frage gestellt, nach der Gewaltdarstellungen ein notwendiges Ventil zur Aggressionsabfuhr sind.

Fromm unterscheidet im Zusammenhang von Stimulation und Langeweile drei Typen:

1. den schon erwähnten produktiv-aktiven,
2. den oberflächlich chronisch gelangweilten, der immer wieder neue Reize braucht und
3. den chronisch depressiven, der unter einer Langeweile "in einem dynamisch, charakterologischen Sinn" leidet.

Im Gegensatz zum ersten gehören die beiden letzteren Typen zu den nichtproduktiven Charaktertypen, die Fromm beschrieben hat. Hierzu zählen die hortenden, rezeptiven, merkantilen und nekrophilen Eigenschaften, die sowohl den neurotischen als auch den kriminellen Charakterzügen zugeschrieben werden. Die bereits erwähnte Ladendiebin, die ein ganzes Arsenal von Kosmetika hortete, der Einbrecher mit seinem umfangreichen Lager von Diebesgut geben dafür ebenso Hinweise wie die Psychologie der Massenmörder. Bei Denke fand man neben anderen Utensilien seiner Opfer 381 Zähne, was ein beredtes Indiz für solche Eigenschaften ist. Unter diesen Merkmalen hat für Fromm die merkantile Orientierung des Menschen einen herausragenden Stellenwert, weil dadurch seine Habensmentalität besonders gekennzeichnet wird. Das Haben hebt nach Fromm die Kreativität auf, die er dem Sein zuschreibt. Der Markt wird zum Maßstab aller Dinge, und der Mensch wird zur Ware und zum Gebrauchsgegenstand. Der Markt entpersonalisiert menschliches Miteinander. An die Stelle personaler Beziehungen werden funktionale gesetzt. Auf diese Weise wird eine Konsum- und Wegwerfhaltung geprägt, die, wie Rudolf Affemann (1973) konkretisiert, auch von materiellen Produkten auf den Menschen übertragen wird. Menschen werden dann zu Objekten, die man konsumieren, verschleißen und wegwerfen kann. Das menschliche Sein wird durch das Haben ersetzt. Die Fähigkeit, mit Spannungen zu leben, erzeugt erst

---

134 Die Katharsis-These geht davon aus, daß Mediengewalt zum Abbau aggressiver Emotionen bzw. Verhaltenstendenzen durch Identifikation mit der dargestellten Gewalt führt. Die Übertragung des eigenen Aggressionsbedürfnisses gegenüber (persönlichen) Feinden auf andere "fremde" Fernsehfiguren konnte experimental kaum überzeugend nachgewiesen werden.

produktiv–aktive und kreative Kräfte, die es dem Menschen erlauben zu progredieren. Dem Verfallssyndrom wird die fortschreitende Entwicklung von Ich–Stärke entgegengesetzt. Der Aufbau der Ich–Stärke braucht wiederum Spannung und ist ein produktiv–kreativer Akt. Nach Fromm ist der nichtproduktive Mensch dazu verdammt, zu rauben und zu stehlen.

Fromm macht die ungenügend kompensierte Langeweile für die gefährlichen Folgen von Gewalttätigkeit und Destruktivität verantwortlich, "indem man sich von Berichten über Verbrechen, tödliche Unfälle und andere blutige und grausame Szenen angezogen fühlt, mit denen Presse, Rundfunk und Fernsehen die Öffentlichkeit füttern". Er führt weiter aus: "Es ist... nur ein kleiner Schritt von der passiven Freude an Gewalttätigkeiten und Grausamkeit bis zu den vielen Formen, aktiv Erregung durch sadistisches oder destruktives Verhalten zu erzeugen". Dazu können das Fernsehen und besonders die Gewaltvideos beitragen. Die Fernseh- und Videobilder verstärken in Gewaltdarstellungen nicht nur aggressive Tendenzen, sondern prägen langfristig Bewußtseinsstrukturen, denenzufolge Gewalt immer präsent und deshalb "normal" ist. Gewaltmodelle werden zur Konfliktlösung verinnerlicht. Es werden nicht nur Gewaltszenen, sondern Weltbilder [135] vermittelt.

Fromm verdeutlicht, daß der Mensch seine Entwicklung nicht nur als ein Resultat genetischer Veränderungen betrachten darf, sondern vielmehr auf seine Fähigkeit setzen muß, über die Entwicklung eines "sozialen Charakters" sich den jeweiligen sozialen Bedingungen, die eine Gesellschaftsform bestimmen, unter der das Individuum lebt und die es durch das Leben ausgestaltet, anzupassen. Der "soziale Charakter" ist das Ergebnis davon, "daß jede Gesellschaftsform (oder jede soziale Klasse) sich gezwungen sieht, sich der menschlichen Energie in der spezifischen Form zu bedienen, die für das Funktionieren der betreffenden Gesellschaft notwendig ist". Nach Fromm (1977) ermöglicht der "soziale Charakter" erst den "Prozeß der Umwandlung der allgemeinen psychischen Energie". Symbole, Werte und Ideen werden in erster Li-

135 Sehr deutlich zeigen sich solche "Weltbilder" im Darstellungsbereich von Kriminalität. Der Mord spielt in der Literatur, in Film, Funk und Fernsehen eine größere Rolle als in der Realität. Enstehungszusammenhänge von Kriminalität werden kaum herausgestrichen. Das Bild und die Rolle der Polizei werden auf widersprüchliche Weise verzerrt. Entweder sie ist dumm und einfältig oder allmächtig.

nie durch die Eltern bzw. die Sozialisationsträger im Prozeß der Charakterbildung weitergegeben, womit die Bildung des Charakters für den sozialen Menschen einen entscheidenden Stellenwert erhält.

Um keine Mißverständnisse aufkommen zu lassen, Frauen sind sicherlich, was die psychobiologische Ausstattung betrifft, nicht weniger aggressiv als Männer, sie lernen nur anders damit umzugehen oder werden dazu gezwungen.

Margarete Mitscherlich

7. Kriminalität und Geschlecht

7.1 Die Struktur der Tatverdächtigen nach dem Geschlecht

In den Kriminalstatistiken aller Länder fällt auf, daß die Kriminalitätsbelastung der Frau erheblich geringer als die des Mannes ist. Das gilt sowohl für die Industrie- als auch für die Entwicklungsländer. In der Bundesrepublik liegt der Anteil weiblicher Tatverdächtiger in den letzten Jahren zwischen 20 und 25 %, wobei es regional erhebliche Unterschiede geben kann. In den Entwicklungsländern liegt dieser Anteil erheblich darunter, in der Regel unter 5 %. Diese Beobachtung hat immer wieder die unterschiedlichsten Forschungsrichtungen in der Kriminologie veranlaßt, für die verschiedensten Thesen das Datenmaterial zu liefern. Einerseits wird geltend gemacht, daß aufgrund einer physischen Schwäche die Frau psychisch passiver sei als der Mann und den kriminellen Anreizen stärkere innere Kräfte entgegenzusetzen habe. Die dennoch registrierte Kriminalität wird dann in den Zusammenhang der geschlechtsspezifischen Eigenschaften gebracht, indem Menstruation, Schwangerschaft und Klimakterium zur Erklärung herangezogen werden. Exner (1949) spricht von sogenannten "geschlechtsgebundenen Umweltlagen".

Andererseits gilt die Frau als Ursache allen Übels. Der alttestamentliche Sündenfall steht seit Anbeginn hinter dem Ruf "cherchez la femme". Überwiegend den Frauen wurden bis in das 19. Jahrhundert hinein seit dem frühen Mittelalter die Hexenprozesse gemacht. Die böse Stiefmutter ist in vielen Kulturen ein Urtyp, der uns immer wieder in Märchen und Mythen begegnet. Erich Wulffen (1923) beschreibt das *Weib* als neidisch, rachsüchtig, boshaft und grausam. Er sieht in ihm eine "kupplerische Uranlage" und eine "Dirnennatur". Vor allem schreibt er ihm die Eigenschaften der "Giftmörderin" zu.

Es gebricht ihr öfter an Kraft, an persönlichem Mut, an Entschlossenheit, an Geschicklichkeit. Gewissermaßen die Lautlosigkeit des Giftmordes, seine Unauffälligkeit ohne Aufbietung physischer Kraft eignet der Frau. Sie sieht dabei auch kein Blut fließen; was sie sieht, Erbrechen und Schmerzen, ist sie als Krankenpflegerin der Familie zu sehen gewohnt.

Und wenn es schon ein Giftmörder sein muß, dann ist es nach Wulffen (1923) "der oft feminine Giftverbrecher", der zum Nachahmer der "Giftmischerin" wird.

Die "Giftmischerin" muß mehr dem Reich der Legende als der Wirklichkeit zugerechnet werden. Die Frau ist als Giftmörderin ebenso unterrepräsentiert wie bei anderen Tötungsdelikten. Gerade "Blut", das angeblich die Frau nicht sehen kann, spielt in den wesentlichsten Erlebnissen, die bestimmend für sie sind, eine herausragende Rolle. Auf "Blut" bzw. "Blutung" beziehen sich Menstruation, Defloration und Geburt, blutige Ereignisse, die mit einem hohen Aufwand an psychischen und physischen Kräften verbunden sind. Es gilt einer weiteren Legende entgegenzuwirken, nämlich der, daß weibliche Kriminalität in erster Linie mit der Sexualität der Frau in Verbindung zu bringen ist.

Wieder ist es Wulffen (1923), der geschrieben hat, "daß das Weib mit seiner geringeren sexuellen Energie weniger Antrieb zum Verbrechen ganz allgemein wie zum Diebstahl im besonderen hat!" Wenn aber die Frau dann zum Diebstahl neigt, würden stärkere "geschlechtliche Reizungen" auslösend sein. Bei den jungen Diebinnen "ist immer der Verdacht auf sexuelle Zusammenhänge aufzuwerfen". Das *anständige Weib* hat also keusch und züchtig zu sein. Ist sie es nicht, dann ist sie auch zu allen Verbrechen fähig.

Hier wird ein Frauenbild gezeichnet, das aus der Überlegenheit des Mannes und der vordergründigen Betrachtung der Frau als Sexualobjekt entstanden ist. Wulffen (1923) begründet die Schwäche der Frau mit dem Argument, "weil der Geschlechtstrieb des Weibes im Durchschnitt weniger stark, weil sein geschlechtliches Verlangen weniger heftig und weniger leicht erregbar ist, deshalb fehlt ihm auch die männliche Aktivität, die hauptsächlich vom Geschlechtstrieb getragen ist". Der Autor stellt als Tatsache hin, "daß sich bei vielen Verbrecherinnen andererseits ein Übermaß von Sexualität findet, die sie bis zur männlichen Aktivität und darüber hinaus aufpeitschen kann...". Auffällig erscheint ferner, daß die kriminelle Frau in der Literatur eher als pathologisch als der kriminelle Mann beschrieben und eingestuft wird. Kriminalität wird daher eher beim Mann als bei der Frau als "normal" betrachtet, analog zu der These: *sexuelle Begierde und Lust ist männlich und normal, die weibliche Sexualität jedoch krankhaft*. Der männliche Ehebrecher ist der bewundernswürdige Casanova, die Ehebrecherin die Sünderin. Derartige Vorstellungen dürften weitgehend noch heute mehr oder weniger unterschwellig die Diskussion über die Frauenkriminalität beeinflussen.

Würde man im Gegensatz dazu uneingeschränkt den Soziologen folgen, dann müßte sich die weibliche der männlichen Kriminalität in dem Maß angleichen, in dem sich die Frau gesellschaftlich emanzipiert. Dies geschieht vor allem dort, wo ihr als Ergebnis eines geschlechtsspezifischen Rollenwandels im zunehmenden Maß "Außen-rollen" zuwachsen. Eine solche Emanzipationstheorie der Frauenkriminalität wird aber durch die Kriminalstatistiken nicht belegt. Betrachtet man die Verurteilungen, so ist die Anteilsrate der Frauen in den letzten 100 Jahren in etwa bei ca. 20 % gleichgeblieben. Soweit höhere Verurteilungsraten bei Frauen festzustellen sind, kommen hier insbesondere Ladendiebstähle, Waren-, Warenkredit- und Geldkreditbetrug sowie u.a. Leistungserschleichungen im besonderen Maße in Betracht. Dies sind Delikte, die vor dem Hintergrund der Veränderungen eines besonderen sozialen Umfelds bzw. seiner gesellschaftlichen Bedingungen zu analysieren sind. Es sind dies Delikte, die sich, pauschal gesehen, für die Begründung des Labeling approach [136] am idealsten eignen, weil sie unter den gleichen sozialen Bedingungen von jedem heute begangen und damit als ubiquitär angesehen werden können. Solche Delikte sind

136 Labeling approach (Etikettierungsansatz) bedeutet, daß ein zunächst wertfreies Verhalten in Form von Zuschreibung aus dem gesellschaftlichen Umfeld eine soziale Karriere durchläuft und dadurch erst als "abweichend" (kriminell) definiert wird. Dabei tritt die Frage nach den Ursachen abweichenden Verhaltens, nach den Entstehungszusammenhängen, die zur Tat führen, zurück. Nicht die Täterpersönlichkeit, sondern die Tätigkeit sozialer Kontrollinstanzen ist hier zentraler Forschungsgegenstand. Zu den Hauptvertretern gehören u.a.: F. Sack, u.a. In: Kriminalsoziologie, 1968; Definition von Kriminalität als politisches Handeln, 1972; S. Lamnek, In: Theorien abweichenden Verhaltens, 1979. Einwände: Die Theorie von der Ubiquität (jeder ist kriminell) ist nur bedingt akzeptabel, weil sie außer acht läßt, daß die Kriminalität des "Jedermann" sich qualitativ von der der Schwerkriminellen deutlich unterscheidet. Nicht jede Etikettierung setzt eine kriminelle Karriere in Gang, was vor allem die nichtentdeckte Kriminalität belegen dürfte.

von der Kriminalität zu unterscheiden, die nicht jeder, sondern nur der einzelne unter dem Aspekt seiner Verantwortlichkeit, seines personalen Gewissens, seiner gewonnenen Individuation und Fähigkeit zur Integration begeht. In der sogenannten "klassischen Kriminalität" hat sich kaum etwas in der Struktur der Tatverdächtigen nach ihrem Geschlecht verändert.

Margarete Mitscherlich (1988) resümiert, auf die Studentenrevolte von 1968 zurückblickend, daß hauptsächlich die Frauenbewegung gestärkt wurde, weil Frauen seitdem gelernt haben, von "überholten Rollenmustern" Abschied zu nehmen und "sich von der in vielem korrumpierten und gefährlichen Wertwelt der Männer zu lösen". Der von Freud vertretenen Annahme, daß es das dringende Bedürfnis des Mannes sei, seine inneren Aggressionen mit Hilfe von Sündenböcken wieder nach außen abzuführen, weil der Mann Angst, vor allem Vergeltungs- und Kastrationsangst habe, setzt die Autorin entgegen, daß dies für Frauen eine geringere und seltenere Rolle spiele. Sie führt aus [137]:

> Die zentrale Angst der Frau ist die Angst vor Liebesverlust. Entsprechend verwandelt sie ihre Aktionen eher in masochistische Opferbedürfnisse, Schuldgefühle oder Vorwurfshaltungen als in die Suche nach Sündenböcken, mit deren Hilfe dann die gewalttätige Rivalitätsaggression sich angstfrei ausleben kann.

Die Emanzipation der Frau läßt aber ebensogut das Argument der Soziologen zu, daß gerade die Beseitigung von Diskriminierung die Frauenkriminalität herunterdrücken müßte. So formuliert Dietlinde Gipser (1980) als eines ihrer "Postulate zur Untersuchung frauenspezifischer Problemlagen", daß Frauen umso eher abweichendes Verhalten zeigen, "je diskriminierter sie ihre soziale Stellung oder je eingeschränkter sie ihre sozialen Handlungskompetenzen wahrnehmen". Treffend macht sie das abweichende Verhalten u.a. dann davon

---

137 Von 1983 bis 1988 sprachen 22 Frauen und Männer in den Münchner Kammerspielen über Deutschland. Eine dieser Reden, in "Nachdenken über Deutschland" (1988) veröffentlicht, wurde von M. Mitscherlich gehalten. Aus dieser Rede wurden die hier angeführten Gedanken entnommen und zitiert. Frau Mitscherlich, Witwe des 1982 verstorbenen Alexander Mitscherlich, ist Mitglied der Deutschen und Internationalen Psychoanalytischen Vereinigung, des PEN-Zentrums sowie Beirats- und Vorstandsmitglied des Hamburger Instituts für Sozialforschung. Mit ihrem Mann hat sie neben eigenen Arbeiten gemeinsam veröffentlicht: Die Unfähigkeit zu trauern (1967); Eine deutsche Art zu lieben (1970).

abhängig, "welches Leitbild eine Frau im einzelnen internalisiert hat,... welche Handlungsmöglichkeiten ihr aufgrund ihrer individuellen Biographie vermittelt worden sind". Ihre gesellschaftliche Rollendefinition allein reicht also nicht aus. Es wird nach dem geschlechtsspezifischen Schicksal zu fragen sein.

Mannheim (1979) warnt zu Recht davor, nur mit statistischen Methoden an das Problem der Frauenkriminaliltät heranzugehen und die Auffälligkeiten, die sich in unterschiedlichen Delikten und Altersgruppen zeigen, zu vernachlässigen. Er wirft der Kriminologie eine Vernachlässigung der Forschung in diesem Punkt vor und kritisiert eine vom Patriarchat beherrschte Kriminologie, indem er das Problem aufwirft, daß Männer hauptsächlich Strafgesetze dazu geschaffen haben, um Handlungen zu bestrafen und zu verbieten, die ihrer Meinung nach ihre persönlichen Interessen gefährden.

Es wird aus der Sicht des geschlechtspezifischen Schicksals der Frage nachzugehen sein, ob und inwieweit abweichende Verhaltensformen geschlechtsspezifisch sind und ob die niedrigere Anteilsrate der Frau an den Tatverdächtigen darauf zurückzuführen sein könnte, daß in einer Männergesellschaft vorwiegend Handlungen von Männern unter Strafe gestellt bzw. intensiver verfolgt werden. Dort, wo Doppelbelastungen die Frau in Beruf und Haushalt am härtesten treffen, müßte aufgrund zunehmender Rollenkonflikte die Frau häufiger kriminell sein, als sie es tatsächlich ist. Jedoch müßten auch wieder günstigere Emanzipationsbedingungen der Frauenkriminaltät entgegenwirken, wenn eine solche Kriminalität als Reaktion auf ihre Unterdrückung interpretiert wird. Wie ist daher die Kriminalität des Mannes in der noch weitgehend von ihm beherrschten Gesellschaft zu beurteilen? Aus psychoanalytischer Sicht stellt sich hier die Frage, inwieweit hinter der von der Frau und dem Mann begangenen Kriminalität eine mißlungene Identifikation mit dem eigenen Geschlecht oder dessen Verdrängung steht.

7.2 Die geschlechtsspezifischen Entwicklungslinien

Folgt man dem biogenetischen Grundgesetz, dann bildet das Weibliche den Urgrund. Das Leben beginnt in der Mutter zu wachsen. Die Erde, die das Leben hervorbringt, ist ebenfalls ein weibliches Symbol. Wenn dem Gedanken weiter gefolgt wird, daß das Leben aus dem Wasser kommt, dann könnte embryonales Leben im Fruchtwasser einem letzten archaischen Rest eines ursprünglichen Daseins im Urmeer entsprechen. Wasser ist ein archetypisches Symbol für Leben. Wasser und Meer sind in den meisten Kultursprachen auch grammatisch weiblichen Geschlechts. In der französischen Sprache stimmen *la mer* (das Meer) und *la mère* (die Mutter) phonetisch und im Genus (feminina) völlig überein. Es spricht vieles für die Annahme, daß zunächst eine Vatervorstellung völlig fehlte, da es sicher einer gewissen Entwicklung bedurfte, den Zusammenhang von Zeugung, Schwangerschaft und Geburt zu erkennen und zu verarbeiten, um daraus Folgerungen zu ziehen. Die Vorstellung, daß ursprünglich nur von einer Mutterfolge [138] auszugehen war und daß der Frau am Urbeginn alle Rechte als Führerin und Beschützerin zustanden, führt zu der Annahme eines ersten Matriarchats. An dieser Stelle wird noch einmal auf die Überlegung hingewiesen, daß das archaische Gewissen zunächst durch die Mütter gebildet wird [139], so daß hier eine entwicklungsgeschichtliche Entsprechung vorliegen könnte.

Was die frühesten Anfänge der Menschheit betrifft, dürfte die Auffassung vorgeherrscht haben, daß in der Frau allein sich der sexualbiologische Vorgang vollzogen hat. Hermaphroditische Wesen, zugleich zeugende und gebärende Erdgöttinnen, z.B. Frigga, Nerthus, Isis und andere belegen dies. Die erste narzißtische Kränkung erlebte die Frau durch die Verehrung von zeugenden Naturmächten wie Sonne, Wind, Regen, Gewitter usw. Die Vorstellungen vermischten sich mit denen der Zeugung durch Geister und Götter, die einst mit den Naturgewalten eins waren. Der christliche Glaube geht davon aus, daß vor 2000 Jahren Jesus durch den "Heiligen Geist" gezeugt wurde.

So wie im Matriarchat der Mann gegenüber den Urmüttern die Rolle des abhängigen und ergebenen Kindes einnahm, vollzog sich als Folge des Wechsels zum Pariarchat die Identifizierung des Mannes mit der Frau. Der Mann beschränkte sich nicht nur auf die Erzeugerrolle, son-

---

138 Ein besonderer Verfechter der Mutterrechtsidee war der Schweizer Johann Jakob Bachofen (1815 - 1887), Rechtshistoriker und Kulturphilosoph. Er wies in seinem Hauptwerk "Das Mutterrecht" (1948) nach, daß bei bestimmten Völkern und Stämmen die Kinder nicht nach dem Vater, sondern nach der Mutter benannt wurden.

139 Vgl. Kap. 3.8 Vom Ich-Ideal zum Über-Ich

dern erhob auch Anspruch auf mütterliche Fähigkeiten und somit auf die Macht über das Leben.

Das männliche Prinzip wurde nun zum Weltschöpfer. Die Götter wurden männlich, und männliche mythische Geschöpfe gebaren das Leben. Aus dem Haupte von Zeus wurde Athene geboren. Taaroa, Urgott der Ozeanier, gebar die Menschen aus seinem Rücken. Selbst der erste Mensch, Adam, gebar aus seiner Seite Eva.

Die tief verwurzelte Identifizierung des Mannes mit der gebärenden Frau zeigt der Brauch in Volksstämmen, in denen die Männer sich so benehmen, als seien sie die Gebärenden. Ebenso mutet manchmal das Verhalten an, das heute Männer oft unmittelbar während oder nach der Geburt ihrer Kinder zeigen. Ihnen geht es zuweilen "schlechter" oder sie "leiden" mehr als ihre gebärenden Frauen.

Wolfgang Schmidbauer (1973) kommt zu dem interessanten kulturanthropologischen Ergebnis, daß die meisten "Jäger und Sammler" ausgesprochen friedfertige und aggressionsarme Kulturen darstellten. Sie kannten keine Kopfjagd, keinen bewaffneten Raub oder organisierten Diebeszug. Sie prügelten niemals ihre Kinder. Ebenfalls ein Beispiel für mehr Friedfertigkeit haben die Eskimos gegeben [140], bevor sie mit *Weißen* in Berührung kamen. Sie kannten kein Wort für Krieg, und die Kinder wurden ebenfalls nicht geschlagen [141]. Vorsätzliche Tötungen, Körperverletzungen und Diebstähle kamen kaum vor.

Schmidbauer sieht wesentliche Gründe für ein solches Sozialverhalten im Fehlen von Besitz und in der Gleichstellung von Mann und Frau. Die Anthropologen Richard E. Leakey und Roger Lewin (1978) datieren

140 Erich Fromm (1977) hat neben einigen Indianerstämmen die Polar-Eskimos zu den lebensbejahenden, nicht destruktiv-aggressiven Gesellschaften gezählt. Irenäus Eibl-Eibesfeld (1970) tut sich dagegen schwer, die Aggressivität der Eskimos mit dem Hinweis auf Gesangsduelle zu belegen. Ihre Gastfreundschaft, die soweit geht, daß die Ehefrau zur "Liebe" zur Verfügung steht, ist weniger ein Indiz für die Unterdrückung der Frau, sondern spricht eher dafür, daß der Mann keinen Besitzanspruch auf sie erhebt. Daneben könnte weniger Verdrängung im Sexualverhalten auch ein aggressionshemmender Faktor sein.

141 Hier wird auf den psychodynamischen Vorgang von Rückidentifikation und Identifikation mit dem Aggressor hingewiesen, vgl. Kap. 3.6 Die Ichentwicklung. Alice Miller in: Das verbannte Wissen, Frankfurt, 1988, beschreibt und analysiert das "mißhandelte Kind", das später eine "böse Welt" schafft. Das Böse entsteht nicht mehr, wenn einst die aus der Verdrängung der Kindheit entstandene Ignoranz aufgehoben sein wird.

den "Sündenfall" der Menschen auf die Zeit vor zehntausend Jahren, als der Mensch seßhaft wurde und begonnen hat, Land einzunehmen, Besitz zu sammeln und Macht zu erjagen. Schmidbauer sieht in der Seßhaftwerdung des Menschen den wesentlichen Grund für die entscheidende Veränderung in der menschlichen Aggression. Es bildeten sich größere Gruppen, eine arbeitsteilige Gesellschaft und hierarchisch-patriarchalische Strukturen. Der Besitz schuf dabei auch den Neid. Neidgefühle gehören mit zu den ältesten Verbrechensmotiven, denn warum erschlug wohl Kain seinen Bruder Abel?

Es liegt nahe, daß mit der Einsicht in die Zusammenhänge von Zeugung, Schwangerschaft und Geburt eine neue geschlechtsspezifische Entwicklungslinie entstanden ist. Der Mann begründete ein Besitzrecht, das er nicht nur auf das Kind, sondern auch auf die Frau ausdehnte. Es ist nicht von der Hand zu weisen, daß erst Besitzrechte aggressive Neigungen verstärken, da es gilt, den Besitz zu verteidigen. Die Männer lernten sich durchzusetzen und Rivalen abzuwehren. Die Frau mußte eine weitere narzißtische Kränkung hinnehmen. Unbeschadet des teils noch vorhandenen archaisch-heroischen Frauenbildes, das zunehmend von einer patriarchalischen Gesellschaft verfolgt wurde und noch heute wird [142], hat die Frau die Beschützerfunktion gegenüber ihren Kindern weitgehend an den Mann abgetreten, womit sie auch das Recht auf Gewaltausübung in die Hände des Mannes legte.

Aufgrund der angedeuteten Entwicklungslinien bildeten sich geschlechtsspezifische Persönlichkeitsmerkmale heraus. Unter patriarchalischem Einfluß entwickelt sich ein für Jungen und Mädchen unterschiedliches Erziehungsverhalten. Mädchen werden von Geburt an in einem viel stärkeren Maß zur Anpassung und zur Unterordnung erzogen als Jungen. Anpassung führt zu größerer Schicksalsergebenheit und zu einer passiveren Haltung. Die Frau lernt daher von Anbeginn weit mehr als der Mann zurückzustecken und sich zu beherrschen. Wenn sie dann von einer Enttäuschung getroffen wird, so verfällt sie auch oft stärker dem Hang zur Regression, zur Isolierung, zur verstärkten Phantasietätigkeit, zu sehnsuchtsvollen Tagträumen und zur Introversion. Ihr

---

142 Jeanne d'Arc wurde von einer patriarchalischen Kirche verfolgt und verurteilt, die Theologieprofessorin Ute Ranke-Heinemann, die die Jungfrauengeburt hinterfragte, erhielt 1987 Lehrverbot. Noch vor 150 Jahren wäre sie wohl als Hexe verbrannt worden.

weibliches Schicksal dürfte entschieden durch die narzißtische Kränkung geprägt sein, die sie im Geschlechterkampf erlebt hat. Das Patriarchat hat die Frau in eine Situation der Abhängigkeit und Unterwerfung gebracht. Die These von der der Frau angeborenen Passivität, oft als Erklärung für ihre geringere Kriminalitätsbelastung herangezogen, dürfte daher sehr fragwürdig sein. Die Arbeiten von Margret Mead widerlegen die Annahme, daß der weiblichen Passivität biologische Ursachen zugrunde liegen. Ihre ethnologischen Studien belegen eher, daß die Frage der geschlechtsspezifischen Passivität und Aktivität kulturabhängig ist. Dazu bringt Margarete Mitscherlich einen weiteren Gesichtspunkt ein, wenn sie vorträgt (1988):

> Die Erziehung und die geschlechtsspezifische Entwicklung der Frau prädestinieren sie weniger dazu, eine mit Gewalt verbundene paranoische Grundstruktur zu entwickeln, wenn sie auch aus Angst vor Liebesverlust dazu neigt, vorgegebene Rollenmuster, Vorurteile, Wertvorstellungen einer vom Mann geprägten Gesellschaft zu übernehmen.

Im Gegensatz zum Mädchen wird der Junge mehr dahingehend erzogen, daß er sich durchsetzt und wehrt, daß er eher herrscht als sich beherrscht. Bei Mädchen erwünschte Verhaltensweisen werden bei Jungen z.T. nicht nur abgelehnt, sondern auch negativ sanktioniert. Der weinende Junge wird als "unmännlich" hingestellt, das Mädchen dagegen getröstet. Die natürliche Eitelkeit wird beim Mädchen durch Aufmunterung verstärkt, soweit die Schönheit dem Manne später dienlich ist.

Eine solche geschlechtsspezifisch unterschiedliche Erziehung schlägt sich heute noch weitgehend im Angebot von typischem Mädchen- und Jungenspielzeug nieder und wird sichtbar in unterschiedlichen Kinderspielen. Spiel und Spielzeug spiegeln die gesellschaftlichen Verhältnisse ebenso wieder, wie in den Spielabläufen auch gewisse Wertauffassungen vermittelt werden. Bernhard Krohner (1980) begreift "Spiel und Spielzeug als Sozialisations- und Lernfelder". Welche Bedeutung diese These gerade für geschlechtsspezifisches Verhalten haben kann, wird in seiner Formulierung deutlich, daß die Kinder durch das Spiel, "der Entwicklungsstufe angemessen, allmählich an die Erfordernisse erwachsenen Tuns und Handelns, an sensorische, motorische, kognitive, emotionale und soziale Fertigkeiten, an Rollen und die ihnen zugeordneten Verhaltensweisen, an Normen, Werte und kulturelle Selbstverständlichkeiten rechtzeitig, im wahrsten Sinne des Wortes von Kindesbeinen an, herangeführt werden" [143] . Es ist nicht zu leugnen, daß Jungen in der Regel heute noch aggressiveres Spielzeug als Mädchen erhalten. Sogenannte "Mutter- und Kind-Spiele" orientieren sich nach wie vor überwiegend an einem patriarchalisch bestimmten Handlungs- und Wertsystem.

Die klassische Kinder- und frühe Jugendliteratur hat sich immer wieder an die herrschenden geschlechtsspezifischen Rollenerwartungen gehalten. Dafür stehen als Beispiele nicht nur die Kinderbücher unserer Großelterngeneration, die heute noch gelesen werden, z.B. "Heidi", "Trotzköpfchen" und "Lederstrumpf", sondern auch selbst die anspruchsvolleren Romane für Kinder von Erich Kästner bis hin zu heutigen Kinderbüchern. Ein Konflikt ergibt sich später daraus, daß beide Geschlechter unbewußt jeweils auf gegengeschlechtliche Funktionen fixiert bleiben. Unbewußt hält die Frau heute noch an der Vorstellung der Selbstzeugung fest und der Mann an der der Lebensschöpfung. Dieses unbewußte Festhalten an einer Fiktion behindert die Persönlichkeitsentfaltung und begünstigt Neurosenbildungen, Psychosen, Angst, Schuld und Abwehr. Somit steht auch hinter der Kriminalität ein geschlechtsspezifisches Schicksal.

7.3 Der Ödipuskomplex

So umstritten die Annahme eines Ödipuskomplexes als universales Phänomen auch sein mag, so sehr ist er zum zentralen Begriff der Psychoanalyse geworden. Für die orthodoxe Schule der Psychoanalyse ist er ein wesentlicher Schlüssel zum Verständnis neurotischer und psychopathischer Konflikte und Entwicklungen.

Da die psychoanalytische Betrachtungsweise das Verbrechen sowohl in die Zusammenhänge von Kindheit, Neurose und Psychopathie stellt als auch phylogenetisch als Regressionsphänomen deutet, wird der Ödipuskomplex zu einem Hauptfaktor in einer psychoanalytischen Kriminologie. Der Ödipuskomplex beinhaltet nicht nur den von Freud begründeten Erklärungsansatz eines geschlechtsspezifischen Verhaltens

---

143 Krohner hat vor allem auf die Bedeutung von Kriegsspielzeug für die Übernahme und Entwicklung aggressiver Verhaltensweisen hingewiesen. Seine Schlußfolgerungen dürften auch für kriminelle Gewalt von nicht geringerem Wert sein.

im Blick auf Inzest- und Vatermordgedanken an, sondern er umfaßt sowohl den Generationskonflikt als auch den Konflikt zwischen Matriarchat und Patriarchat. Dafür sprechen sowohl eine phylogenetische als auch eine ontogenetische Interpretationskomponente. Diese erschließen auch einen Zugang zum Verständnis der Kriminalität der Geschlechter.

Nach der Tragödie von Sophokles hat ein Orakel dem König Laios von Theben und seiner Frau Jokaste geweissagt, daß einmal der Sohn, der ihnen geboren würde, den Vater töten und die Mutter heiraten werde. Bei der Geburt des Sohnes Ödipus beschließen daher beide, das Schicksal dadurch abzuwenden, daß sie Ödipus durch einen Hirten aussetzen ließen. Der Hirte jedoch gibt das Kind aus Mitleid weiter, so daß Ödipus schließlich vom König von Korinth adoptiert wird. Ödipus wächst heran, ohne zu wissen, wer er wirklich ist. Eines Tages verkündet ihm das Orakel zu Delphi das schon seinen wirklichen Eltern geweissagte Schicksal. Daher verläßt er seine vermeintlichen Eltern. Als er von Delphi zurückkommt, erschlägt er in einem Streit, in dem er die Selbstbeherrschung verliert, einen alten Mann mit seinem Diener, ohne zu wissen, daß dies sein Vater gewesen war. Sein Weg führt ihn nach Theben, wo die Sphynx alle jungen Männer und Jungfrauen verschlingt. Die Stadt wird erst befreit, wenn das Rätsel der Sphynx gelöst ist, das da lautet: "Welches Wesen, das nur eine Stimme hat, hat manchmal zwei Beine, manchmal drei und manchmal vier, und ist am schwächsten, wenn es am meisten Beine hat?". Der Befreier soll die Königswitwe zur Frau haben und Herrscher über Theben werden. Sich selbst erkennend, weiß Ödipus die Antwort: "Der Mensch". Jokaste wird seine Frau. Danach wird Theben von einer Pest als Strafe für den Vatermord und den Inzest heimgesucht. Als Ödipus sein Verbrechen erkennt, blendet er sich selbst.

7.4 Der Ödipusmythos und Geschlechterkampf

Bevor der eigentliche Elternkonflikt, die Eifersucht des Kindes in bezug auf den gegengeschlechtlichen Elternteil und das sogenannte "Inzestphänomen" erörtert werden, wird auf den Mythos eingegangen, der in seinem Kern eher einen Geschlechterkampf darstellt und der im wesentlichen für das heutige Herrschafts- und Ordnungsprinzip maßgeblich ist.

"König Ödipus" muß in den Zusammenhang der gesamten Ödipus-Trilogie von Sophokles gestellt werden [144] . Dazu zählen noch "Ödipus auf Kolonos" und die "Antigone". Fromm (1957) geht dabei weiter als Freud und zeigt unter Einbeziehung der gesamten Trilogie auf, daß sich der Kampf gegen die väterliche Autorität wie ein roter Faden durch das Gesamtwerk zieht. Er sieht in diesem Kampf das Hauptthema, das in seinen Ursprüngen bis an die uralten Kämpfe zwischen den matriarchalischen und patriarchalichen Gesellschaftssystemen zurückzuverfolgen ist. Fromm bedient sich dabei vor allem der schon erwähnten Interpretation von Bachofen und stützt sich auf das ursprünglich das Matriarchat begründende Mutterrecht.

Bachofen geht auf den Endkampf zwischen den mütterlichen und väterlichen Gottheiten in der Analyse von Äschylos' Orestie ein. Klytämnestra tötete ihren Gatten Agamemnon. Orest, der Sohn, ermordete aus Rache darauf seine Mutter. Vom matriarchalischen Standpunkt aus ist der Muttermord das verabscheuenswürdigste Verbrechen, da der Sohn mit der Mutter durch das gleiche Blut verbunden ist. Vom patriarchalischen Standpunkt ist der Gattenmord das schwerwiegendere und daher schlimmste Verbrechen, weil das Herrschaftsprinzip und die Autorität des Mannes verletzt ist. Die Erinnyen, die für die Muttergottheiten stehen, verfolgen daher Orest, während die von Zeus geborenen, also männlichen Gottheiten Apollo und Athene auf der Seite des Muttermörders stehen. Mit dem Freispruch über Orest siegt letztlich das patriarchalische Prinzip. Dieses Prinzip sieht im Gehorsam gegenüber der Autorität die Haupttugend. Daraus leitet die patriarchalische Gesellschaft das hierarchische System ab.

Hierarchische Strukturen sind heute noch in den Sozialsystemen besonders stark ausgeprägt, wo Männerherrschaft, Autoritätsglaube und Gehorsamsprinzip die sozialen Beziehungen regeln. Die Achtung vor dem Gesetz, das männliche Prinzip und die ihm gleichgestellte Vernunft als Fortschritt gegenüber dem Matriarchat zu bewerten, muß daher angezweifelt werden.

Beispiele des Rückschritts sind alle totalitären Staaten mit ihren extrem patriarchalischen Strukturen. Besonders fallen darunter die Mili-

144 Freud legt dem "Ödipuskomplex" die Version des Mythos zugrunde, die Sophokles in der Tragödie "König Ödipus" überliefert und beschränkt sich im wesentlichen nur auf diesen Teil der Trilogie.

tärdiktaturen, aber auch der Iran, der durch die Ayatollahs und Mullahs beherrscht wird. Von Dobash/Dobash (1979) stammt die Theorie, daß Gewalttätigkeit ein patriarchalisches Herrschaftsinstrument sei. Zur Erklärung wird angeführt, daß während der ganzen Menschheitsgeschichte sich die Gewalt der Männer gegen Frauen richtete, um die Frau zu unterwerfen [145]. Die Geschichte beweist: je patriarchalischer Völker geprägt sind, um so kriegerischer verhalten sie sich. Die erst in den 80er Jahren von Professor Napoleam erforschten Lebensformen der Orinoco–Indianer sind aufgrund der Männerherrschaft sehr aggressiver und kriegerischer Natur. Die Frau ist im Besitz des Mannes, und der Frauenraub ist Auslöser für blutigste Auseinandersetzungen. Schon die Kinder dreschen aufeinander ein, wobei allerdings die Lebens- und Kulturformen darauf hin ausgerichtet sind, in Urwäldern zu überleben.

Im matriarchalischen Prinzip ist dagegen der Gleichheitsgrundsatz stärker verankert, da alle Menschen Kinder von Müttern und alle Kinder der Mutter Erde sind. Bachofen (1926) [146] schreibt daher zum "Mutterrecht":

> Dasjenige Verhältnis, an welchem die Menschheit zuerst zur Gesittung emporwächst, das der Entwicklung jeder Tugend, der Ausbildung jeder edlern Seite des Daseins zum Ausgangspunkt dient, ist der Zauber des Muttertums, der inmitten eines gewalterfüllten Lebens als das göttliche Prinzip der Liebe, der Einigung, Friedens wirksam wird...
>
> Aus dem gebärenden Muttertum stammt die allgemeine Brüderlichkeit aller Menschen, deren Bewußtsein und Anerkennung mit der Ausbildung der Paternität untergeht...
>
> In den Mutterstaaten hat diese Seite des Mutterprinzips vielfältigen Ausdruck, ja selbst rechtlich formulierte Anerkennung gefunden. Auf ihr ruht jenes Prinzip allgemeiner Freiheit und Gleichheit, das wir als einen Grundzug im Leben gynaikokratischer Völker öfter finden...

An Bachofen anknüpfend ordnet Fromm (1957) Ödipus dem matriarchalischen Prinzip zu. Er weist Ödipus Beziehungen zu den Erdgöttinnen nach. Dem Ödipus auf Kolonos wird nicht wie dem König Ödipus ein Schicksal als Vatermörder und Blutschänder zuteil, sondern er ist ein Heimgekehrter in den Hain der Göttinnen. "Die tragische Schuld,

---

145 An dieser Theorie fällt auf, daß sie zu den wenigen modernen gehört, die Gewalt gegen Frauen monokausal zu erklären versucht.

146 Auch von Fromm (1957) noch ausführlicher zitiert.

die in König Ödipus alles durchdringt", so sagt Fromm, "ist getilgt, geblieben ist nur ein Konflikt, der so bitter und ungelöst ist wie eh und je der Konflikt zwischen Vater und Sohn". Weiter wird im Zusammenhang mit dem von der Sphynx aufgegebenen Rätsel ebenfalls auf das weibliche Prinzip hingedeutet. Fromm versucht das Rätsel aus der Symbolsprache in den Klartext zu übersetzen, der da heißt:

> Derjenige, der weiß, daß die wichtigste Antwort, die der Mensch auf die schwierigste Frage geben kann, die ihm gestellt ist, der Mensch selbst ist, der kann die Menschheit erretten.

Mit der Antwort "Der Mensch", betont Ödipus nachdrücklich die Wichtigkeit des Menschen und damit das matriarchalische Prinzip im Sinne der Deutung, die Bachofen vermittelt. Damit wird die Brücke zum anderen Trilogieteil "Antigone" geschlagen. Bei Sophokles wird Antigone ebenfalls zur Personifikation dieses Prinzips, weil sie sich dem Tyrannen Kreon, der die Autorität und damit das Patriarchat vertritt, entgegenstellt. Fromm schließt daraus, daß Ödipus deshalb zum Retter wird, weil er durch seine Antwort auf die Frage der Sphynx bewiesen hat, daß er wie Antigone die gleiche Welt repräsentiert. Die Welt kann nur besser werden durch mehr Menschlichkeit und durch mehr Liebe.

Verbrechen bleibt bis heute Ergebnis und Ausdruck von Inhumanität. Jugend- und Kinderkriminalität sind häufig auf den Vater-Sohn-Konflikt zu reduzieren, der aufgrund unzureichender Liebe ungelöst bleibt. Dabei versagen in unserer Gesellschaft heute die Mütter, wie einst Jokaste. Der Mythos scheint dies zu bestätigen. Jokastes Verderben ist darauf zurückzuführen, daß sie ihre Mutterpflichten nicht erfüllte. Mit der Kindesaussetzung hat sie aus der Sicht des matriarchalischen Prinzips ein geradezu unverzeihliches Verbrechen begangen und damit den eigenen Untergang und den ihrer Familie heraufbeschworen.

7.5 Das ödipale Entwicklungsphänomen

Die vorangestellte Mytheninterpretation bestätigt die grundsätzliche Bedeutung des Ödipuskomplexes, auch für die Verbrechensdeutung. Wenn dieses Konzept mehr bezeichnet als bloßen sexuellen Neid und Eifersucht, dann wird die Universalität und Ubiquität dieses Phänomens eher einsichtig als in der von Freud ursprünglich angenommenen, nahezu ausschließlichen Eingrenzung auf das sexuelle Verhalten. Freud verallgemeinert in nicht zutreffender Weise Eifersuchtsempfindungen und

Besitzrechte in bezug auf das andere Geschlecht, wie sie nur aus dem patriarchalischen Prinzip in unserer Kultur verständlich sind.

Die Bedeutung des Ödipusmythos für eine psychoanalytische Kriminologie liegt gerade darin begründet, daß der daraus abgeleitete Komplex wesentlich über die von Freud vermittelten Inhalte hinausgeht. Das dürfte auch für die individuelle ödipale Entwicklung gelten. Hier sind es vor allem die Arbeiten von Melanie Klein [147], die sich insbesondere Verdienste in der Analysearbeit mit Kindern erworben hat. Zwar ist diese Analytikerin zunächst von den von Freud entdeckten Zusammenhängen ausgegangen, hat aber dann feststellen müssen, daß ihre eigenen Beobachtungen nicht immer mit diesen Vorgaben übereinstimmten. Klein stellte Aggressionsausbrüche, Zerstörungsphänomene, Destruktions- und Omnipotenzphantasien fest, die immer wieder variierten. Dabei zeigten sich die sogenannten ödipalen Äußerungen, also Haß-, Neid- und Eifersuchtsgefühle sowie Tötungswünsche in bezug auf den gegengeschlechtlichen Elternteil schon in recht frühen Entwicklungsstadien, z.T. schon um das erste Lebensjahr. Aus diesem Grund verlegte sie die Entstehung ödipaler Komplexe in prägenitale Phasen, so daß erste Phänomene bereits oraler, urethraler und analer Natur sein dürften. Die von Freud in beschriebenen ödipalen Konflikte in der genitalen Phase bilden daher nur den Abschluß.

Melanie Klein geht von der frühesten Kindheit aus. Das Kind sieht zunächst eine kombinierte Elternfigur, bis es in der Lage ist, Vater und Mutter zu unterscheiden. Mit dieser Fähigkeit wird sich das Kind der Tatsache bewußt, zu beiden Elternteilen Beziehungen entwickeln zu können. Aufgrund der Fähigkeit, die Eltern, Vater und Mutter, zu erkennen, kann das Kind auch die Beziehungen der Eltern untereinander wahrnehmen. Vater und Mutter tauschen Dinge und Gefühle aus, die das Kind auch für sich selbst beansprucht. Dieser Austausch kann aus der Sicht des Kindes als gegen das eigene, z.T. noch schwache Ich ge-

147 Melanie Klein (1882 - 1960), geb. in Wien, beeinflußte maßgeblich die Technik der Kinderanalyse. Sie begann 1917 mit Kindern zu arbeiten und beschreibt ihre ersten Erfahrungen 1919 in einem Vortrag über "Die Einflüsse der Sexual-Aufklärung und des Nachlassens der Autorität auf die interlektuelle Entwicklung des Kindes". 1921 erste gedruckte Veröffentlichung: "Eine Kinderentwicklung". Grundlage ihrer Analysetechnik war die Interpretation des symbolischen Ausdrucks von Phantasien, Gefühlen, Ängsten und Spielhandlungen der Kinder.

richtete Handeln verstanden werden. Es bilden sich also nicht nur Eifersuchts- und Neidgefühle, sondern es werden auch depressive Ängste erheblich gesteigert. Das Kind versucht angstabwehrend das Elternpaar zu spalten, indem es das eine Elternteil idealisiert und das andere verdammt. Das jeweils mit Liebe und Aggression besetzte Objekt, Mutter oder Vater, kann dabei durchaus wechseln und ist austauschbar.

Vorwiegend richten sich die Aggressionstendenzen auf den gegengeschlechtlichen Elternteil. Das Kind möchte die Stelle dieses Elternteils einnehmen. Bei ihren Analysen hat Klein eindeutig Zusammenhänge zum nächtlichen Aufschrecken und Einnässen von Kindern sowie anderen Verhaltensstörungen beobachtet. Aggressionen gegen einen Elternteil werden häufig auf Spielsachen verschoben, aber auch auf andere Personen, z.B. Kinder, später Lehrer, interessanterweise oft auf Personen, die das patriarchalische Prinzip besonders verkörpern, oder auf Objekte, die ihnen zugeordnet werden können. Aus den Erziehungsschicksalen vieler Kinder kann herausgelesen werden, daß Kinderdelinquenz Folge eines unverarbeiteten Ödipuskomplexes ist, weil sich die Straftat in Wirklichkeit nicht gegen ein Außenobjekt richtet, sondern ein Elternteil getroffen werden soll.

Klein (1932) hat, um den Konflikt aus dieser Polarität zu beschreiben, sich Freuds Unterscheidung von Vital- und Todestrieb bedient. Wo Liebe sich an die Stelle der Aggression zu setzen vermag, dort kann das Kind seine Neid- und Eifersuchtsgefühle kontrollieren. Gelingt es nun dem Kind, positive Beziehungen zu Vater und Mutter aufzubauen, so ist der Erfolg ein Zuwachs an Ich-Stärke. Positive Erfahrungen erlauben depressive Ängste und narzißtische Kränkungen zufriedenstellend zu verarbeiten. Erworbene Haltungen werden im Verlauf der ödipalen Phase integriert und wirken sich auf die künftigen Beziehungen, sowohl die allgemein sozialen als auch die sexuellen aus.

Durch die Überwindung des Ödipuskomplexes wird das Ich gestärkt, der Mensch als Individuum gerettet. Das erinnert an das Rätsel der Sphynx. Der Mensch als Kleinkind bewegt sich noch unselbständig auf vier Beinen, auf zweien wird er selbständig und auf dreien ist er reif, eine Dreierbeziehung mit Vater und Mutter auszuhalten, was ihn zur Partnerschaft und zum sozialen Handeln befähigt. Mit der Befähigung zum sozialen Handeln wird auch das Gewissen erworben. Erkennt sich der Mensch darin nicht, dann ist er verloren. Zu Recht ist daher die These des Ödipuskomplexes ein Eckpfeiler der Tiefenpsychologie.

Es mag dahingestellt bleiben, inwieweit das moralische Gewissen ein Erbe des Ödipuskomplexes ist. Bereits erwähnt wurde, daß Freud das Über-Ich (als "väterliches" Gewissen) für ein Erbe des Ödipuskomplexes hält, nachdem der Ödipuskomplex durch die Identifikation mit dem Vater gesprengt ist. Wenn der rivalisierende Sohn schon nicht den Vater beseitigen kann, dann ist es besser, seine Liebe zu erringen, um auf diesem Weg an seiner Macht teilzuhaben. Klein kam zu der Überzeugung, daß gerade die Entwicklung des Ödipuskomplexes von einem moralischen Gewissen beeinflußt ist. Nun ließe sich wieder darüber streiten, ob der Ödipuskomplex ein biologisches Faktum ist, oder ob er lediglich gesellschaftlichen Ursprungs ist. Mit Blick auf die phylogenetische Komponente seiner Herkunft wird hier keine eindeutige Grenze zu ziehen sein, mit Hilfe derer man das stammesgeschichtlich Erworbene von der biologischen Komponente zu unterscheiden vermag.

Was Malinowski (1929) in einer interessanten ethnologischen Studie erarbeitet hat, ergänzt Überlegungen, die für die Betrachtung des Ödipuskomplexes im Zusammenhang der Sexualerziehung in einer bestimmten Gesellschaft von Bedeutung sind [148]. Danach gab es bei den Trobriandern, einem wilden Stamm in Nord-West-Melanesien, keine der in unserer Kultur üblichen Neurosen. Die Trobriander erzogen ihre Kinder ohne jeglichen Druck durch Gewalt und Moral. Nur in den Fällen, in denen sexualeinschränkende Erziehung geübt wurde, weil schon Kleinkinder verlobt wurden und die freie Wahl des Sexualpartners ausgeschlossen wurde, entwickelten sich neurotische Symptome. Es handelt sich hier zwar um einen scheinbar rein sexuellen Aspekt, der jedoch seine Ergänzung im matriarchalischen und patriarchalischen Prinzip findet. Die Trobriander waren keine rein patriarchalische Gesellschaft. Der Besitz wurde zwar von den Familienältesten verwaltet, vererbt wurde jedoch in der Mutterlinie. Hintergrund dürfte die Annahme gewesen sein, daß die Männer nicht sicher sein konnten, daß der von ihnen angehäufte Besitz wirklich an die leiblichen Söhne überging.

---

148 Wilhelm Reich fand in der Studie von Malinowski seine Vorstellung von der Verknüpfung sexueller Unterdrückung mit den ökonomischen Bedingungen bestätigt.

Lediglich in patriarchalischen Systemen "gehören" Frauen nur einem Mann, so daß es sich bei den Trobriandern um eine matriarchalische Gesellschaft handeln mußte. Bei den Trobriandern und ähnlichen "Paradiesvölkern" war Kriminalität in unserem Sinne unbekannt. Daher kann ein Zusammenhang mit ödipalen Konflikten nicht nur bei Neurosen, sondern auch beim Verbrechen angenommen werden.

Wenn der im Mythos ausgedrückte Sinn aus der Bildebene in die Bedeutungsebene übertragen wird, dann zeigt sich, daß gerade jugendliche Delinquenten schon sehr früh "ausgesetzt" worden sind. Das bedeutet Liebesverlust und narzißtische Kränkung. Das Verbrechen als Konflikt mit dem Strafgesetz ist immer auch ein Konflikt zwischen dem matriarchalischen und patriarchalischen Prinzip. Es wird noch darauf einzugehen sein, daß davon der Mann im weitaus stärkeren Maß betroffen ist als die Frau. Hinzu tritt als begleitender Faktor die Rebellion des Sohnes gegen den Vater.

7.6 Der Minus-Mann

"Der Minus-Mann" ist der Titel eines Roman-Berichts von Heinz Sobota (1978), den der Verfasser sich selbst widmete. Es handelt sich hierbei um die in offener, überwiegend in der Vulgärsprache des Milieus geschriebene (Auto-)Biographie eines Mannes, der als Zuhälter, Gewalttäter und exzessiver Trinker gelebt hat.

Seine Beziehungen zu Frauen waren tief gespalten, voller Haß und Selbsthaß. Er beteiligte sich an der Abrichtung eines Mädchens durch Folter zur Dirne und an der Gruppenvergewaltigung an einem jungen Gefangenen in einer Gefängniszelle.

Als Kind wurde er zufällig Zeuge des Geschlechtsverkehrs seines Vaters mit einer anderen Frau. Dabei dachte er an seine Mutter und berichtet:

> Oft schon hat Mutter, wenn Vater auf Reisen war, zu mir gesagt: Jetzt bist du der Mann im Haus, du wirst mich schon beschützen. Und jetzt nach dem Ereignis denkt er nach:... und plötzlich erscheint mir Mutter sehr schutzlos. Wenn ich an Vater denke, gärt es in mir...

Er schreibt über sein Verhältnis zu seinem Vater:

> Vater – er ist da und ich kann ihn nicht fortschicken, obwohl ich das jetzt gerne möchte – aber wenn ich groß bin, werde ich es tun, wenn ich groß bin –

wie Männer eben groß sind, oder noch besser, ein Stückchen größer und reich."

Der Minus-Mann erinnert sich, daß sein Vater zu ihm gesagt hat:

Du hast nicht zu heulen, oder du bist ein Mädchen, prügel dich, und bevor du zu heulen beginnst, schlag lieber noch einmal hin, klar!

Er gesteht sich ein, nicht oft geweint zu haben, "und wenn, dann lautlos und in der Nacht." Und wenn sein Vater ihn ruft, dann reagiert er widerwillig:

Ich will nicht gehorchen - ihm nicht - dann flackert es auf - tief in der Brust - anrennen will ich gegen ihn.

Der Minus-Mann hat die meiste Zeit seines Lebens in Gefängnissen verbracht. Sein Buch hat er im Zuchthaus von Marseille geschrieben. Es handelt sich hier um keinen Wahnsinnigen und Unzurechnungsfähigen. Juristisch war er für seine Verbrechen voll verantwortlich. Dieser Minus-Mann ist ein extremes Beispiel, jedoch sehr typisch für viele männliche Verbrecher, die entscheidenden Anteil an der Kriminalität in einer Männergesellschaft haben. Darum ist danach zu fragen, was den Mann zum Minus-Mann macht?

Wenn der Mann in einem so weit höheren Maß als die Frau durch Kriminalität belastet ist, was unterscheidet ihn dann so sehr von der Mehrheit der Frauen, die im Regelfall weniger zur Gewalt neigen? Ist es wirklich, wie Wulffen herausstellt, der angeblich stärkere, männliche sexuelle Drang? Die Kriminalität dürfte ja kaum als Reaktion auf seine Unterdrückung erklärbar sein. Wenn der psychoanalytische Ansatz die Kriminalität als Produkt mißlungener Identifikation und Individuation in Verbindung mit unzureichender Ichstärke zu erklären versucht, so müssen beim Mann besondere Sozialisationsmängel, vielleicht sogar vom Sozialisationsprozeß der Frau abweichende Bedingungen, entwicklungs- und verhaltensmaßgebend sein.

Zunächst dürfte es auf der Hand liegen, daß der Junge in seiner frühen Kindheit oft größere Probleme hat, sich mit dem Vater zu identifizieren, als das Mädchen mit der Mutter. Die Mutter ist schließlich mehr für das Baby und Kleinkind da als der Vater. Für die Tochter ist es daher denkbar einfacher geschlechtsspezifische Verhaltensmuster zu übernehmen, die durch die mütterlichen Verhaltenserwartungen und -kontrollen geprägt und gelenkt werden. Damit hat es die Frau leichter, ihre sozialen Rollen zu finden, damit sie den Erwartungen und Ansprüchen, die die soziale Umwelt an ihr Verhalten und ihr äußeres Erscheinungsbild stellt, gerecht werden kann. Das geschlechtsspezifische Identifikationsbild für den Sohn ist aber der Vater. Eine Männergesellschaft wie die unsere bringt der Geburt eines Sohnes ein erhöhtes Interesse entgegen. Trotz Änderung der gesetzlichen Namensgebungsmöglichkeiten hat der "Stammhalter" nach wie vor einen hohen Stellenwert, wie viele Geburtsanzeigen beweisen. Die Frage, ob es denn ein Junge ist, wird immer noch sehr betont gestellt – und nicht nur von Männern. Dieses auffallende Interesse hat auch die Vorstellung entstehen lassen, Söhne würden von Müttern mehr geliebt als Töchter. Das dürfte ein fataler Irrtum sein, denn höhere Erwartungen und überfrachtete Gefühle bezüglich der Bedeutung eines Stammhalters oder Erbens in einer Männergesellschaft schaffen nicht mehr Liebe, sondern eher einen Erwartungsdruck, der auf Mutter und Kind lastet. Dadurch wird für die Mutter die Erziehung des Sohnes erschwert. Die Mutter muß wiederum durch die Beachtung, die dem männlichen Nachwuchs zuteil wird, die Zurücksetzung des eigenen Geschlechts, sei es bewußt oder unbewußt erleben. Sie kompensiert eine solche Zurücksetzung, indem sie häufig eine besondere "Mutter–Sohn–Beziehung" aufbaut.

Diese *Mutter–Sohn–Beziehung* führt oft zu einer Bindung, die immer wieder mit einem großen Ausmaß an Mutterliebe verwechselt wird, die der Sohn angeblich erhält. Wäre dies tatsächlich so, dann müßte sein Sozialisationsprozeß sich unter besonders günstigen Bedingungen vollziehen. Es handelt sich aber nur um scheinbare Mutterliebe. Sie ist in Wirklichkeit Abwehr und Reaktion der Mutter auf die Zurücksetzung des eigenen Geschlechts, die sie in der Männergesellschaft erlebt. Diesen Mechanismus begünstigen die Männer noch zusätzlich, indem sie häufig ihre Gefühle abspalten. Sie ziehen dabei die anfänglich noch ungeteilte Liebe von ihren Frauen ab, weil sie die hierfür notwendige Energie im Konkurrenzkampf der Männergesellschaft benötigen. Die Gefühle, die von den Ehemännern nicht mehr so intensiv wie früher erwidert werden, lenken nun die Frauen auf ihre Söhne um. Sie gewinnen auf diese Weise aber auch Boden in der ihnen nur schwer zugänglichen Männergesellschaft, indem sie möglichst lange die Söhne an sich binden, die später häufig, von ehrgeizigen Müttern gedrängt, Karriere machen. Gegenüber auftretenden Rivalinnen, z.B. den Schwiegertöchtern, können sie sehr feindselige Gefühle aufbringen.

Für den Ichaufbau des heranwachsenden Mannes fehlen oft die Anteile, die ein Vater dem Sohn für die notwendige Identifikation und damit für seine Identitätsfindung geben muß. Der soziale Wandel, der die Sozialstrukturen z.T. gründlich verändert hat, erschwert zusätzlich die unzureichende Vateridentifikation. Ein ausgleichendes, stabilisierendes Moment war früher die Großfamilie, in der Großvater, Onkel oder älterer Bruder Ausgleichsrollen übernehmen konnten. Die heutige Kleinfamilie, weitgehend auf emotionale Funktionen beschränkt, konzentriert nahezu alle Konflikte auf eine intime Kleinstgruppe. Moderne Berufsbilder sind kaum mehr für das heranwachsende Kind durchschaubar, so daß immer seltener noch konkrete Vorstellungen von der Arbeitswelt des Vaters vermittelt werden können. Das gibt dem Vaterbild für eine Identifikationsmöglichkeit noch mehr Ferne und Anonymität. Die wachsende Anonymität, ein treffendes Argument der Soziologen für die schwindende informelle soziale Kontrolle, erhält somit eine psychoanalytische Dimension im Sozialisationsprozeß. So wachsen von einseitiger Mutterliebe geprägte Jungen mit unzureichenden, für die Geschlechtsidentität jedoch notwendigen Ichanteilen heran. Ihr geschwächtes männliches Ich macht sie zu Minus-Männern. Ihr Schicksal ist es, den Anforderungen einer Männergesellschaft nicht gewachsen zu sein und sich als Mann nicht behaupten zu können.

Wenn die Sprengung des Ödipuskomplexes für die Gewissensbildung und das Erwachsenwerden eine so wichtige Voraussetzung bildet, dann bleiben solche Minus-Männer in ihrem Wesen infantil, nämlich sogenannte Muttersöhne mit permanentem Schuldbewußtsein und Angstgefühlen. Der aktuelle Bezug zur Lösung des Rätsels der Sphynx ist damit wiederhergestellt. Es geht um die Entwicklung der Fähigkeit, die "Dreierbeziehung" im Spannungsfeld zwischen Vater und Mutter aushalten zu können, um selbständig zu werden. Trifft die väterliche Strenge oder die des patriarchalischen Prinzips auf infantile Schuld- und Angstgefühle, dann trifft sie ein nur schwaches Ich. Das bedeutet, daß das Über-Ich entweder übermächtig werden kann oder sich nur unzulänglich, lükkenhaft oder gar nicht ausbilden kann. Der Minus-Mann leidet entweder darunter, daß sein Vater eine unantastbare große Autorität in der Ferne oder zwar nah, aber zu schwach ist. Im ersteren Fall scheitert eine Identifikation mit dem Vater deshalb, weil der Minus-Mann überfordert ist, so zu sein wie das Vorbild. Der unnahbare Vater wird zwar in vielem abgelehnt, aber unter dem Zwang, ihm zu folgen, muß der Minus-Mann noch mächtiger werden, d.h. noch männlicher als er. Auf diesem Weg erfolgt jede Es-Äußerung, wie sie auch immer geartet sein möge, ständig unter Angst. Die Angstabwehr kann dann zur bereits beschriebenen Entwicklung in die Neurose und/oder Kriminalität führen. Ist der Vater zu schwach, so wird das Über-Ich unstrukturiert bleiben und bei jeder Es-Regung die gleichen Ängste verursachen. Das nicht ausgerichtete Es reagiert dann diffus auf sehr viele Reize.

In den hier aufgezeigten Elternkonstellationen unterdrückt eine dominante Mutter die spontanen Regungen des Sohnes. Trotz dieser besonderen Mutter-Sohn-Bindung lebt der Sohn in ständiger Angst vor der Ablehnung durch die Mutter. Zum Teil ist eine solche Ablehnung bei der Mutter zumindest unterschwellig vorhanden.

Bei dem Minus-Mann zeigen sich auch gelegentlich passive homosexuelle Wünsche. Sie entwickeln sich aufgrund der Identifikation mit der Mutter, können aber durch das von der dominanten Mutter geprägte Über-Ich eingedämmt werden, wie feindselige Impulse gegen Rivalinnen der Mutter auch heterosexuelle Wünsche blockieren können. Solche Minus-Männer führen sich dann als Ehemänner und Väter erbarmungslos tyrannisch auf, um gegen das beherrschende Mutterbild anzukämpfen. Sie tragen so ungewollt dazu bei, daß Familienstrukturen perpetuiert werden, in denen neue Minus-Männer heranwachsen. Das negative Sozialverhalten dieser Männer entspringt schließlich einem Bedürfnis, die Minus-Eigenschaften zu kompensieren. Die Verhaltensmuster sind das Produkt einer mißlungenen Mannwerdung. Das Muttersohn-Problem kann den Minus-Mann auch zum Soziopathen und zum soziopathischen Verbrecher machen. Das Problem liegt in der ödipalen Identitätskrise des eigenen Geschlechts. Wenn auch ordinär und obszön, so doch offen und treffend, sagt der Minus-Mann Sobota einleitend zu seiner Biographie:

> Wenn einer nicht den Mut hat, seine Mutter zu ficken, sollte er wenigstens seinen Vater erschlagen.

Somit frißt das Patriarchat seine eigenen Kinder, indem eine an hierarchischen Ordnungsprinzipien orientierte Männergesellschaft eine überwiegend von Männern begangene Kriminalität hervorbringt.

7.7 Minus-Mann-Eigenschaften und Soziopathie

Die Vorstellung, daß aus allen Minus-Männern Verbrecher würden, wäre unrealistisch und überzogen. Zum größten Teil dürfte diesen Männern eine Entwicklungsstörung nicht immer ohne weiteres anzusehen sein, denn vielen, vielleicht den meisten, gelingt es, ihre Minus-Eigenschaften zu kompensieren. Oft kann das schon bei den Jungen in der Schule beobachtet werden. Unter den Strebern fallen vielfach die Muttersöhne auf, die teils auch von ihren Mitschülern allein schon aufgrund einer gewissen femininen Art abgelehnt werden. Gerade die Angst vor Ablehnung beflügelt sie, hungrig nach Anerkennung, zu noch größeren Anstrengungen. Sie schlagen in ihrem späteren Leben, karrieretüchtig und ehrgeizig, Offiziers- und Beamtenlaufbahnen ein, sind erfolgreich in Politik und Wirtschaft. Unter ihnen sind auch ganz "Große" zu finden - im negativen wie im positiven Sinn.

Ein ganz bekanntes negatives Beispiel ist Adolf Hitler. Seine Biographie ist sehr bezeichnend und steht stellvertretend für viele andere. Hitlers Vater Alois kam, ging, kam wieder, prügelte und herrschte autoritär. Sein Sohn Adolf haßte ihn. Seine Mutter wiederum verhätschelte und bewunderte ihren Sohn. Seine Lebenswelt wurde die der Männer ohne Mitgefühl, orientiert an Über- und Unterordnung, an Herrschaft, Strenge und Gehorsam, ohne Liebe. Der Historiker Sebastian Haffner (1978) stellt fest:

> Hitler hatte keine Freunde. Mit untergeordneten Hilfskräften - Fahrern, Leibwächtern, Sekretären - liebte er stundenlang zusammenzusitzen, wobei er allein das Wort führte. In dieser Chauffeureska entspannte er sich. Eigentliche Freundschaft wehrte er lebenslang ab.

Haffner kommt zu dem Schluß:

> In diesem Leben fehlt - "nachher" wie "vorher" - alles, was einem Menschenleben normalerweise Schwere, Wärme und Würde gibt: Bildung, Beruf, Liebe und Freundschaft...

Wenn man Hitlers allgemeine Scheu vor Nähe bedenkt, drängt sich sogar der Verdacht auf, daß Röhms Freundschaftsanspruch eher ein zusätzliches Motiv war, ihn aus der Welt zu schaffen. [149]

Zu Frauen hat Hitler niemals eine sinnerfüllte Beziehung finden können. Fromm (1977) unterschied die respektablen, von ihm bewunderten und die sozial zurückgesetzten Frauen, für die er sich interessierte. Fromm zitiert Hanfstaengl, demzufolge Hitlers Nichte Geli Raubal, die zu dem letzteren Frauentyp zu zählen ist, geäußert haben soll: "Mein Onkel ist ein Ungeheuer". In den Beziehungen zu Frauen offenbarte sich bei Hitler eine sado-masochistische Charakterprägung, die vielen Gewaltverbrechern eigen ist. Er hat sie bevorzugt Frauen gegenüber zum Ausdruck gebracht, die er bewunderte. Die Schauspielerin Renate Müller soll ihrem Direktor Zeissler anvertraut haben, daß sich Hitler in einer intimen Situation vor ihr auf den Boden geworfen und um Tritte gebeten habe, wobei er sich selbstquälerisch wand. Je mehr sie ihn trat, umso erregter soll er dann geworden sein. Der "große Führer" hatte in Wirklichkeit eine unterwürfige Einstellung, daher handelte er stets im Namen einer höheren Macht, der "Vorsehung" und der "Geschichte". Alle Charakterzüge - ein Vergleich zur Phänomenologie des Urverbrechens [150] wird sich aufdrängen - kennzeichnen den Narzißten. Fromm (1977) beschreibt Hitler folgendermaßen:

> Er weist alle typischen Symptome einer äußerst narzißtischen Person auf: er interessiert sich nur für sich selbst, für seine Begierden, seine Gedanken, seine Wünsche; er redet endlos über seine Ideen, seine Vergangenheit, seine Pläne; die Welt interessiert ihn nur, soweit sie Gegenstand seiner Pläne und Begierden ist; andere Menschen spielen für ihn nur eine Rolle, soweit sie seinen Zwecken dienen oder dafür benutzt werden können; er weiß immer alles besser als alle anderen...

Hitler verkörpert beide Seiten eines Minus-Mannes: Die Kompensation der Minus-Eigenschaften durch Leistungen und Erfolge und die Kehrseite des ungeheuren, in ihm vorhandenen Destruktionspotentials, das

---

149 Hitler ließ Röhm, Stabschef der SA, der 1923 nach der Teilnahme am Hitler-Putsch aus der Reichwehr ausgeschlossen war und sein Kampfgefährte war, am 1.7.1934 wegen angeblicher Verschwörung mit anderen SA-Führern ohne Gerichtsverfahren erschießen (Röhm-Putsch).

150 Vgl. Kap. 8. insbes. 8.4 Die Massentötung von Jonestown und 8.6 Der Speichelfresser

ihn zum Massenmörder und rücksichtslosen Zerstörer machte. Haffner (1978) schreibt in seinen "Anmerkungen zu Hitler" über diese bipolaren Eigenschaften:

> In den ersten sechs Jahren seiner zwölfjährigen Herrschaft überraschte Hitler Freund und Feind mit einer Reihe von Leistungen, die ihm vorher fast niemand zugetraut hatte...

Seine Leistungen als Massenredner und Massenhypnotiseur waren allerdings immer unbestreitbar gewesen.

Zu seiner Kehrseite heißt es:

> Ohne Zweifel ist Hitler eine Figur der politischen Weltgeschichte; aber ebenso zweifellos gehört er auch in die Kriminalchronik...

Hitler hat zahllose harmlose Menschen umbringen lassen, zu keinem militärischen oder politischen Zweck, sondern zu seiner persönlichen Befriedigung. Insoweit ist er nicht mit Alexander oder Napoleon auf eine Stufe zu stellen, sondern etwa mit dem Frauenvertilger Kürten und dem Knabenvertilger Haarmann; nur mit dem Unterschied, daß er fabrikmäßig betrieb, was sie handwerklich verübten, so daß seine Opfer nicht nach Dutzenden oder Hunderten zählen, sondern nach Millionen. Er war ganz einfach auch ein Massenmörder.

Hitler steht mit seinen extremen Verbrechen für alle, die mit Rücksichtslosigkeit und Grausamkeit ihre Ziele verfolgen. Die hierfür aufgewendeten Energien finden meist die Lücken des Über-Ichs, reißen sie weiter auf, bis sich die kriminelle Energie asozial in ihrer gefährlichsten Form entfaltet. Auswirkungen von Kompensation als Garanten überdurchschnittlicher Leistungen und Erfolge können ebenso zur Quelle des Verbrechens werden.

Das entscheidende Symptom der Minus-Mann-Delinquenz muß nicht immer oder unbedingt als organisches, neurotisches oder als psychotisches Phänomen klassifiziert werden. Das macht die Beurteilung und Abgrenzung des Minus-Mannes so schwierig. Er ist unfähig, aus Erfahrungen zu lernen. Sein Mangel liegt im Bereich des Gemüts- und Willenslebens, in unzureichender Urteils- und Einsichtsfähigkeit begründet. Häufig kann er sein Wesen und seine Situation gut zum Ausdruck bringen, jedoch ist dies ohne Substanz, heruntergekommen zu Phrasen und Worthülsen. Realitätssinn ersetzt er durch Konfabulation. Er weiß nicht mehr zwischen wahr und falsch zu unterscheiden. Er lügt auch, wenn er es gar nicht nötig hat. Selbst wenn seine Lüge entlarvt wird, hält er an der Lüge fest, ohne verlegen zu werden. Er bleibt unfähig, Leid, das er anderen zufügt, adäquat einzuschätzen, denn die reflektorische Angstmoral, die als Sicherung gegen anti- und asoziales Verhalten dient, versagt bei ihm.

Viele dieser Eigenschaften decken sich mit dem Soziopathie-Begriff, wie ihn Dietrich (1968) herausgearbeitet hat:

> Wegen seiner Regression auf seine infantile Objektwahl (Ödipuskomplex) ist der Soziopath unfähig zu echten Liebesbeziehungen, er ist promisk und pervers. Er ist oberflächlich, egozentrisch, infantil und unverantwortlich, neigt zum Lügen, zur Suggestibilität und Autosuggestibilität,...
>
> Die hysterische Struktur findet somit im Soziopathen ihre stärkste Ausprägung.

Hier dürfte eine Akzentverlagerung auf den hysterischen Kriminellen vorliegen. Die Analyse der Kriminalität der Minus-Männer schließt den Kreis der neurotischen, psychotischen und hysterischen Verbrecher, denn auch Dietrich kommt zu dem Ergebnis, daß es "keine Delinquenz ohne einen gewissen Anteil an Hysterie" zu geben scheint. Aufgrund hysterischer Strukturdefekte kann sich der Minus-Mann relativ frei von Angst- und Schuldgefühlen machen, d.h. anfänglich sind diese Gefühle durchaus noch vorhanden; sie schwinden allenfalls mit der zunehmenden hysterischen Ausprägung. Nach Bergler (1952) und Parin (1961) haben Delinquente, wie uns Dietrich (1968) vermittelt, zwar ein Über-Ich, aber die gegen das Über-Ich gerichtete Abwehr läßt den Eindruck entstehen, als sei es nicht vorhanden. Um den Konflikt zwischen den Wünschen des Es und den Forderungen des Über-Ichs zu lösen, wehren sie sie ab. Sie gewähren damit den verpönten Es-Wünschen teilweise Zugang zum Ich und vermeiden dadurch eine drohende Versagung, d.h. die eigentliche Neurose, wie sie ausgeprägter bei Frauen, anzutreffen ist.

Die eindeutige Nähe der Minus-Mann-Eigenschaften zur Soziopathie zeigt sich beim Intensivtäter, der immer wieder mit soziopathischer Delinquenz in Verbindung zu bringen ist. Bei den Entstehungszusammenhängen dieser Taten spielen Ablehnung und Verwöhnung eine große Rolle. Die Mutter verwöhnt das Kind, der Vater lehnt es ab; ergo erfolgt die Identifizierung mit der Mutter, und es kommt zum Konflikt mit dem Vater, seinen Nachfolgeinstanzen und der ihm zuzuordnenden

Wertewelt. Solche Menschen müssen daher stets auf das Infantile regredieren, wie es große und kleine Minus-Männer immer wieder beweisen. Adam Ulam (1977) schreibt dazu sehr deutlich über Stalin, der mit Hitler wesensverwandt gewesen sein dürfte:

> Große und böse Männer behalten immer einige Charakteristika von mutwilligen Kindern. Stalin hatte bis zu seinem Tod knabenhafte Eigenheiten – er war unruhig, konnte nicht stillsitzen, war launenhaft. Auch sein Geschmack und seine Vorlieben blieben etwas infantil: Er liebte Kino und jene ordinären Banquette in ausschließlich männlicher Gesellschaft, die Milovan Djilas beschrieben hat.

Diese Beschreibung deckt sich auffällig mit der Aussage, die Haffner über Hitlers Umgang mit seiner "Chaufeureska" gemacht hat. Häufig setzt der infantile Muttersohn an die Stelle seines realen Vaters, der zu schwach, zu unnahbar oder gar nicht da ist, ein irrationales Vaterbild. Das kann ein Phantom, eine innere Stimme, eine höhere Macht (die Vorsehung) oder eine Ideologie sein, der man sich unterwirft. Da können irrationale Filmhelden, wie z.B. Rambo, zu willkommenen Identifikationsvorbildern werden, um dem infantil gebliebenen Mann Größe zu verleihen. Wie verheerend sich das auswirken kann, bewies exemplarisch das Massaker in der südenglischen Stadt Hungerford am 19.8.1987. Der 27jährige Michael Reyan lief mit einem Tarnkampfanzug und Stirnband im Rambo-Look und einer Kalaschnikoff-Maschinenpistole wild feuernd Amok. Er erschoß 14 Menschen und verletzte 15 weitere, teils lebensgefährlich. Dieser Amokschütze galt als freundlicher und unauffälliger Junge, der nach dem Tod seines Vaters zu seiner Mutter gezogen war. Seine Mutter vergötterte ihn. Seine Tat war die eines typisch aggressionsgehemmten Muttersohns, der stets ein "lieber Junge" war. Der in seine Persönlichkeit "integrierte" Rambo mußte als sogenannte maskuline Prothese wie eine Zeitbombe in ihm ticken.

Dergleichen trifft nicht nur für Gewalttäter zu. Der Kriminologe Armand Mergen hat sich in einem Psychogramm über den Wirtschaftskriminellen dahingehend geäußert, daß das stetige Bemühen für diese Menschen typisch sei, sowohl ihre Taten als auch ihre neurotischen Reaktionen und Verhaltensweisen zu rationaliseren, sich nach außen und innen abzuschirmen und zu tarnen. Er betont Charaktermerkmale, die sich gegenseitig auszuschließen scheinen, wie rücksichtlose Brutalität neben hypertropher, meist ichbezogener Sensibilität. Auch dieses Bild spiegelt den Minus-Mann exakt wider.

Die Männergesellschaft selbst schafft die Sozialisationsbedingungen, die für die Kriminalität verantwortlich ist. Der Ausspruch von Lacassagne, "La société a les criminels qu'elle mérite [151] ,gewinnt volle Gültigkeit. Die Kriminalität des Mannes ist Resultat der Krise einer Männergesellschaft, die den Anforderungen, die sie an das eigene Geschlecht stellt, zum einen durch die fast ausschließlich von Männern gesetzten Normen, zum andern durch eine geschlechtsspezifische Rollenerwartung, nicht gewachsen ist. Das trägt wesentlich zur Entwicklung des Minus-Mannes bei. Die mehrheitlich von Männern begangene Kriminalität ist auch das Produkt einer im Mann begründeten Identitätskrise des eigenen Geschlechts. Dort wo Männer Verbrechen planen und ausführen, spielen Frauen, wenn überhaupt, lediglich untergeordnete Helferrollen. Sie gewähren den "Verfolgten" Unterschlupf, partizipieren am Erfolg des Verbrechens und dienen häufig als "Lockvögel". Diese Männer versuchen die Frauen - und auch das spricht für ihre Identitätskrise - in der Rolle des bloßen Sexualobjekts zu halten, das man entweder anbetet oder sich unterwirft.

7.8 Die Minus-Frau

Wenn die Kriminalitätsbelastung des Mannes weitgehend auf im patriarchalischen Prinzip begründeten Haltungen und auf einer Identitätskrise vor dem Hintergrund einer mißlungenen Mannwerdung beruht, wenn auf der anderen Seite gar das matriarchalische Prinzip sich kriminalitätshemmend auswirkt, dann kann im Umkehrschluß für die Kriminalität der Frau das matriarchalische Prinzip keine Erklärungsansätze bieten.

Dennoch gibt es - wenn auch im geringeren Maß - die kriminelle Frau: die Minus-Frau. Nur unterscheidet sich diese von ihrem männlichen Gegenstück dadurch, daß ihre Identitätskrise in der Abwehr des eigenen Geschlechts zu suchen ist. Die Abwehr der eigenen Weiblichkeit ist bei Frauen nicht nur unbewußt, sondern auch erschreckend tief verankert. Viele Frauen wünschen sich, als Mann geboren zu sein. Häufig hört man von ihnen, wie sehr das Schicksal des Mannes leichter

151 "Die Gesellschaft hat die Verbrecher, die sie verdient."

und beneidenswert vorteilhaft ist. Eine solche Abwehr der Frau, was die eigene Geschlechtsrolle angeht, muß tiefe Gründe haben, die nicht nur von dem umstrittenen Penisneid des Mädchens gegenüber dem Jungen herrühren.

Zunächst ist auf das Geburtstrauma hinzuweisen. Die Geburt ist das erste "Ausgesetztwerden" durch die Mutter. Sie ist hier als Vorgang des "Abstoßens" zu sehen und das größte Schmerzerlebnis, so daß erste unbewußte Ablehnungstendenzen gegen die Mutter entstehen. Diese Ablehnung wird später schlechthin auf alles Weibliche ausgedehnt. Die Mütter übertragen diese Einstellung unbewußt auf ihre Töchter. Vor dem Hintergrund einer gegen die Weiblichkeit gerichteten Abwehr erklärt sich der besonders hohe Stellenwert des Sohnes. Er wird nicht nur durch den Vater allein bestimmt, sondern durch die am Beispiel der Muttersöhne aufgezeigte besondere *Mutter–Sohn–Beziehung*.

In der präödipalen und ödipalen Phase, die durch die Ablehnung des gleichgeschlechtlichen Elternteils gekennzeichnet ist, wird zugleich mit der Ablehnung der Mutter auch das verinnerlichte Mutterbild abgelehnt. Immer wieder berichten Frauen, wie sehr sie sich in ständig wiederholenden Träumen mit ihren Müttern auseinandersetzen und heftig streiten. Solche Träume beinhalten die Auseinandersetzung mit starken Ablehnungstendenzen und fördern auch unbewußt die Ablehnung des eigenen Geschlechts. Aus der bei der Tochter auftretenden Variante des Ödipuskomplexes, dem Elektrakomplex, wächst nun speziell ein gegen die Mutter gerichtetes Schuldgefühl. Es kann eine masochistische Tendenz zur Regression und zur Abwehr der Weiblichkeit begünstigen.

Patriarchalische Strukturen bedingen spezifisch weibliche Konfliktpotentiale und Reaktionsbildungen auf Problemlagen der Frauen. Wenn der weibliche Verbrecher aus Schuldgefühl seltener belegt ist, dürfte er trotzdem unter vielen Frauen anzutreffen sein. Die weibliche Psyche scheint jedoch andere Strategien der Schuldentlastung zu entwickeln, da für Frauen bestimmte soziale Felder im Patriarchat noch nicht selbstverständlich sind bzw. ihnen immer noch bestimmte Felder zugewiesen werden. Beispiele dafür sind neurotische Reinigungszwangshandlungen oder Projektionen von Schuldgefühlen auf den Partner, die sich im Eifersuchtsverhalten ausdrücken können.

Patriarchalische Besitzansprüche auf die Frau erzeugen eine gewisse Angst vor dem Manne, die eigentlich eine Angst vor der weiblichen

Rolle ist, wie sie in der heterosexuellen Partnerschaft und in der Mutterschaft erwartet wird. Wird die Abwehr dadurch verstärkt, so flüchten viele Frauen in die Krankheit, in Frigidität oder aber identifizieren sich mit dem Mann – nach dem Motto: Bin ich wie ein Mann, dann brauche ich vor ihm keine Angst mehr zu haben.

Die erste Menstruation und die Defloration bedürfen der intensiven Verarbeitung. Vor allem das nicht auf die Menstruation vorbereitete Mädchen ist über diesen blutigen Vorgang zutiefst erschrocken, und es schämt sich sehr. Es wird sich dadurch seiner Geschlechtlichkeit bewußt, ohne einem vermeintlichen geschlechtsspezifischen Schicksal entrinnen zu können. Die bei pubertierenden Mädchen hin und wieder zu beobachtende Mager- und Eßsucht dürfte ein sehr massives Indiz für die mangelnde Annahme des eigenen Geschlechts sein. Alle Körperrundungen, die das Weibliche kennzeichnen, lösen bei den Magersüchtigen angstvolle Verzweiflung aus. Magersucht treibt Mädchen oft in den Tod. Die Kranke vermag über jedes abgenommene Kilo, das sie dem Tod näherbringt, in Euphorie auszubrechen. Es ist wahrscheinlich, daß der Tod unbewußt ersehnt wird. Mit dem Tod wird das Weibliche, das Mütterliche und in gewisser Weise die abgelehnte Mutter getötet. Das oft mit der Eßsucht einhergehende Erbrechen unmittelbar nach der Nahrungsaufnahme drückt aus, wie sehr man sich zum "Kotzen" findet. Das Innere wird buchstäblich "ausgekotzt".

Unser Idealbild der schönen Frau hat sich im ausgehenden 20. Jahrhundert gewaltig gewandelt. Es ist geprägt von der schlanken Frau mit der knabenhaften Figur. Üppige Brüste und das breite Becken, Fruchtbarkeitssymbole des Weiblichen, entsprechen nicht mehr durchgängig dem Bild der modernen Frau. Die sogenannte Vollschlanke (schon allein diese Umschreibung für nicht–schlank spricht für Verdrängung) erlebt in unserer Kultur ständig Zurücksetzung, allein schon durch die Tatsache, daß die große Mode weitgehend nicht für sie gemacht ist. Erst die selbstbewußte Frau, die ihre Rolle, das Frausein, angenommen hat und auch "rund" sein darf, zieht sich in den "kritischen Tagen" nicht mehr zurück, verschnürt und versteckt nicht Leib und Busen wie das schamhafte, mit seiner Geschlechtsrolle nicht fertigwerdende Mädchen. Solche Mädchen verlieren später selten ihre pubertären Menstruationsbeschwerden, weil ihr Leiden Ausdruck einer inneren Abwehr gegen die eigene weibliche Natur ist. Schließlich erfährt die Frau bei der Defloration im übertragenen und eigentlichen Sinn eine innere Verletzung ihres eigenen Geschlechts; auch bei diesem Vorgang blutet sie wieder.

Der Zusammenhang zeigt zwei Seiten der weiblichen Emanzipation auf: eine negative und eine positive. Die positive bedeutet Annahme des eigenen Geschlecht, aus der Ichstärke erwächst. Die ichstarke Frau setzt sich durch, erzieht keine Muttersöhne und trägt zur sozialen Stabilität bei. Die negative beinhaltet die Ablehnung aufgrund von Fehlidentifikation und führt zur kriminogenen Ichschwäche und/oder in die Neurose.

Die Schattenseiten der Emanzipation hat Caryl Churchill in ihrem Theaterstück "Top Girls" in der Antiheldin und Karrierefrau "Marlene" aufgehellt. Sie hat fünf "Top–Frauen" aus unterschiedlichen Zeiten und Kulturen zur Feier ihres Aufstiegs zur Führungskraft eingeladen. Jede dieser Frauen erzählt ihre Geschichte der Siege und Niederlagen, vor dem Hintergrung von widersprechenden Wertvorstellungen. Marlene hat ihre Tochter Angie kurz nach der Geburt ihrer Schwester Joyce überlassen. Sie verleugnet ihre Tochter, um sich zu emanzipieren. Churchill stellt die Frage nach dem Preis einer solchen Emanzipation. Besonders deutlich kommt die Gewalt zum Ausdruck, die die Beziehungen der Menschen in der gegenwärtigen Kultur kennzeichnet. Dies zeigt sich vor allem an der 16jährigen Angie, die ahnt, wer ihre Mutter ist, wenn sie ihre 12jährige Freundin Kit aufklärt: "Ich glaube, meine Mutter ist in Wirklichkeit meine Tante. Ich habe das Kleid angezogen, weil ich meine Mutter umbringen werde". Angie spielt mit Kit ein brutales Spiel der Abhängigkeit, das an Folter grenzt. Die Szene, ein einziger Ausdruck der Abwehr des Frauseins, in der die beiden Mädchen keine Zukunft mehr haben, bildet grausam und nahezu unerträglich das Leben ab, das uns alltäglich umgibt. Sie spiegelt direkt die Welt der "Top-Girls", die Welt der Gewalt, die auch sie ausüben müssen, und der Gewalt, die ihnen angetan wird. Allen historischen Frauengestalten [152], die Churchill heranzieht, ist gemeinsam, daß sie entweder ihre Kinder verloren bzw. weggegeben haben oder ihre Kinder getötet wurden. Sie lebten in der Abhängigkeit patriarchalischer Gewaltstrukturen. Das Theaterstück verdeutlicht, wie fragwürdig das Überlegenheitsgefühl der heutigen Frauen gegenüber ihren Schwestern vergangener Jahrhunderte ist.

Nur allein aus den Abwehrtendenzen, die aus einer Spätform des Geschlechterkampfes hervorgehen, ist die Entwicklung der Minus-Frau nicht zu erklären. Viel eher ist ihre Existenz aus der unzureichenden Verarbeitung und dem Umgang mit dieser Abwehr erklärbar. Naheliegend sind zunächst psychosomatische Erkrankungen. Exemplarisch sind häufig die für Frauen typischen Rückenschmerzen, die nicht nur auf bloße orthopädische Beschwerden zu begrenzen sind, sondern die vor allem Ausdruck des "Tragens" und "Ertragens" der Lasten sind, die ihnen die weibliche Rolle aufbürdet. Daneben spielt die Neurosenanfälligkeit eine genauso große Rolle wie die der Monomaniebildung. Die Nervenärzte diagnostizieren in ihren Gutachten Frauen weit häufiger als neurotisch als Männer (21 % Frauen, 10 % Männer). Elisabeth Bröckling (1980) schreibt:

> Das Überwiegen von neurotischen Störungen bei Frauen ist eines der stabilsten Ergebnisse psychiatrisch-epidemiologischer Untersuchungen.

Die Delinquenz der Minus-Frau wird daher überwiegend neurotisch bis monomanisch, mit starker hysterischer Komponente, geprägt sein, und zwar als Folge einer Fehlverarbeitung, Fehlhaltung und Fehlanpassung, die eng mit der Annahme und Abwehr des eigenen Geschlechtes verbunden ist. So kann der Hintergrund der Gewaltkriminalität der in den 70er Jahren auffällig von Frauen beherrschten Anarcho- und Terroristenszene aufgehellt werden.

---

152 Bei den Frauen handelt es sich um: 1. Isabella Bird, englische Pfarrerstochter, Weltreisende und Reiseschriftstellerin, 1831 - 1904, 2. Dame Nijo, Hofdame und Konkubine des Kaisers Kyoto, danach buddistische Nonne, die 20 Jahre durch Japan pilgerte und 1307 ihre Biographie schrieb, 3. "Die tolle Grete", 1564 von Pieter Bruegel gemalt, wie sie mit einer Schar von Frauen die Hölle stürmt, 4. Johanna, die im 9. Jahrh. zwei jahre lang als Papst gelebt haben soll, 5. Griselda, die Geoffrey Chaucer in seinen "Canterbury Tales" (um 1390) als das Urbild der bedingungslos gehorsamen Gattin beschreibt.

Morde, Banküberfälle und Sprengstoffanschläge wurden von Frauen nicht nur als Mitläufern begangen, sondern von ihnen in Führungspositionen krimineller Vereinigungen geplant, vorbereitet und ausgeführt. Bei ihnen zeigte sich die Ablehnung gegen das Frausein durch totale Identifikation mit dem Mann, wodurch auch die weibliche Passivität durchbrochen wurde. Diese Minus-Frauen haben mit den Minus-Männern eines gemeinsam: beide wollen bessere Männer sein. "Der Spiegel" griff 1971 einen Erklärungsversuch von Friedrich Hacker auf und schrieb:

> Nur mit der Waffe, dem klassischen Symbol der Männlichkeit und nur mit besonderer Härte hätten die weiblichen Gruppenmitglieder die Vorstellung verwirklichen können, gänzlich emanzipierte Frauen zu sein. Sie produzieren sich, meint Soziologe Scheuch, als weibliche Supermänner. Die Knarre im Kosmetikkoffer - derlei markiere den entgültigen Bruch mit der Weiblichkeit (Scheuch).

In einer solchen von Wahn besetzten Gewaltkriminalität wird das Ausmaß der Krise des Minus-Mannes und der Minus-Frau deutlich. Die Minus-Frau weist dieselbe psychische Struktur wie der Minus-Mann auf: ein unstrukturiertes Über-Ich (durch Fehlidentifikation), ein unausgerichtetes Es und extreme Angstreaktionen.

Konopkas (1966) [153] Untersuchungen bestätigen die Annahme dieser Defekte. Er fand bei Mädchen im Alter von 14 bis 19 Jahren, die sich wegen sozialer und delinquenter Auffälligkeit in staatlicher Fürsorge aufhielten, folgende gemeinsame Merkmale: Angst und Mißtrauen, in erster Linie gegenüber Autoritätspersonen, ein negatives Selbstbild, große Isolations- und Einsamkeitsgefühle sowie Kommunikationsdefizite. Dieser Frauentypus wird auch nicht die ideale Mutter sein. Eine solche Frau wird Probleme mit ihrem Kind haben, denn wer sich nicht selbst als Mutter annehmen kann, wird sein Kind auch nicht annehmen können. Kinder werden dann entweder zu Störfaktoren oder substituieren ein negatives Selbst in der Sündenbockrolle, oder die Mutter sieht sich selbst im Kind. Ist das Kind eine Tochter, so wird automatisch durch die Übertragung der Ablehnung die gleiche verhängnisvolle Karriere für eine neue Generation in Gang gesetzt. Ist das Kind ein Sohn, dann ist aus der Identifizierung mit ihm die für viele Männer sich so

153 Konopka in Bröckling, E. (1980)

katastrophal auswirkende Mutter–Sohn–Beziehung die Folge. Diese Identifizierung mit dem Mann läuft wieder auf die Ablehnung des eigenen Geschlechts hinaus.

Für diese Annahme spricht besonders die weibliche Tötungskriminalität, die eine deutliche Beziehung zu den der geschlechtspezifischen Position der Frau zuzuordnenden Konflikten aufweist. Bei über 85 % der Opfer weiblicher Tötungsdelikte handelt es sich um Familienangehörige. In 50 % der Fälle richtete sich die Tat gegen das eigene Kind, in 30 % gegen ihren Intimpartner [154].

Der in der Mutter vorhandene Konflikt wird in der Schwangerschaft wiederbelebt und führt bei dem Kind zu Mängelerfahrungen und Defiziten. Die Beziehung der Mutter zum Fötus und später zum Kind wird bestimmt durch die Beziehung zur eigenen Mutter in einer in der Schwangerschaft wiederholten Erfahrung. Aus diesem Erleben wachsen Vorstellungen, die die kindliche Entwicklung schon vorwegnehmend steuern.

Auch die übrige, vorzugsweise von der Frau begangene Kriminalität, erfolgt häufig aus unterdrückten Tötungswünschen heraus, hinter denen sich die Abtötung der Frau in der Frau verbirgt, oder aus dem Streben, Supermann zu sein. Im letzteren Falle wird ebenfalls im Innern die Frau getötet, um an ihre Stelle den Mann zu setzen. Nicht selten weist auf solche Befunde die besondere Suizidgefährdung delinquenter und delinquenzgefährdeter Frauen hin.

7.9 Der Fall Ruth

Der Fall Ruth [155] soll der Charakterisierung von weiblicher Psyche und Verbrechen am Beispiel eines Totschlags des eigenen Kindes dienen.

An einem Vormittag im Oktober 1985 tötete die 29jährige Medizinstudentin Ruth ihr gerade ein Monat altes Kind. Sie ließ dazu vorher etwas lauwarmes Wasser in die Badewanne einlaufen und tauchte danach das Kind bäuchlings solange mit dem Kopf unter Wasser, bis es

---

154 Nach Untersuchungen von Irmgard Rode und Siegfried Scheld (1985), In: Sozialprognose bei Tötungsdelikten, unveröffentliches Manuskript. Rode und Scheld untersuchten alle Tötungsdelikte in der Bundesrepublik aus 1969 und 1981, insgesamt 750 Fälle, davon 76 Frauen.

155 Dem Verfasser haben die Originalermittlungsakten zur Auswertung vorgelegen.

sich nicht mehr bewegte. Danach vergewisserte sie sich, ob das Kind wirklich tot war. Weil sie glaubte, noch Herztöne zu vernehmen, tauchte sie ihr Kind erneut für ca. fünf Minuten ein, um ganz sicher zu gehen, daß es tatsächlich tot war. Als sie den Körper erneut mit dem Stethoskop abhorchte, nahm sie keine Herztöne mehr wahr und legte ihn in die Wanne zurück. Während das Kind noch im Wasser lag, versuchte sie zunächst ihren Ehemann telefonisch zu erreichen. Schließlich nahm sie nach einer halben Stunde den Leichnam aus der Wanne, entkleidete ihn, trocknete ihn ab, und legte ihn, in eine Decke eingeschlagen, rücklings in das Kinderbett. Das Badewasser ließ sie auslaufen. Aus einem Stadtplan suchte sie sich die nächstgelegene Polizeidienststelle aus und meldete sich dort mit den Worten: "Ich habe meinen Sohn umgebracht. Bitte holen sie mich ab." Der aufnehmende Beamte war von der emotionslosen und präzisen Art der Mitteilung erschreckt. Dem Arzt, dem Ruth am darauffolgenden Tag vorgeführt wurde, berichtete sie ohne jeden emotionalen Zugang zum Geschehen über die Tat. Der Zeuge fühlte sich wie "von Eiseskälte angehaucht" [156] . Aufgrund ihrer außergewöhnlichen depressiven Stimmungslage hielt der Haftrichter Ruth für suizidgefährdet.

Vorgeschichte

Für den Lebenslauf von Ruth ist von Bedeutung, daß sie als jüngste unter drei Schwestern nach dem Abitur mit ihrem Freund, ihrem späteren Ehemann, eine gemeinsame Wohnung bezogen hatte. Mit ihrem Vater, einem grüblerischen, verschlossenen, auch zwanghaften Menschen, verstand sie sich nicht. Beruflich hingegen – und das dürfte für den an Ablehnung orientierten Frauentyp bezeichnend sein – wollte sie in die Fußstapfen ihres Vaters, eines Facharztes für Innere Medizin, treten. Erst im Sommer 1981 erhielt sie verhältnismaßig spät über das Losverfahren einen Studienplatz. 1985 heiratete sie. Noch im gleichen Jahr wurde das Kind geboren. Schon während der Schwangerschaft überlegte sie, ob sie das Kind wegen ihres noch nicht abgeschlossenen Studiums überhaupt austragen solle. Das Kind kam schließlich durch Kaiserschnitt zur Welt. In den ärztlichen Befunden ist nachzulesen, daß

156 Zitat der Aussage aus den Akten

sie nicht nur nach der Entbindung, sondern auch infolge des Stillens an starken Schmerzen litt.

Analyse

Der Kaiserschnitt, die Schmerzen und die Stillprobleme weisen eindeutig auf starke Ablehnungstendenzen hin, die sich auch in der Veränderung ihrer Psyche ausdrückten und zu einer nicht mehr im Rahmen eines sinnvollen Erlebniszusammenhangs liegenden seelischen Abnormität führten. Dazu litt sie unter Schlaflosigkeit, Energieverlust und Erschöpfungszustände. Später kam noch das Gefühl der äußersten Wertlosigkeit hinzu, gepaart mit Vorwürfen, die bei objektiver Betrachtung ungerechtfertigt waren. Nach ihrer Auffassung schrie der Säugling zu viel und schlief zu wenig. Sie begann sich als Mutter für unfähig zu halten und entwickelte - zunächst weniger konkret - die Vorstellung, "daß das Kind weg müßte oder ich oder am besten beide". In dem Gedanken an den Tod, an einen Suizid, und auch nach der Tat, in dem Wunsch tot zu sein, zeigt sich die depressive Stimmungslage, die diesen Frauentyp charakterisiert, sehr deutlich. Typisch ist auch die Angst, die Ruth an den Tag gelegt hat. Die Angst vor Versagen war u.a. auch ein Tatmotiv. Diese Angst muß vor dem Hintergrund ihrer Ablehnung der Mutterrolle und des Frauseins erklärt werden. Im engen Zusammenhang mit dieser alles beherrschenden Stimmung, der sich Ruth nicht entziehen konnte, nach der sie ihr Denken, Wollen und Fühlen ausrichtete, die ihre Lebenslage kennzeichnete, muß ihre Tat beurteilt werden. Aufgrund dieser Befunde kann die Tötung ihres Kindes auch als Beginn eines erweiterten Selbstmordes, zu dem sie selbst schließlich nicht mehr die Kraft aufbrachte, gesehen werden. Dafür spricht die ganz in den Mittelpunkt gestellte Tötungshandlung, die für eine Selbsttötung steht. In Erweiterung des eigenen, auch als tötenswert erlebten Ichs, wird der andere gewissermaßen "mitgenommen". Nicht das Opfer, sondern die Täterin ist das eigentliche Minus-Objekt. Dem Opfer wird unfreiwillig die Rolle der ichschwachen Minus-Frau übergestülpt. Bei Ruth wurde das insofern deutlich, als sie das Kind für kränklich und nicht entwickelt genug hielt, ihm also Minus-Eigenschaften zuschrieb. Wäre es nicht zur Tat gekommen, dann hätte das Kind wahrscheinlich ständig stellvertretend für das negative Selbst der Mutter stehen müssen. Das Kind hätte auch zum Symptomträger der Neurose werden können, die eigentlich der Mutter zuzuschreiben gewesen wäre.

Zum Glück bringen nicht alle Minus-Frauen ihre Kinder um. Vielmehr dürfte ihr Schicksal sich normalerweise in einer Neurosenbildung auswirken, worin sie sich vom kriminellen Minus-Mann unterscheiden. Hier bestätigen sich Befunde, daß Frauen eben häufiger psychisch erkranken als Männer. Schlägt jedoch die Minus-Frau nicht diesen Weg ein, dann bleibt ihr nur noch, ihre Minus-Eigenschaften dadurch auszugleichen, daß sie "Super-Mann" sein will. Diese Frauen bleiben allerdings mehr die Ausnahme. Sie teilen ihr Schicksal mit ihren männlichen Gegenstücken, den Minus-Männern. Sie können im Einzelfall ebenso rücksichtslose kalte Karrieretypen sein wie Verbrecher.

Im Fall Ruth kam das Gericht nach Würdigung von drei unterschiedlichen, auch sich widersprechenden Sachverständigen-Gutachten zu der Auffassung, daß die Betroffene unter einer sie exkulpierenden krankhaften seelischen Störung im Sinne einer schizo-affektiven Psychose in der Form der Wochenbettpsychose gelitten hat. Die Richter sprachen sie nach 20 StGB 1. Alternative frei.

7.10 Die Krise des Patriarchats

Die Psychoanalyse hat Überlegungen ausgelöst und als Wahrscheinlichkeit in den Raum gestellt, daß unsere Kulturgüter Verdrängungsprodukte sind und unser Kulturleben Neurosen begünstigen könnte. Mit der Demontage und der Aufhellung von Verdrängung wird das patriarchalische Prinzip zersetzt, so daß die daraus hervorgehenden Kulturgüter an Wert verlieren. Das bedeutet auch die Zersetzung der aus Angst, Verdrängung und Abwehr entstandenen Idealbilder einer Männergesellschaft. Gerade die Kriege des 20. Jahrhunderts und die größte ökologische Krise, die durch die Ausbeutung der "Mutter Erde" ausgelöst wurde, werden nunmehr den Männern angelastet. Die Sonne, das Symbol der Männlichkeit, strahlt heute längst nicht mehr so hell im Weltmittelpunkt. Angesichts des sinnlosen Mordens und der Ausbeutung unseres Planeten um des Besitzes willen, müssen Frauenbewegungen in der Gegenwart einen kulturverändernden Stellenwert für die Zukunft erhalten. Wenn das Besitzstreben dem patriarchalischen Prinzip zuzuordnen ist, so stellt sich die Frage, ob das einst Verdrängte das Ewig-Weibliche ist, das wieder an die Bewußtseinsoberfläche gelangt und Werte schafft, die den Urerlebnissen näherstehen. Damit erhielte der Ruf der "Öko-Freaks", das "Zurück-zur-Natur" eine neue kulturelle Dimension. Wer Verbrechen als Unkultur definiert, gerät dann zwangläufig in den Widerspruch zur herrschenden Kultur, die ohne Verbrechen nicht denkbar und möglich ist, so daß sie sich als Scheinkultur entlarven könnte. Wird da nicht durch eine Neuinterpretation des matriarchalischen Prinzips ein neuer Kulturbegriff geschaffen? Diese Umorientierung soll keinesfalls eine Herrschaftsform durch eine andere ablösen, sondern das Machtprinzip auflösen.

Es liegt nahe, die Identitätskrise des Mannes mit der Emanzipation der Frau in Verbindung zu bringen. Die Frauenbewegungen unseres Jahrhunderts dürften als Reaktion auf eine Jahrtausende alte Zurücksetzung der Frau zu werten sein. Sie sind aber auch ein Resultat eines zu Ende gehenden Patriarchats, wodurch ein neues gesellschaftliches Bewußtsein geschaffen wird.

Ein Vorgang wie die Beseitigung des Urvaters durch die Brüderschar mußte unvertilgbare Spuren in der Geschichte der Menschheit hinterlassen und sich in desto zahlreicheren Ersatzbildungen zum Ausdruck bringen, je weniger er selbst erinnert werden sollte.

S. Freud

8. Phänomene des Urverbrechens

8.1 Das Urverbrechen

In allen menschlichen Gesellschaften, auch in den Urformen der Horde und Bande sind, töteten Menschen ihre Artgenossen. Der "Vatermord" steht im Mittelpunkt des Ödipusmythos. Der Brudermord von Kain an Abel ist schicksalsträchtig an den Anfang der biblischen Menschheitsgeschichte gestellt. Der Gatten- und Muttermord wird ebenfalls in alten Mythen überliefert. Seit sich Menschen ihrer Verwundbarkeit und Sterblichkeit bewußt geworden sind, sind Tötungshandlungen mit Tabus, Versöhnungsritualen, Verfolgung und Schuldkomplexen verbunden.

Freud bemühte sich in "Totem und Tabu" (1912/1913) den "Vatermord" als archaisches Erbe zu erklären. Der Mord am Vater war für ihn ein erblich tradiertes Urereignis, das gleichsam als Urphantasie und stammesgeschichtlich erworbener Besitz bis zum heutigen Tag fortlebt. Mögen solche Erinnerungsspuren in uns als archaisches Erbe abgelehnt werden, wie das "psychogenetische Grundgesetz", so bleiben dennoch in Grenzbereichen Ererbtes und sozial Erworbenes in ihren Überschneidungen ungeklärt. Vielleicht liegt es auch an der begrifflichen Erfassung dessen, was heute als reiner biogenetischer Vorgang unter "Erfolg" verstanden wird. Freud, der von seiner Herkunft her durch den mosaischen Glauben geprägt war, orientierte sich am patriarchalischen Prinzip. Er sah sich selbst als Patriarch seinen Söhnen gegenüber, so daß für ihn der Vatermord ein Urereignis darstellt. Gleichwohl könnte vom matriarchalischen Prinzip her auch der Muttermord als Urereignis stehen. Beide Verbrechen werden in allen Gesellschaften begangen. Entscheidend jedoch ist, daß durch diese Verbrechen "göttliches Recht" verletzt wird, weil sie entweder auf den Mord an der Vater- oder Muttergottheit verweisen.

Nach der Schöpfungsgeschichte im "Alten Testament" schuf Gott den Menschen nach seinem Ebenbilde. Der Mord am Menschen durch den Menschen ist somit auch aus biblischer Sicht ein Verbrechen, und zwar ein Verbrechen an Gottes Ebenbild. Folgen wir dem genialen Denkmodell von Freud (1912/1913), wie er es aus seiner patriarchalischen Sicht entworfen hat:

Er geht in Gedanken von der Existenz eines mächtigen Urvaters in einer Urhorde aus, der die heranwachsenden Söhne vertreibt, um sie von den Frauen fernzuhalten, so daß damit zugleich ein Schutz gegen den Inzest aufgerichtet wird. Die vertriebenen Söhne rotten sich dann zusammen, um den Vater zu erschlagen. Zuletzt verzehren sie ihn, um seine Eigenschaften zu erwerben und um sich mit ihm zu versöhnen. Nach Freud hat das archaische Erbe in unserem Unbewußten verbotene, kaum denkbare Wünsche, Triebimpulse des Inzests, des Kannibalismus und der Mordlust in Verbindung mit konkreten Berührungs- und Vermeidungsverboten hinterlassen. Freud macht glaubhaft, daß das Totemtier nach dem unbewußten Gesetz der Verschiebung für den Vater steht, so daß Schuldgefühle, die aus dem Tabugewissen heraus entstanden sein dürften, auf einen urgeschichtlichen Vatermord, tatsächlich oder in Phantasie begangen, hinweisen. In der Opferung des Totemtiers mit darauffolgender Mahlzeit sieht Freud die Antwort auf den "Vatermord". Der *Urvater* wird zum *Gott-Vater* wie die *Urmutter* sich zur *Muttergottheit* verwandelt. Das Uropfer erfährt somit Wiedergutmachung durch die Erhöhung zur Gottheit. Im *Opfer* und *Opfermahl* wird die Tat in der unbewußten symbolischen Wiederholung gesühnt, so daß es zur Aussöhnung mit dem *Ermordeten* kommt. Ein Verbrechen, das nur durch den Opfertod gesühnt werden kann, kann nur ein Mord gewesen sein.

Ein weiteres Indiz für das Urverbrechen findet Freud in der Existenz von Schuldgefühlen in Verbindung mit dem ödipalen Konflikt. Er hat die verdrängten Tötungswünsche gegenüber dem Vater mit den Inzestwünschen in Verbindung gebracht, so daß die totemistische Kultur im wesentlichen auf die Inzestvermeidung ausgerichtet war. Der Inzest dürfte – wie der Mutter- oder Vatermord – ebenfalls ein Moment des Urverbrechens sein, mit dem auch die Vergewaltigung in Verbindung zu bringen ist. Allerdings war für Freud der sexuelle Faktor der nahezu alles entscheidende, auf den ödipalen Konflikt reduzierte Problempunkt. Grotjahn (1949) schreibt zu Recht, daß sich Freud der Herrschaft der Mutter vor der Entstehung des Patriarchats bewußt war. Die Mutter ist diejenige, die das Leben gibt. Ihre Herrschaft galt als absolut. Die Mutterbindung dürfte für beide Geschlechter zunächst gleich stark gewesen sein. Viele Autoren gehen ohnehin davon aus, daß kannibalische Wünsche häufiger gegen die Mutter als gegen den Vater gerichtet sind. Totemismus kann ebensogut als Abwehr der feindseligen Tendenzen gegenüber der Kultur wie der ödipalen Rivalitätsgefühle gegenüber dem Vater interpretiert werden. Im Kern bliebe der Inzestschutz daher nicht nur erhalten, sondern würde durch die Ablehnung sogar verstärkt.

Fromm (1968) formuliert dazu die Ansicht, "daß die vorödipale Bindung des Jungen oder Mädchens an die Mutter eines der zentralen Phänomene im Entwicklungsprozeß und eine der Hauptursachen für Neurose und Psychose" ist. Damit wird zugleich auch eine Hauptursache für das Verbrechen genannt. Fromm beschränkt sich nicht allein, weder einseitig noch vordergründig, auf den sexuellen Aspekt, sondern bezeichnet solche Bindungen als "vorgenitales inzestuöses Streben" und als "eine der fundamentalsten Leidenschaften beim Mann wie bei der Frau", in denen die Sehnsucht des Menschen nach Schutz und nach Befriedigung seines Narzißmus enthalten ist.

Die Mutter verkörpert die Macht, die am Anfang des Lebens steht, die zwar einerseits Schutz und Sicherheit bedeutet, aber andererseits auch Angst hervorruft. Dabei spielt auch die lebenswichtige Abhängigkeit von der Mutter eine besondere Rolle. Fromm (1968) erwähnt im Zusammenhang mit dieser Angst insbesondere Tendenzen, die sich in der Regression äußern, z.B. in den Zustand des Säuglings zu verfallen, oder gar in dem unbewußten Wunsch, in den Mutterleib zurückzukehren. Dann verwandelt sich die Mutter in eine Kannibalin oder in ein lebensvernichtendes, alles fressendes Monster, oder das Weib schlechthin wird zum Vamp. Wir begegnen der "bösen Mutter", nicht nur der Stiefmutter, immer wieder in Märchen und Mythen. Die paulinische und augustinische Leibfeindlichkeit, die die mittelalterliche Kirche beherrschte und auch die heutige Kirche noch beeinflußt, gründete, wie viele alte Schriften über das Ketzertum und die Inquisition belegen, auf der Angst vor dem Weib. Das Weib wurde als ein Quasi-Opfer aus Angst heraus als Hexe verbrannt, um auf der anderen Seite in der Reinheit zur Mutter Gottes erhöht zu werden. Die Ablehnung als Akt der

Befreiung aus der inzestuösen Bindung steht neben der ursprünglichen Sehnsucht nach Liebe und Geborgenheit.

Diese Sicht und Haltung hat Umberto Eco (1982) in seinem Roman "Der Name der Rose" [157] eindrucksvoll in treffenden Dialogen formuliert, aus denen einige kurze Passagen zitiert werden:

Der ehrwürdige Frater Umbertin rät dem zweifelnden, in seinen Gefühlen gegenüber dem Weib verwirrten Novizen Adson:

> Du mußt dich der unbefleckten Liebe zuwenden. Siehe, in der Jungfrau Maria hat sich die Weiblichkeit sublimiert...

Der Hinweis auf die weiblichen Reize fehlt dabei durchaus nicht:

> ... an ihr wird die Anmut des irdischen Körpers zum Zeichen himmlischer Schönheit.

Adsons Meister und Beichtvater William warnt seinen Adlatus nach der ersten und einzigen das Keuschheitsgebot verletzenden, sowohl lust- als auch angstvollen Begegnung mit einem jungen Mädchen unter Hinweis auf die Sprüche Salomos:

> ... ihr Reden (das des Weibes) sei wie brennendes Feuer,... sie bemächtige sich der edlen Seele des Mannes, sie habe schon viele zu Fall gebracht.

William läßt den predigenden Ekklesiasten zu Adson sprechen:

> Ich fand, daß bitterer sei denn der Tod das Weib, das wie die Schlange des Jägers ist,... dessen Herz ein Netz und dessen Hände Stricke sind. Andere nannten sie gar ein Vehikel des Satans.

Der Hexenglaube, nicht nur eine Erscheinungsform des Mittelalters, ist bis zum heutigen Tag Ausdruck einer tiefen Regression, hervorgerufen durch Angst vor einer "inzestuösen Symbiose". Fromm (1968) versteht darunter die bösartige Form einer Fixierung auf das negative Mutterbild. Die "inzestuöse Symbiose" bewirkt zusammen mit dem Narzißmus das "Böse" als Element des Urverbrechens, das sich in mannigfaltigen Erscheinungsformen ständig wiederholt. Grotjahn (1949) bemerkt, daß es zwar dem Mann gelang, die Mutter in der Realität zu

---

157 Die Handlung "Der Name der Rose" spielt in einer Benediktinerabtei in den Hängen des Apennin und gibt Einblicke in Inquisition, Ketzertum und Mönchsleben dieser Zeit.

entthronen, aber nicht in seinem Seelenleben. Die Überwältigung der Mutter dürfte daher noch vor dem Vatermord stehen. Grotjahn (1949) interpretiert die Entmachtung der Mutter in der Vergewaltigung als die Urtat. Er sieht in dieser Urtat weniger einen sexuellen Akt, sondern eher die bloße Gewalthandlung. Nicht selten zeigt sich in vielen Vergewaltigungsverbrechen die Verselbständigung von Gewalt, die auch wieder auf tiefe Regression hindeutet. Dies ist vor allem bei der Gruppenvergewaltigung zu beobachten, wenn es sich um eine Spontangruppe handelt. Eine solche Gruppe handelt "urplötzlich", in situativer Willensgleichschaltung und in einer quasi "Primitiv-Völker-Reaktion", die der Urhorde eigen gewesen sein dürfte. Normalerweise bleibt das Urerleben in der Tiefenschicht der Person verborgen, so daß ursprüngliche Wünsche in unserer Zivilisation verdrängt sind. Im Regelfall werden sie nicht im Mord und in der Vergewaltigung ausagiert, sondern bleiben allenfalls Träume und Phantasien. Der Psychoanalytiker Karl Abraham (1921) hebt besonders die Tatsache hervor, daß die zerstörerischen Phantasien manischer Menschen im wesentlichen gegen die Mutter gerichtet bleiben. Grotjahn (1949), der solche Träume und Phantasien "Derivate" nennt, räumt ein, daß solche Träume manchmal tatsächlich ausgeführt worden sind und schreibt dazu:

> Und dann ist der schicksalhafte Schritt zur Psychose oder zu einem Verbrechen getan... Der regressive Muttermord ist gleichzeitig eine symbolische Vergewaltigung.

Bei den sogenannten Frauenmördern, die nicht vordergründig als bloße Sexualmörder zu typisieren sind, wiederholt sich das Phänomen ständig. Sie unterscheiden sich vom eigentlichen Muttermörder nur dadurch, daß sie das gehaßte Mutterbild auf jedes ihrer Opfer verschieben. Sie sind die gefährlichsten unter den Minus-Männern und Muttersöhnen, denn ihr Verbrechen wächst aus der Angst vor der "inzestuösen Symbiose", aus der sie sich permanent zu "befreien" versuchen. Als eine solche Tat dürfte der schon erwähnte Sylvester-Neujahrsmord 1985/86 im Bonner Umland einzuordnen sein. Auf die ungewöhnliche Tatausführung wird hier noch einmal nachdrücklich hingewiesen, und es wird ergänzt, daß das Opfer eine "Heilpraktikerin" mit dubiosen "Praktiken" war. Solche Frauen gelten häufig als moderne Hexen. Einige wollen sogar bewußt dafür gehalten werden. Am Treppenaufgang vor dem Tathaus fanden die Spurensucher Wollfäden, die bis zu drei

Knoten enthielten. Hier drängt sich die kultische Interpretation auf, daß die Knoten in den Fäden die Geister bannen sollen, die den Täter verfolgen. Drei Knoten wird in besonders schweren Fällen die größte Kraft beigemessen. Wie bei vielen Frauenmorden, bei denen häufig auch immer wieder die Leichenzerstückelung eine Rolle spielt, dürfte die Angst vor der "inzestuösen Symbiose" auf das Urverbrechen hindeuten. Fromms These (1968), wonach der Narzißmus, die Nekrophilie und der Inzest die wesentlichsten Indikatoren für menschliche Regression darstellen und damit primär zu Destruktionsfaktoren werden, bestätigt sich phänomenologisch im Verbrechen.

Dort, wo die Befreiung aus der "inzestuösen Symbiose" nicht gelingt, tritt der Vatermord als eine gleichwertige Variante des Urverbrechens an ihre Stelle. Nur geschieht er nicht immer sichtbar und bewußt am erkennbaren Objekt. Der Vaterhaß, hervorgegangen aus der nicht gelungenen Sprengung des Ödipuskonflikts, wird verdrängt. Er wird, soweit er nicht zu einem Übermaß an Schuldbewußtsein und zum neurotischen Verbrechen führt, auf die Väter–Symbole und Väternachfolger verschoben. An ihnen wird stellvertretend der Vatermord begangen.

Das Kraftfahrzeug ist ebenso Vatersymbol wie die Autoritäten in Staat und Gesellschaft Vaterbilder in der Nachfolge sind. Die Kriminalität rund um das Kraftfahrzeug und das Aufbegehren gegen Staat und Gesellschaft stehen dafür als Beispiele. Das soziale Pendant zum regressiven Einzeltäter ist dann die gewalttätige Masse, wie sie sich in den vermummten Demonstranten zeigte, die sich im Oktober 1987 an der Startbahn West des Frankfurter Flughafens zum Polizistenmord aus der Anonymität der Dunkelheit hinreißen ließen. Sie provozierte im November 1987 in der Hamburger Hafenstraße Gewalt. Die Katastrophe im Brüsseler Heisel–Stadion 1985, in der blindlings zahllose Menschen zu Tode geprügelt, getreten und gequetscht wurden, ist in die gleiche Kategorie einzuordnen. Es handelt sich jedesmal nur um veränderte Erscheinungsformen desselben Konflikts. Ein anderes Beispiel ist die lynchende Horde, die sich durch einen Mangel an Vernunft und demonstrative Verneinung von Gerechtigkeit auszeichnet. Das Urverbrechen lebt in dem Maß in jeder Kultur fort, in dem diese weitgehend auf einer Verdrängung beruht, wobei nicht die Chance zu kulturverändernder Verarbeitung und Aufarbeitung gegeben ist. Es ist eine auf die ursprüngliche Natur des Menschen zurückzuführende Erscheinung, die von kulturabhängigen Normen auf unterschiedliche Weise interpretiert und variiert werden kann. Variable Faktoren sind dabei die möglichen Verschiebungen und Übertragungen, die die Gesellschaft zuläßt oder begünstigt oder zu denen sie entsprechend der Wirksamkeit ihrer formellen und informellen sozialen Kontrollen herausfordert. Dabei spielt das Maß an Verdrängung eine Rolle, das dem Individuum durch die Gesellschaft auferlegt wird.

Nicht immer ist für jeden erkennbar, was hinter einem Verhalten steht, das scheinbar nichts mit dem Urverbrechen zu tun hat. Die folgenden Abschnitte setzen sich daher mit Phänomenen auseinander, die nur im Zusammenhang mit dem Urverbrechen zu erschließen sind.

8.2 Das Symboldelikt und die kriminelle Fehlhandlung

Das Urverbrechen wirkt im Menschen als archaisches Erbe in der Tiefenschicht weiter. Unbewußte kriminelle Neigungen, die allen Menschen gemeinsam sind, können sehr verschiedene Wege finden, sich zu äußern. In vielen Fällen geschieht dies in verkleideter Form. Die Neigungen nehmen in der Phantasie eine eigene Gestalt an, die in der Kunst, in Neurosen und im Traum manifest werden. In vielen Fällen drücken sie sich auch in Delikten aus, die augenscheinlich eher der alltäglichen Kriminalität als dem Urverbrechen zuzuordnen sind. Wirklich erkennbar wird der Zusammenhang erst, wenn ein krasser Durchbruch des archaischen Erbes erfolgt, z.B. zur Abwehr einer Neurose oder wenn eine dünne Kulturdecke dem in der Tiefenschicht verankerten Aggressionspotential nicht mehr standhalten kann.

Rüdiger Herren (1973) führt dazu aus:

> Unter Umständen kann dieser Durchbruch - bei Umgehung der Über-Ich-Instanzen - blitzartig erfolgen, wobei z.B. Alkohol, Rauschgifte und soziopathologische Faktoren wie Paniksituationen, Revolutionen, Krieg etc. als Beschleuniger oder Katalysatoren in Erscheinung treten.

Der Durchbruch - die Regression auf das Urverbrechen - bleibt in dieser krassen und offenen Erscheinungsform die Ausnahme. Alltägliches Verhalten ist daher wie ein Traumgeschehen zu entschlüsseln. Es enthält - auch wenn es deliktisch ist - Symbole, die eine direkte Art der Darstellung, nicht nur in Wort und Bild, sondern auch in unserem Handeln, sind. In manchen Fällen ist der Symbolcharakter offenkundig und eindeutig, in den meisten aber mehr oder weniger versteckt, bis hin zu dem nicht mehr Erkennbaren, das oft nur schwer zugänglich wie unsere Träume ist. Regungen und Neigungen werden unbewußt auf ein Symbol verschoben, wovon der Betroffene selbst nichts merkt. Kinder, die in ihren Wünschen frustriert sind, werden zu Handlungen getrieben, die Freud Halluzinationen nennt, d.h. diese Kinder phantasieren sich das Gewünschte herbei. Phantasie und Realität zeigen sich bei Kindern eher als austauschbar als bei Erwachsenen. Gewünschte Zuwendung kann ebenso wie latente Abneigung in Handeln und Gegenstände gekleidet werden, denen eine Symbolfunktion zugeschrieben werden muß. Diebstahlshandlungen und Diebesgut können solche Funktionen erhalten. Alexander und Staub (1929) bezeichnen Straftaten, die als Ausdruck verdrängter Wünsche angesehen werden können, als Symboldelikte. Der Diebstahl zeigt sich häufig in einem solchen Delikt. Das Symbol stellt sich dann als eine Regression von der Symboltat auf ein ursprüngliches Erleben dar. Die Tat bedeutet die symbolische Verkleidung eines Wunsches, eine Verdrängung, eine Ablehnung oder bringt ein Liebesbedürfnis zum Ausdruck. Soweit Schuldgefühle dabei entstehen, werden sie verdrängt – bis sich letztlich der Kreis der aus Strafangst begangenen Tat wieder schließt. Solche Symbolstraftaten zeigen sich bei Kindern häufig, sie werden aber ebenso von Erwachsenen begangen, die auf eine infantile Stufe regredieren. Auf den neurotischen Verbrecher, insbesondere auf den aus Schuldbewußtsein handelnden, wird an dieser Stelle nochmals hingewiesen.

In den erweiterten Zusammenhang des Symboldeliktes sind sogenannte "Fehlhandlungen" zu stellen, wenn sie auf ihre Funktionen hin untersucht werden. Freud (1901) hat in seiner Arbeit "Zur Psychopathologie des Alltagslebens" eindrucksvoll auf die Bedeutung hingewiesen, die hinter sogenannten Versprechern, dem Vergessen, Verlesen und anderen Alltagshandlungen stehen können. Wie in der Symbolhandlung können sich auch unter der Maske solcher Fehlhandlungen Wünsche und Ablehnung verbergen, obwohl sie uns als zufällig erscheinen mögen. Der Name oder Gegenstand, der in Verbindung mit einem aus dem Bewußtsein verdrängten Menschen oder einem Erlebnis steht, wird vergessen, weil dadurch unangenehme, vielleicht auch gefährliche Erfahrungen oder Unlusterlebnisse verdrängt werden. Der Versprecher entsteht, weil unser Unbewußtes etwas anderes glaubt als das, was wir ausdrücken wollen, z.B.: "Die Statistik wurde vorgelogt" [158]. Eine Frau, die in Wien nur eine Toilette suchen wollte, fand sich unversehens in einem "Korsettgeschäft" wieder, weil sie "Korsett" als "Klosett" gelesen hatte. Rüdiger Herren (1973) legt nahe, solche "Freud'schen Fehlleistungen" auch bei Fahrlässigkeitsdelikten zu untersuchen. Beispiele finden sich dafür viele, angefangen bei dem sich versehentlich lösenden Schuß, der den gehaßten Menschen tötet, den man bewußt niemals umbringen würde, bis zum Vergessen, einen Gashahn zu schließen oder das Bügeleisen auszuschalten, wodurch das Haus abbrennt. Der Irrtum, der zur Verwechslung eines Medikaments führt, kann der gleichen Fehlleistung unterliegen wie eine falsche Dosierung. Die Psychoanalyse schließt in diesen Handlungen niemals ein unbewußt determiniertes Moment ganz aus. Der nicht auszuschließende Zufall tritt zunächst bei der Analyse zurück und wird lediglich als letzter Faktor in Betracht gezogen. Herren bekennt sich zu der von Alexander und Staub (1929) geäußerten Ansicht und schreibt:

> Fahrlässigkeitsdelikte gehören zu den wenigen Fällen, bei denen eine strengere Stellungsnahme praktisch gerechtfertigt sein könnte, als die juristische Theorie es zuläßt, die sie als absichtslose Handlung wertet.

8.3 Der Suizidkomplex

Auch der Suizidkomplex ist in die unmittelbare Nähe des Urverbrechens zu rücken, soweit er nicht von vornherein schon als eine seiner Erscheinungsvarianten anzusehen ist. Mit "Suizid" ist hier der zwar im allgemeinen Sprachgebrauch übliche, aber nicht unbedingt zutreffende Begriff des Selbstmordes gemeint. "Mord" ist nicht nur ein juristischer, sondern auch ein moralisch abwertender Begriff, was eigentlich auf ein sogenanntes Verbrechen, zumindest aber auf einen Zusammenhang mit dem Verbrechen hindeutet. Das galt besonders für die christlich-abendländische Kultur, wenn man sich daran erinnert, daß dem sogenannten "Selbstmörder" früher das christlische Begräbnis verweigert wurde. An sich selbst Hand anzulegen, galt als schwere Sünde. Noch im 18. Jahrhundert hat man Menschen, die Selbstmord begangen hatten, mit Pferden durch die Straßen geschleift, mit dem Gesicht zum

158 Richtig wäre "vorgelegt", doch unbewußt glaubt man die Zahlen nicht.

Boden. Dann wurden sie mit dem Kopf nach unten aufgehängt und schließlich in ungeweihter Erde begraben.

Dennoch handelt es sich, wie schon Goethe in "Dichtung und Wahrheit" schreibt [159], um ein zutiefst menschliches Handeln:

> Der Selbstmord ist ein Ereignis der menschlichen Natur, welches, mag darüber schon so viel gesprochen und gehandelt sein, als da will, doch einen jeden Menschen zur Teilnahme fordert, in jeder Zeitepoche wieder einmal verhandelt werden muß.

Heute betrachtet man dank der Erkenntnisse aus Psychologie und Psychiatrie das Phänomen im öffentlichen Bewußtsein sachlicher, kompetenter und moralisch wertfreier. Die Begriffe Selbsttötung und Freitod erscheinen daher zwar angebrachter, decken jedoch auch nicht den Gesamtkomplex ab. Die Tötungsabsicht ist nicht unbedingt ausschließlich allein auf das Selbst zu beziehen und absolut frei, so daß hier der Terminustechnicus "Suizid" beibehalten wird.

Die Suizidforschung ist schon zu Beginn des 20. Jahrhunderts zu dem Ergebnis gekommen, daß die angegebenen Motive nicht immer mit den eigentlichen Ursachen bzw. Bedingungen, die die Entstehungszusammenhänge aufdecken, identisch sind. Wie bei allen psychoanalytisch zu untersuchenden Komplexen ist zwischen den im Bewußtsein des Individuums vorhandenen Gründen und den unbewußt innerpsychisch treibenden Kräften zu unterscheiden. In der Beschreibung des Narzißmusphänomens wurde bereits darauf hingewiesen, daß der Suizid auch eine Möglichkeit bietet, der narzißtischen Katastrophe zu entgehen. Damit ist schon die Quelle der Kräfte genannt, die den Menschen dazu treiben, sich und andere zu töten. "Zur Einleitung der Selbstmord-Diskussion" unterschied Freud (1910) in seinem "Schlußwort" auf einem Symposion aus Anlaß einer Schüler-Selbstmordserie zwischen bewußten und unbewußten Determinanten. Er hat damals Motive wie "die Schule treibe die Schüler zum Selbstmord" als zu vordergründig zurückgewiesen. Er forderte dazu auf, die Lebens- und Sozialisationbedingungen – heute würde man vom sozialen Umfeld sprechen – näher zu prüfen, wollte eine Antwort darauf geben, was geeignet sei, Traumata zu verursachen, die die Suizidneigung begünstigen.

---

159 Goethe, J.W.: 13. Buch "Dichtung und Wahrheit"

Zunächst ist von der klassischen psychoanalytischen Suizidtheorie auszugehen, wie sie in der Literatur [160] belegt ist. Sie wird hier vereinfacht wiedergegeben:

Der zur Depression Disponierte reagiert auf einen Objektverlust hin aggressiv. Die Aggression wird abgewehrt, indem das verlorene Objekt einverleibt wird. Das Objekt bleibt auf diese Weise zwar erhalten, ist aber zum Teil des Selbst geworden. Der Haß, der ursprünglich auf das verlorene Objekt gerichtet war, greift nun das Objekt im Selbst an. So entsteht ein autoaggressiver Komplex. Freud (1917) sagt, daß das Objekt im Selbst gemordet wird, "das Selbst sühnt seine Schuld durch den Tod".

Eine sehr komplexe suizidale Psychodynamik, die an alle denkbaren Motivkonstellationen anknüpft, kann sich nicht allein auf den klassischen Ansatz beschränken. Oft scheint es besser, auf Theoriebildungen zu verzichten und sich auf Beobachtungen von Motiven und Phantasien, die in die Suizidhandlung eingehen, zu konzentrieren.

Auf Grund solcher Beobachtungen haben viele psychoanalytisch arbeitende Autoren unterschiedliche Suizidmotive zusammengestellt. Die Autoaggression in Verbindung mit dem einverleibten Objekt zeigt sich dabei nur als eine Variante unter vielen, die eine Motivstruktur bilden. Karl Menninger (1974) schließt dabei auf eine Motivstruktur, in der die Motivrichtungen in den Wunsch münden, zu töten, getötet zu werden und tot zu sein. Der erste Wunsch ist ein Derivat des nach außen gerichteten aggressiven Handelns. Der zweite Wunsch enspringt aus dem Gewissenseinspruch der ersten. Der dritte ist ein Abkömmling der Aggression, die sich gegen die eigene Person richtet, womit Menninger an Freuds Todestriebtheorie anknüpft. Fromm hat bei allen Einwendungen gegen Freuds Trieblehre insofern diesen Denkansatz weiterentwikkelt, als er der Affinität zum Lebendigen die zum Toten, die er grundsätzlich als "nekrophil" definiert, gegenüberstellt. Somit äußern sich alle Wünsche in ein und demselben nekrophilen Komplex. Ich habe in zahlreichen polizeilichen Unterlagen feststellen müssen, daß suizidgefährdete Personen zu einer gewissen Aggressionskriminalität neigen, die von dem gleichen Aggressionspotential beherrscht wurde, das auch ihre Suizidneigungen bestimmte. Die Suizidgefährdung verringerte sich da-

---

160 Vgl. u.a.: Freud. S. (1917); Abraham, K. (1924); Fenichel, O. (1971);

bei in dem Maße, in dem die Gefährdeten ihre Aggression nach außen abreagierten. Wenn jedoch die Betroffenen in Gewahrsam genommen wurden, zeigte sich in der Ohnmachtssituation sehr schnell wieder die ursprüngliche Suizidneigung. Die Umkehr aggressiver Neigungen stützen Menninger und Hacker auf die Beobachtung, daß viele Mörder durch Selbstmord enden und daß oft ein urspünglich selbstmörderischer Entschluß zur Tötungshandlung an dem anderen führt. Für Zilboorg (1936) ist Suizid der Mord am Ich. Freigewordene psychische Energie verlagert sich auf das Ich, wenn sie nicht auf nach außen gerichtete Aktivitäten gelenkt wird. Frei werden diese Energien durch den Verlust des Liebesobjekts.

Aus solchen Motivstrukturen läßt sich nicht nur allein eine reine Autoaggression ableiten, sondern auch möglicherweise der primär verborgene Wunsch, einen anderen zu töten, nämlich das einverleibte Objekt. Die Tötung des anderen wird nach der Objektinternalisierung auf das eigene Selbst verschoben, und der Aggressionskonflikt wird durch die Suizidhandlung gelöst. Es handelt sich um das Gegenstück zum Fall Ruth, wo ein schwaches Ich auf einen anderen, der getötet wird, in suizidaler Absicht übertragen wird.

Die Komplexe bleiben in scheinbar unterschiedlichen Fällen des eigentlichen und des erweiterten Suizids das Endprodukt eines psychodynamischen Prozesses vor einem depressiven Hintergrund. Der Fall Ruth unterstreicht darüber hinaus den Zusammenhang zwischen Tötung und Selbsttötung. Die Affinität zum Tod und zum Töten drückt sich in der Zeugenaussage von der "Eiseskälte" aus, die von der Täterin ausging. Gleichfalls spricht dafür die Unfähigkeit, die Mutterrolle zu übernehmen, die Ruth in ihren Stillproblemen erlebte. Stillen ist als Zeichen der Annahme von Mutterschaft "biophil" orientiert im Sinne Fromms. Kälte dagegen wird dem Tod zugeordnet. Ruths Tat erinnert in der exakten Ausführung an einen "Automatenmenschen", dem Fromm einen nekrophilen Charakter zuschreibt. Sie ging mit ihrem Kind wie mit einem "Ding" um. Fromm (1968) schreibt über den nekrophilen Charakter:

> Aber der Mensch ist nicht zum Ding geschaffen; er geht zugrunde, wenn er zum Ding wird, und bevor es dazu kommt, gerät er in Verzweiflung und möchte das Leben abtöten.

Ruths Richter, die wegen ihres allzu rationalen Handelns nicht dem Gutachten des erweiterten Suizids folgen konnten, verkannten, daß gerade diese Form von Rationalität im roboterhaften Handeln bestätigt wird.

Analog zum neurotischen Verbrechertyp aus Schuldbewußtsein gibt es auch den Suizidenten aus Schuldbewußtsein. Er wendet durch seine Tat, die als höchste Selbstbestrafung zu werten ist, seine Neurose ab. Freud (1917) erkennt folgerichtig aufgrund einer depressiven Dynamik:

> Kein Neurotiker verspürt Selbstmordabsichten, der solche nicht von einem Mordimpuls gegen andere auf sich zurückwendet.

Ebenso ist auch eine Schuldverkehrung denkbar. Der Suizident weckt durch seine Handlung im anderen Schuldgefühle. Auch hier steht wieder, wie bei den meisten Motiven, die Lösung eines Aggressionskonflikts im Vordergrund. Dieser Aspekt gilt auch für den Suizid aus Rache und Vergeltung sowie für die blinde Abfuhr aggressiver Spannungen. Folgt man nur dem klassischen Modell der depressiven Dynamik, dann ist Suizidhandeln ein Ausdruck von Ohnmacht und Hilflosigkeit, dem Stengel (1965) einen Appellcharakter zuordnet. Er versteht darunter sowohl einen Hilferuf bzw. eine Kontaktsuche als auch Rache und Erpressung.

Suizidhandeln ist aber auch aus einem Omnipotenzgefühl heraus denkbar. Der Suizident reagiert nicht, sondern er agiert in einer Art von Vorwegnahme seines Schicksals. Wenn er durch seinen Tod das "Objekt" verläßt, dann kommt er dem Verlassenwerden durch das Objekt aktiv zuvor. Das hat dann nichts mehr mit dem von Freud konzipierten "passiven Suizid" zu tun, bei dem sich das Ich aufgibt. Vielmehr gibt ein Omnipotenzgefühl dem Suizidenten die Möglichkeit, aktiv in seinem Handeln die Situation zu beherrschen.

Obskure Wiedervereinigungswünsche mit dem Objekt im Tod und in der Wiedergeburt in einer neuen Welt fließen auch in suizidale Motivstrukturen ein. Beispiele dafür sind Familiendramen, in denen zunächst der Täter seine Angehörigen und danach sich selbst umbringt.

Ein wirtschaftlich sich am Ende befindlicher Mann in Bonn, der fürchtete von seiner Familie verlassen zu werden, tötete 1976 seine Frau, seine drei Kinder und den Hund; anschließend erschoß er sich selbst. Den Leichen faltete er die Hände und legte ihnen Blumen auf die

Betten, wohl um sich mit seinen Opfern zu versöhnen. Dieser Mann glaubte, einer Situation, die ihn hilflos zu machen drohte, aktiv zuvorkommen zu müssen. Wiedervereinigungsphantasien spielen dabei unter dem Gesichtspunkt des Narzißmus, auch als sogenannte Symbiosewünsche, eine große Rolle. In einer gewissen Paradoxie ist der Suizid dann nicht mehr allein ein Aggressionsphänomen, sondern er erhält auch eine Quasi-Rettungsfunktion zur Abwehr der narzißtischen Katastrophe.

Als letzter Aspekt soll in der Motivstruktur der Wunsch, "tot zu sein", erörtert werden. Dieser Wunsch spielt vor allem dann eine Rolle, wenn das Ich am Ende ist. Wir hören den Wunsch von Todkranken, Alten und Hilflosen, wo er noch nachvollziehbar ist. Aber ob in allen Fällen dahinter der reale, unschöne und oft häßliche Tod in allerletzter Konsequenz gemeint ist, bleibt offen. Heinz Henseler (1974) diskutiert, inwieweit hinter solchen Wünschen der Gedanke nach Zäsur, nach Schlaf, Pause und Unterbrechung, Ruhe und Geborgenheit stehen könnte. Hier scheint es sich um die unbewußte Vorstellung von einem Tod auf Zeit zu handeln. Dieses Ende implizierte die Chance eines Neuanfangs bzw. eine Chance, sich neu anzupassen. Damit würde der Suizid zu einem Anpassungsvorgang, weil die früheren Anpassungen versagt haben. Dieses Denkmodell läßt sich auch sehr einsichtig auf Verbrechen übertragen, die häufig weniger in ihrer realen Auswirkung auf das Opfer und der möglichen eigenen Vernichtung gesehen werden, sondern als Versuch einer Neuanpassung. So beinhaltet die scheinbare Lösung eines bloßen Aggressionskonfliktes auch einen sozialen Appellcharakter.

Der Appellcharakter steht in einem engen Zusammenhang mit dem Rückzug aus einem Dasein, in dem Anpassung versagt hat. Das Suizidverhalten in unserer Gesellschaft weist daher auf eine Rückzugsgesellschaft hin. Suizid und Gewaltkriminalität werden nach übereinstimmenden Aussagen von Soziologen und Psychologen durch anonyme Sozialstrukturen, die insbesondere unsere Großstädte kennzeichnen, besonders begünstigt. Die Anonymität dieser Strukturen verstärkt sich gerade durch den Rückzug. Die paradoxe Situation des Einsamseins in der Masse setzt die depressive Dynamik immer wieder in Gang. Um der einsamen Masse [161] zu entrinnen, zieht sich das Individuum zurück

161 Vgl. Riesman, D. (1958)

und trägt damit zum Erhalt und zur Verstärkung der Strukturen bei, aus denen es sich eigentlich befreien möchte. Ein beredtes Beispiel dafür sind die Wohnzimmer-Appartement-Kulturen in den unbeseelten Wohnsilos unserer Großstädte. Rudolf Affemann (1973) konstatiert hier einen Prozeß der zunehmenden Entpersönlichung des Menschen. Personale Beziehungen werden zugunsten von funktionalen, die diese Menschen noch allein verbinden, aufgelöst. Der Mensch wird zur unpersönlichen Arbeitskraft, zur einer *Funktion* und *Sache* oder zu einem "Ding" im Sinne von Fromm, mit dem man immer gezielter zweckrational umgehen kann. Dahinter steht ein substantieller Objekt- und Liebesverlust, so daß der Mensch den Schutz seiner Würde verliert und deshalb auch dem Zugriff zerstörerischer Regungen leichter ausgesetzt ist.

Suizid ist neben den Erscheinungsformen der Gewaltkriminalität oder auch der Sucht lediglich nur eine Form des Rückzugs. Viele Suizidenten sind wie Kriminelle, Süchtige oder falschen Propheten nachjagende Zeitgenossen nichts weiter als Rückzügler, denen es nicht mehr gelingt, mit Prothesen, wie sie u.a. der Konsum zuweilen liefert, zu leben. Von daher liegt es nahe, auf den individualpsychologischen Ansatz von Adler zurückzugreifen. Er schreibt (1933) für heute gültiger denn je:

> Der Rückzug von Lebensproblemen wird vollständig im Selbstmord. In seiner seelischen Struktur liegt Aktivität, keineswegs Mut, ein aktiver Protest gegen die nützliche Mitarbeit.

Ferner erkennt Adler in diesem Komplex ein zu geringes Gemeinschaftsgefühl, Mangel an Anerkennung und die erlebte oder gefürchtete Niederlage, Eitelkeit und Verwöhnung, worin die Narzißmuskomponente sich erneut bestätigt.

Armselige Narzißten wie Goebbels und Hitler begingen Selbstmord. Sie waren bösartig "inzest-symbios" regrediert und daher Rückzügler aus der Realität. Der psychoanalytische Zugang vermittelt das Verständnis dafür, warum diese Männer nicht nur Selbstmörder waren, sondern erklärt auch, warum sie ebenso skrupellos Millionen von Menschen in den Tod schickten. Hitlers Verbrechen können von der begründeten Annahme her gedeutet werden, daß in der sich alles unterordnenden grandiosen "Volksidee", um derentwillen er andere Völker mordete, sich sein Ich erweiternd aufblähte. Er brauchte diese Ichaufblähung, um sich zunächst vor dem Selbstverfall zu schützen. Dann fing er an, sein Ich an "seinem" Volk zu morden, bis er schließlich im narzißtischen Elend seinen eigenen Tod fand.

Mag jeder psychoanalytische Erklärungsansatz für sich gesehen nicht die volle, sondern nur eine kleine bis mittlere Reichweite haben, so müssen sie nicht unbedingt einander ausschließen. Vielmehr überschneiden sich wie bei den Aggressiontheorien ihre Inhalte, ergänzen sich oder bieten je nach vorhandener Motivstruktur alternative Erklärungen. Erst unterschiedliche Betrachtungsweisen vermögen offenen Fragen wahrscheinliche und brauchbare Antworten zuzuführen. Der Wert einer Theorie liegt in erster Linie darin, ein Denkmodell vorzugeben, mit dessen Hilfe man um überhaupt Antworten finden kann, deren Wahrscheinlichkeit dann an der Wirklichkeit zu prüfen sind.

8.4 Die Massentötung von Jonestown

Im November 1978 gingen über 900 Menschen, überwiegend Frauen und Kinder des "Peoples Temple", mit ihrem Sektenführer Jim Jones im Dschungel von Guyana gemeinsam in den Tod. Man sprach vom größten Massenselbstmord seit Masada [162] im Jahre 73 n.Chr. Doch gerade das Phänomen von Jonestown zeigt auch, daß die Annahme von "Freitod" und "Selbsttötung" umstritten ist, wenn die Einflußgrößen, insbesondere die der Führerschaft von Jones, aufgehellt werden. Dann wird die Tiefe des Abgrunds menschlicher Destruktivität im Zusammenhang von Nekrophilie, Inzest und Narzißmus sichtbar.

Johannes R. Gascard hat tiefen- und sozialpsychologisch untersucht, wie Jones mit seinen Anhängern aus narzißtischer Inzestsymbiose die "Endlösung als Perversion der Erlösung" in der Extremform eines narzißtischen Kollapses geplant, eingeübt und in die Tat umgesetzt hat. Gascards Untersuchung zeigt, daß die oft geprobte "White Night" [163] und das Massaker selbst nicht mit den Phänomenen von Massenmord,

162 Es handelt sich um die antike Bergfestung (auch Mezada) über dem SW-Ufer des Toten Meers, auf 300 Meter hohem Steilfelsen gelegen, im jüdischen Befreiungskrieg 71 bis 73 n.Chr. von den Römern nach dreijähriger Belagerung erst eingenommen, nachdem sich die Verteidiger in die Tiefe gestürzt haben.

163 Jones bezeichnete die unter Glaubenszwang herbeigeführte kollektive Suizidsituation als "White Night". Sie ist in den vorausgegangenen Jahren immer wieder von ihm und seinen Anhängern geprobt worden.

Drogenkult, Gehirn- oder Seelenwäsche allein ausreichend zu erklären sind, sondern in der Tiefenperson von Jones begründet sind.

Jones war als Muttersohn ein klassischer Minus-Mann und in inzestuöser Symbiose mit seiner Mutter verbunden. Gascard (1983) führt aus, daß die Mutter nicht den realen Jim mit seinen Licht- und Schattenseiten geliebt hat, sondern nur den besonderen, vollkommenen und makellosen Jungen. Er schreibt:

> Nach der Vorstellung seiner Mutter war Jim der gute Messias, der die böse Welt erretten sollte.

Jim hatte das Gemüt des begabten Kindes, d.h. nach Alice Miller (1979) die Fähigkeit, auf die narzißtischen Wünsche und Bedürfnisse seiner Mutter einzugehen. Mit dieser Begabung beginnt und wächst die verhängnisvolle inzest-symbiotische Mutterabhängigkeit, die bei ihm dazu geführt hat, sich in narzißtischer Omnipotenzphantasie für den Größten zu halten. Er glich damit seine Minus-Mann-Eigenschaften aus. Dieses Bild entspricht wieder dem "Engel" von Caldwell, wie ich ihn im Kapitel über die narzißtischen Störungen bereits charakterisiert habe. Jones blieb in einem illusionären Zustand des Ideal-Ichs und im Erleben narzißtischer Selbstbefriedigung verhaftet. Seine Mutter und er vergötterten ausnahmslos ein gutes Selbstbild, ein Ideal-Ich, das sich im Messiastraum manifestiert hat. Sein Vater war Rassist und geheimes Mitglied des Ku-Klux-Klans. Er erlebte den Vater weitgehend als negativ und nahm ihn aus innerer Ablehnung heraus nicht wahr, so daß er sich nicht mit ihm identifizieren konnte. Ein für den Sohn abwesender Vater kann daher einer inzest-symbiotischen Mutterbindung nicht entgegenwirken, sondern trägt eher zu einer einseitigen Mutter-Sohn-Beziehung bei. Jones versuchte schon als 7jähriger mit kindlichen Priesterspielen den mütterlichen Messiaserwartungen zu entsprechen. Diese Kinderspiele zeigten, daß der ich-schwache Narzißt den von der Mutter vorgegebenen und für seine Ich-Stützung notwendigen Messiastraum nicht auf Dauer verdrängen konnte.

Zeitweilig wurde der kindliche Traum durch den Wunsch, Arzt zu werden, unterbrochen. Als er 17jährig die um 4 Jahre ältere Krankenschwester Marceline kennenlernte, die er mit 18 Jahren heiratete, schien in Übereinstimmung mit seiner Frau ein Medizinstudium nicht mehr ausgeschlossen. Doch aufgrund fehlender Ich-Stärke hat Jones nicht die Kraft gehabt, seine Absicht durchzusetzen. In Jones gewann der dämonische Wiederholungszwang erneut und endgültig die Überhand. Er paßte sich der Wunschvorstellung der Mutter an, um in einer schicksalsträchtigen Entwicklung Religionsführer zu werden. Dank seiner Begabung und seines Fanatismus gewann er Zulauf, erregte Aufsehen und hatte finanziellen Erfolg. Die Medien [164] sorgten dafür, daß seine "Wohltaten" in ganz Amerika zum Gespräch wurden.

Der Erfolg war nicht von Dauer, das Mißtrauen wuchs, und die Stimmung schlug um. Da kann es nicht ausbleiben, daß sich auf seiner "Schattenseite" unbewußt Haß- und Rachegefühle entwickelten, die bis an Tötungswünsche heranreichten. Aggression und Wut müssen unbewußt bei Jones mit der Ohnmacht gewachsen sein, die er fühlte, weil er seinen narzißtisch besetzten Messiastraum nicht erreichen konnte. Weil die mütterliche Haltung wesentlichen Anteil an seinem Schicksal hatte, wurden unbewußt diese Haß- und Rachegefühle auch gegen sie gewendet. Da die Feindseligkeiten nicht ausgelebt werden durften, richtete Jones die daraus resultierende aggressive Energie gegen andere und schließlich gegen sich selbst. Im Sinne von Adler (1920) kompensierte er Ohnmacht durch das "Streben nach Macht". Die eigene Machtlosigkeit trieb ihn dazu, über andere Macht zu gewinnen. Diese anderen waren seine Anhänger, die sich mit ihm identifizierten und somit seine narzißtische Leere ausfüllten. Jones erlebte durch seine Anhänger eine Quasi-Erweiterung seines Ichs. Ganz im Sinne von Wolfgang Schmidbauer (1980) hat er seine Aggression mit den "absolutistischen seelischen Strukturen des Idealsystems" verknüpft. Diese Aggression ist in ihrer Gefährlichkeit mit derjenigen gleichzustellen, die Friedrich Hakker in ihrer ungebundenen Form als nackte Gewalt beschreibt. Sie ist an kein wirkliches Objekt gebunden, sondern - nach Schmidbauer - nur die Idealisierung der grandios übersteigerten eigenen Macht und Leistung, weil sie der Idealisierung eines z.T. aus dem eigenen Selbst herauswachsenden Lehrers oder Führers, der dem Größenwahn seines Idols verhaftet ist, folgt.

Die von Fromm (1977) beschriebene "Verwandlung der Ohnmacht in das Erlebnis der Allmacht" hat sich bei Jones auf der tiefsten Stufe

---

164 Am 11.09.76 erschien in der New York Times ein dreispaltiger Artikel, der mit einem Foto den Volkstempel dokumentierte.

des narzißtischen Elends im Tod von 900 Menschen grausam verwirklicht. Seine Anhänger waren Schattenwesen seines Ideal-Ichs. Unter dem Realitätsdruck mußte er an seiner Mission zweifeln bzw. verzweifeln. Er mußte am Ende seines Traumes den für einen Narzißten tödlichen Faszinationsschwund hinnehmen. Es gelang ihm nicht, das Bedürfnis nach absoluter Unterordnung seiner Anhänger wieder zu steigern. Er brauchte Märtyrer zu seiner Ich-Stärkung, die er einerseits in seinen Anhängern sah, denen er aber andererseits auch die Schuld für sein unerfüllt gebliebenes Traumziel zuweisen konnte. Nur der Tod kann "endgültig vom Streben nach Verwirklichung eines lebensfernen Ideals befreien", schreibt Schmidbauer (1980). In dieser Konsequenz beschrieb Jones auf einem Tonband [165] den Massen(selbst)mord wiederholt als "Revolutionary Act" bzw. als "Revolutionary Suicide". Darunter konnte am Ende seines Messiastraums nur die letzte Auflehnung seines Ichs gegen sein Ideal-Ich zu verstehen sein. Damit fiel jede Hemmung, und er konnte sich von allem befreien, was ihn an den Messiastraum noch gebunden hatte.

Jones ließ alle aus einem großen Bottich einen mit Zyankali, Schmerz- und Beruhigungsmitteln gemischten Fruchtsaft trinken. Für Babies und Kleinkinder waren Mundspritzen vorbereitet. Die Mütter fingen an, zuerst ihre Kinder zu vergiften, um unmittelbar darauf selbst den Todestrunk zu nehmen. Mit dem Tod dieser Mütter und mit seinem eigenen dürfte der Muttersohn und Minus-Mann Jones sich zugleich in letzter Auflehnung von der eigenen Mutter [166] befreit haben. Im Wiederholungszwang vollzog sich das Urverbrechen als Muttermord. Gascard analysiert daher zutreffend Jones' Massaker als Seelenmord an seiner Mutter. Soweit er selbst seine Anhänger manipulierend in den Tod trieb, sie mit eindeutigen Drohgebärden zur Eile antreibend zur Gifteinnahme brachte, ist Jones mit Ruth vergleichbar, die gleichfalls in einer erweiternden Suizidhandlung ihr Kind getötet hat. Auch wenn Jones selbst in den Tod ging, so muß sein Suizid nicht unbedingt

165 Gascard (1983) veröffentlichte die vollständige Wiedergabe eines ca. 50 minütigen Tonbandes, das am Tag nach dem Massen(selbst)mord in Jonestown gefunden wurde. Das Tonband dokumentiert die letzte Stunde des Massakers und endet mit dem Satz: "We didn't commit suicide; we comitted an act of revolutionary suicide, protesting the conditions of an inhumane world."

166 Jones' Mutter war im Dezember 1977 verstorben.

als selbstverständlich vorausgesetzt werden. In dem narzißtischen Rausch, in dem er sich befunden haben mußte, dürfte er sich ganz wesentlich von Ruth und auch von den Müttern unter seinen Anhängern unterschieden haben. Jones dürfte sich in einem Wahn getötet haben, der von Vereinigungs- und Verschmelzungsphantasien in sogenannten Symbiosewünschen beherrscht war, so daß sich noch einmal in ihm das ursprüngliche Allmachtserleben erfüllte. Eigener Tod und Massaker ist dann die zum Suizid pervertierte Rettungsaktion, die die letzte Chance bietet, in der Katastrophe dem Schicksal noch einmal "aktiv" zu begegnen. Hinter dem eigenen Tod steht die mehr oder weniger dumpfe Empfindung, sich mit den Opfern - auch mit der "gemordeten" Mutter - geeint und versöhnt zu haben. Auf diese Weise findet die Perversion der Erlösung eine uneingeschränkte Bestätigung.

8.5 Der Suchtkomplex

Der Suchtbegriff wird unterschiedlich definiert. Einige Autoren sehen als Sucht jede zwanghafte Abhängigkeit von gewissen Bedürfnisbefriedigungen an. Die Weltgesundheitsorganisation dagegen beschränkt ihren Begriff auf eine stoffliche Droge und beschreibt ihn folgendermaßen:

> Sucht ist ein Zustand periodischer oder chronischer Vergiftung, die durch den wiederholten Genuß eines natürlichen oder synthetischen Arzneimittels hervorgerufen wird... Zur Sucht gehört ein übermäßiges Verlangen nach dem Suchtmittel, die Tendenz zur Erhöhung der Dosis, die psychische und körperliche Abhängigkeit vom Suchtmittel und Entzugserscheinungen nach dem Absetzen des Mittels.

Zu den suchtbegründenden Bedingungen dürften ganz allgemein gehören: die Droge mit ihren Eigenschaften und der Art ihrer Anwendung, das Milieu und soziokulturelle Faktoren sowie die Persönlichkeit des Süchtigen. Gerade die letzte Bedingung ermöglicht den Zugang zum psychoanalytischen Ansatz, demzufolge in der Persönlichkeitsstruktur und in der Psychodynamik des Süchtigen die Ursache für die Abhängigkeit zu suchen ist.

Nach Otto Fenichel (1975) werden "Ursprung und Wesen der Sucht" nicht durch die chemische Wirkung der Rauschmittel bestimmt, sondern durch die seelische Struktur des Patienten. Die Sucht geht also auf eine im Menschen begründete "süchtige Fehlhaltung" zurück. Radó

(1934) betont ebenfalls, daß nicht der Stoff schlechthin, sondern der zielbewußte Antrieb, sich seiner zu bedienen, das Individuum zum Süchtigen macht. Diese Auffassungen orientieren sich stärker an der Persönlichkeitsstruktur des Menschen, der zum Süchtigen wird.

Nach psychoanalytischem Verständnis ist unter Sucht ganz allgemein eine unbezwingbare Gier nach einem Stoff bis hin zu einem Verhaltenszwang, der nicht unbedingt mit der Einnahme eines Rauschmittels verbunden sein muß, ohne Rücksicht auf negative Folgen, zu verstehen. Die Psychoanalyse legt also auch Wert auf den Zusammenhang mit den rauschmittellosen Süchten und erweitert somit den Suchtbegriff. Es geht dabei weniger um Befriedigung an sich, um Lust zu gewinnen, sondern um die Folgen einer übergroßen Spannung, d.h. Unlust zu vermeiden.

Konrad Lorenz (1973) hat den Begriff vom "Wärmetod des Gefühls" als eine der von ihm erkannten acht Todsünden der zivilisierten Welt beschrieben. Er führt diesen Tod auf den "Mechanismus der Lust-Unlust-Ökonomie" mit der ihm eigenen Trägheit und Kontrastlosigkeit zurück. Daraus schließt der Verhaltensforscher auf das unaufhörliche Bestreben, Unlust um jeden Preis zu vermeiden. Er geht davon aus, daß in unserer Zivilisation die Reizüberflutung zu einer Lustabstumpfung führt. Er meint damit nichts anderes als das hinlänglich bekannte Phänomen der Übersättigung. Die Folge daraus ist für Lorenz eine wachsende Intoleranz gegenüber Unlust bei einem gleichzeitigen Bedürfnis nach sofortiger Befriedigung. Der Mensch wird zwar nicht durch die Spannung an sich, sondern durch das Aushalten von Spannung vitalisiert. Dies bringt auch erst den das Leben kennzeichnenden Kontrast. Schwindet dieser, dann wird Langeweile erzeugt. Wie destruktionsfördernd Langeweile ist, habe ich an den von Erich Fromm entwickelten Charaktertypen aufgezeigt. Fromms "Nekrophilie" hat ihr Pendant in der "Neophilie" von Lorenz gefunden. Hierunter ist die Suche nach sofortiger Befriedigung in ständig neuen Reizsituationen zu verstehen. "Neophilie" ist in unserer Kultur zur Manie geworden, die in die Abhängigkeit und somit in die Sucht im weitesten Sinne führt.

Viele Drogenabhängige, auch Alkoholiker, wollen aus der Realität flüchten, weil sie sich bedroht fühlen. Fenichel (1975) schreibt, daß der Süchtige jedwede Spannung empfindet wie der Säugling den Hunger, d.h. er erlebt sie als existenzbedrohend. Der Süchtige handelt daher aus einer Angstabwehr heraus, so daß sein Verhalten nichts weiter als ein erfolgloser Therapieversuch ist, d.h., wie Jürgen vom Scheidt (1976) betont, "ein falscher Weg zum Selbst". Freud sieht eine enge Beziehung zwischen der Sucht und der Manie, wenn es um die Frage geht, wie die Menschen im Rahmen einer Kultur Methoden entwickeln, um sich "Lustempfinden" zu verschaffen und um "Unlustregungen" zu vermeiden. Der Süchtige ist der in dem Abschnitt über die Monomanien beschriebene Rückzügler und unterscheidet sich nicht von dem monomanischen Delinquenten, den ich als Verbrecher aus Leidenschaft beschrieben habe. Kennzeichnend ist für ihn, daß er Leiden auf jeden Fall zu vermeiden sucht. Freud wies auf körpereigene Stoffe hin, die wie eingenommene Rauschmittel wirken, wenn manische Zustände auftreten, und die von einem rauschähnlichen Verhalten begleitet werden. Der Sektenführer Jones dürfte sich in seinem katastrophalen narzißtischen Dilemma in seiner Existenz bedroht gefühlt haben, so daß er wie im Rauschzustand gehandelt hat.

Daß Jones auch süchtig nach Drogen war, paßt sehr typisch zu der hier beschriebenen Psychodynamik, weil sich zwischen seiner Wirklichkeit und seiner irrealen Messias-Mission eine Leere zeigt. Heinz Kohut (1979) sieht daher in der Drogeneinnahme den Grund, "um die strukturelle Leere im Selbst" zu füllen. Es geht dabei um nichts anderes als um die Stützung des Real-Ichs, das in einem umgekehrten Verhältnis zu einem immer größer werdenden omnipotenten oder auch grandiosen Ideal-Ich steht. Viele Menschen, die kurz vor einem solchen Ende stehen, werden immer abhängiger von Suchtmitteln, oft auch in der Form der Medikamentenabhängigkeit bis hin zum Suizid. Oft trifft man unter ihnen grandiose Künstler oder schlechthin Karriere- und Machtmenschen in Politik und Wirtschaft, die um so verzweifelter reagieren, je stärker ihre Macht oder ihre Faszinationskraft schwindet. Sie, die schon der "Wärmetod des Gefühls" eingeholt hat, erleben die Leere als Depression, so daß sich Suizid und Sucht mit Nekrophilie und Neophilie verbinden. Durch den Rausch flüchtet das Ich in einen (Rausch-) Zustand magischer Größe und Unverletzlichkeit. Es wird ein narzißtischer Zustand von magischer Wunscherfüllung und von Allmachtsgefühlen erreicht. In der Wirklichkeit hingegen wurden unbemerkt Real-Ich und Über-Ich zerstört. Der Rausch mobilisiert, wie im letzten, zum Massaker führenden Zustand bei Jones sichtbar wurde, die Regression mit gleichzeitig auftretenden aggressiv–destruktiven und masochistischen Kräften.

In der Regression vollzieht sich das Urverbrechen neu. Die masochistischen Tendenzen sind Ausdruck des Schuldabbaus und der Schuldentlastung, wie sie dem Neurotiker eigen sind. Abwehrfähigkeiten, wie die der Sublimierung, werden rückgängig gemacht. Alles, was sich im Rausch abspielt, dürfte sich auf einer archaischen Ebene vollziehen. Das die Unlust reduzierende Suchtmittel stellt ebenfalls das archaisch–infantile Ich wieder her, das zur Verschmelzung bzw. nach der Einheit mit der Mutter drängt, um den narzißtischen Urzustand wiederherzustellen.

Wird nicht in der oralen Drogeneinnahme, aber auch durch die Injektion ein solches regressives Verhalten symbolisch ausgedrückt? Man kann beobachten, daß mit größerer Nähe an ursprünglichere Situationen das Archaische an Konturen gewinnt. Dafür ist der Massentod in Jonestown ein verheerendes Beispiel. Die meisten tranken die Giftbrühe aus einem großen Bottich. Dieser erhält als Gefäß die archaische Bedeutung des Muttersymbols, wie der Saft, der daraus getrunken wurde, die Urbrühe verkörpert hat. Wenn "Orales" mit dem infantilen Einverleiben und dem "Haben–Wollen" gleichzusetzen ist, dann kann man hieraus wieder eine Habensmentalität ableiten, die nach sofortiger Befriedigung verlangt. Daraus erklärt sich nicht nur ein scheinbar alles befriedigendes Konsum– und Suchtverhalten in unserer Kultur, sondern auch Eigentums– und Vermögenskriminalität. "Haben" als Droge vermittelt vielen den Rausch, um ein schwaches Selbst zu stützen, um den Spiegel ständig blank zu halten, damit sich darin das irreale seitenverkehrte Bild von Idealität und Omnipotenz erkennen läßt. Sobald der Spiegel wieder matt zu werden droht, das falsche Idealbild an Faszination und Glanz verliert und zum Schatten wird, muß die Droge her.

Drogenfunktion hat nicht nur allein das stoffliche Suchtmittel, sondern letztlich alles, was dazu verhilft, dem narzißtischen Elend zu entgehen. Vor diesem Hintergrund entwickeln sich die unterschiedlichsten Verhaltensphänomene, die nicht immer auf den ersten Blick den Zusammenhang von Sucht, Narzißmus und Urverbrechen erkennen lassen, aber die doch in dieses Beziehungsgefüge gestellt werden müssen, weil sie letztlich auch eine Angstabwehr gegen den psychischen Kollaps darstellen. Häufig werden wir Mischzustände in den Formen der Monomanien, Neurosen und der Kriminalität antreffen. Exemplarisch steht dafür die Spielsucht.

Nach dem im Sommer 1988 veröffentlichten Zahlenmaterial der Informationsgemeinschaft Münzspiel spielen mehr als 17 Millionen Bundesbürger häufiger an elektronischen Geräten. Täglich würden etwa vier Millionen "daddeln". Dr. Bert Kellermann vom Hamburger Krankenhaus behandelt in seiner psychiatrischen Abteilung jährlich ca. 50 Spielsüchtige, die vor dem Suizid stehen. Sie haben meistens wie Alkoholiker in einer labilen Situation angefangen zu spielen, um ihre Probleme zu vergessen. Nur die Hälfte hat echte Heilungschancen. Wie andere Süchtige verlieren sie ihre Arbeitsstelle, verschulden sich, ihre menschlichen Beziehungen zerbrechen und ihre Bindungsfähigkeit nimmt ab. Ein Teil von ihnen wird kriminell. Mitursache ist der emotionale Wärmetod, hinter dem sich eine große Leere auftut. Er ist bedeutungsgleich mit Liebesverlust und Trennung. Dort, wo die Leere gähnt, wird die Realität zur Bedrohung, wird sie als Abgrund und Sturz in das Nichts empfunden. Urangst bricht wieder hervor.

Das psychoanalytische Suchtverständnis kann schon auf grundlegende und frühe Erkenntnisse zurückgreifen, so etwa wenn Simmel (1928) ausführt, daß der Süchtige an einer narzißtischen Neurose leide, "deren er sich mit zwangsneurotischen Mechanismen erwehrt". Das ist die gleiche melancholische Persönlichkeit, die nach Simmel das Über-Ich mit der Giftdroge betäubt, mit der sie auch das Objekt im Ich mordet. Das betäubte, ohnehin schon defekte Über-Ich ist dann nicht mehr fähig, in seiner Wächterfunktion Sein und Schein, Reales und Irreales im Dienst einer Ich-Erhaltung zu unterscheiden. Simmel macht auf diese Weise verständlich, daß gerade der Süchtige sich in selbstbestrafender und lustmörderischer Tendenz umbringt. Eigentlich muß man in dieser Psychodynamik noch weitergehend die Möglichkeiten erwägen, daß der Süchtige, der sein archaisch-orales Verlangen befriedigt, sich nicht nur selbst, sondern auch andere umbringen kann, so daß sich am Ende zwanghaft das Urverbrechen wiederholt. In diesem Wiederholungszwang manifestiert sich die latente Morbidität des Süchtigen, d.h. die psychopathische Anlage, die nach psychoanalytischem Verständnis entscheidend für die Wahrscheinlichkeit der Suchtentstehung ist.

In einer solchen psychopathischen Anlage zeigt sich auch eine starke sado-masochistische Komponente. Wut und Haß verweisen auf den sadistischen Komplex. Diese aggressiven Regungen werden aufgrund des Gefühls, ohnmächtig und unfähig zu sein, seinen Erwartungen entsprechen zu können, (wie z.B. Jones nicht der Messiasrolle gerecht werden konnte) primär gegen das Objekt gerichtet. Das Objekt kann sowohl die narzißtische Mutter als auch der überstrenge Vater sein. In zweiter Linie wirken sich die Gefühle gegen die Objekte aus, die als Ersatz- oder Nachfolgeobjekte in Frage kommen. Zugleich werden diese aber auch einverleibt, so daß zwangsläufig nach der Dynamik der klassischen Suizidtheorie die selbstzerstörerische Tendenz den masochistischen Komplex darstellt. Letzterer wird durch ein Schuldgefühl verstärkt, das aus den Haß- und Wutgefühlen, die nicht sein dürfen, entsteht. Wie beim Verbrecher aus Schuldbewußtsein erwachsen Aggression und Autoaggression aus dem Schuldgefühl des Süchtigen. Hier sind die Entstehungszusammenhänge dafür zu suchen, warum Süchtige auch so selbstzerstörerisch sind, daß sie sich immer wieder selbst in Gefahr bringen. Es scheint, daß der zum Tode führende "goldene Schuß" des Fixers oder ein Tatverhalten, das häufig die Ermittlung des süchtigen Kriminellen erleichtert, zwar nicht bewußt und gewollt herbeigeführt ist, aber aus einer unbewußten Psychodynamik und einem Schuldbewußtsein resultiert.

Zusammenfassend steht daher hinter dem Suchtkomplex das Bedürfnis nach einem Rauschzustand, der mit der Ekstase bei den sogenannten "Wilden" [167] gleichzusetzen ist. Unbewußte selbstzerstörerische Tendenzen und das unbewußte Bedürfnis, den narzißtischen Urzustand wieder herstellen zu wollen, zeigen sich in oraler Abhängigkeit oder ganz allgemein in einer Habensmentalität.

8.6 Der Speichelfresser und andere Fälle

Ein zwar nicht alltäglicher, aber sehr außergewöhnlicher Fall, der den im Zusammenhang zur rauschmittellosen Sucht aufzeigt, ist der eines Speichelfressers. Es handelt sich um den 24jährigen Manfred, der in einer deutschen Großstadt auf sich aufmerksam machte. Er steht beispielhaft und typisch für den Charakter eines Süchtigen, obwohl er nicht vom stofflichen Drogenkonsum abhängig war. Manfred forderte

167 Unter Bezugnahme auf "Totem und Tabu" (Freud 1912) wird hier wieder auf die Parallelisierung von Wilden, Neurotikern und Verbrechern hingewiesen.

12- bis 15jährige Mädchen auf, vor ihm auszuspucken. Dann nahm er den Speichel mit den Fingern auf und verzehrte ihn, was ihm zunächst genügte. Schließlich änderte er sein Verhalten und spielte über der Kleidung an seinem Geschlechtsteil. Nach einiger Zeit gipfelte diese Steigerung in offener Onanie.

Die Anamnese weist wie in den anderen Fällen auf auffällige Beziehungsstörungen hin. Manfred hat seine leibliche Mutter niemals kennengelernt. Der geschiedene Vater heiratete wieder, als Manfred vier Jahre alt war. Das Kind machte einen ängstlichen und schüchternen Eindruck. Obwohl er den Realschulabschluß erreichen konnte, brach er eine kaufmännische Lehre ab, versuchte sich als Bauhilfsarbeiter und war zuletzt als Kraftfahrer tätig.

Die leibliche Mutter trieb sich herum und kümmerte sich kaum um das Kind, was sogar zu einer vorübergehenden Unterernährung geführt hat. Seine Stiefmutter war ebenfalls nicht in der Lage, sich ihm liebevoll zuzuwenden. Sie kam nur ihrer Pflicht nach, sowie sie auch von ihm Pflichterfüllung erwartete und mit Strenge einforderte. Der Vater zwang dem Jungen allenfalls seine Wünsche und Erwartungen auf und ging niemals auf seine Probleme ein. In Manfred, der unter der Strenge seiner Eltern litt, dem niemals Anerkennung und Liebe entgegengebracht wurden, entwickelte sich ein starker Minderwertigkeitskomplex. Zu seinem Verhalten sagte Manfred vor der Polizei aus, daß er nur Mädchen anspreche, die ihm gefielen. Er habe es zunächst auch bei erwachsenen Frauen versucht, die ihn aber abgewiesen hätten. Er sei dann auf jüngere Mädchen ausgewichen und habe sich vor ihnen erniedrigen wollen.

Dieses Verhalten zeigt eindeutig masochistische Züge. Der Speichelverzehr dokumentiert extremste Erniedrigung und damit ein Aufgeben des Ichs. Manfred hielt sich für minderwertig, und er hat seine Minderwertigkeit durch die Speichelaufnahme noch verstärkt, weil er die Mädchen dadurch "vergöttert und verehrt" (Aussagezitat) hat. Er ist oft ausgelacht und verhöhnt worden, was ihn nur dazu trieb, sein masochistisches Lustempfinden zu steigern. Manfred wurde von diesen Lustgefühlen abhängig, so daß die Beziehung der Sucht zur Manie wieder offenkundig wird. Das Lustempfinden war bei ihm vordergründig sexueller Natur. Für seine Entwicklung dürfte seine Unfähigkeit, zu Mädchen Kontakt zu finden, entscheidend gewesen sein. Er erlebte die gleiche Abweisung wie bei seinen "Müttern", suchte aber um jeden Preis die weibliche Nähe, wobei er das erste Mal angespuckt wurde. Die erste Erregung, die er durch diesen "Kontakt" erlebte, reagierte er durch heimliche Onanie ab. So forderte er bald ein anderes Mädchen zum Spucken auf, das ihn einen Feigling nannte, wenn er den Speichel nicht auflecke. Der sich so minderwertig fühlende, immer wieder Abweisung erfahrende junge Mann wurde von dieser Form "individueller Anerkennung" immer stärker abhängig, um die Leere im Selbst zu füllen. Die Begegnung mit dem ersten Mädchen, das vor ihm, der, arm an Mutterliebe, sich nach einer Frau sehnte, ausspuckte, dürfte das für das weitere Schicksal entscheidende Schlüsselerlebnis gewesen sein. Die Tatsache des Spuckens, vor der sich jeder andere angeekelt und beleidigt abgewendet hätte, oder eine triebabhängige sexuelle Verirrung, die in Verbindung mit dem Onanieverhalten zwar augenscheinlich ist, reicht allein für eine Erklärung kaum aus. Hinter dem Verhalten ist ein durch Sozialisationsmängel entstandener Seelenschaden zu suchen, wie ihn Fenichel (1975) in "Ursprung und Wesen der Sucht" beschrieben hat.

Viele Tausende können den gleichen Erlebnissen wie Manfred ausgesetzt sein, ohne daß es ihnen zum Schicksal werden muß, wenn nicht schon vorgegebene psychische Komplexe die Voraussetzungen für ein solches Trieb- und Suchtschicksal gebildet haben. Der der Sucht zuzuordnende Komplex tritt bei Manfred klar zutage. Der Speichelverzehr weist eindeutig auf die Selbstaufgabe hin, die von dem Zwang begleitet wird, sich immer wieder erniedrigen zu müssen. Zugleich wird der sadistische Komplex offenkundig. Symbolisch wird im Einverleiben des Speichels eine Tendenz zum Kannibalismus ausgedrückt. Hier dürften auch die schon diskutierten Rachegedanken und Wutgefühle gegenüber der Mutter, von der sich Manfred in Stich gelassen fühlte, einzuordnen sein. Solche Emotionen, die an Schuldkomplexbildungen entscheidend beteiligt sind, stellen zugleich die Wechselbeziehung zwischen Masochismus und Sadismus her. Manfred zahlt für seine unterdrückten Rachegefühle mit der Erniedrigung, die für ihn zugleich Anerkennung und Beachtung bedeutet. Sein Verhalten verknüpft sich auf der sadistischen Seite mit der Möglichkeit, genauso Rache zu nehmen wie der Vergewaltiger, wenn dem Verschlingen des Speichels eine kannibalische Bedeutung zukommt. Der Speichel hat außerdem noch eine zusätzliche Fetischfunktion. Hier gibt es Parallelen zum Kotesser, Urintrinker, Nasenpopel- oder Ohrenschmalzfresser, die alle vom Drang zum Ekelhaften beherrscht werden.

Das Verhalten an sich allein braucht nicht unbedingt nur vordergründig mit einer sexuellen Partialtriebbefriedigung in Verbindung gebracht werden, was z.B. beim Nasenpopler, Nägelkauer oder auch Daumenlutscher kaum angenommen werden kann. Zunächst deutet alles auf einen Fetisch hin, der wie im Fall Udo einer inneren Unruhe, die einer tiefen Angst entspringt, entgegenwirken soll. Der Fall Udo verdeutlicht sehr eindrucksvoll, daß der Fetisch brennpunktartig die Beziehungsstörung zwischen der Umwelt und dem narzißtischen Rückzügler darstellt. Der Fetisch wird vor allem zur Wiederherstellung der inneren Ruhe gebraucht und trägt zum Abbau der Erregung bei. Ich errinnere zudem an den Fall Jolantha und weise auf ihre Aussage hin, nach der sie nicht anders handeln konnte, damit zu Hause "eine Ruhe wird". Jolantha war auf keinen Fetisch fixiert, der ihr hätte helfen können.

Da Sexualität von Erregung bestimmt wird, liegt auch der Fetischismus als sexuelle Erscheinungsvariante auf der Hand. Gerade der Fetischismus im sexuellen Bereich legt offen, daß bestimmte Verhaltensformen, vor allem dort, wo es um Partialtriebbefriedigung geht, süchtig machen.

Meixner (1949) berichtete über einen Mann, der nachts jüngeren, brillentragenden Frauen die Augengläser vom Gesicht riß und dann verschwand. Da es sich durchweg um wertvolle goldgefaßte Brillen handelte, wurde nach einem Räuber gesucht. Erst als der Täter ermittelt war, stellte sich heraus, daß es sich um einen Fetischisten handelte, der sich zu Brillenträgerinnen besonders hingezogen fühlte. Wenn ihm eine solche Frau fehlte, brauchte er die Brille, die er mit der Vorstellung ihrer Trägerin verband. Dieser Fetischismus ging soweit, daß er die Brillen in ein Feuer warf oder auf Straßenbahnschienen legte. Er fand erst volle Befriedigung, wenn diese "Fetische" durch die Hitze oder unter den Rädern zerbarsten. Symbolisch vollzog sich in der Zerstückelung der Brille die Zerstückelung der Frau.

Jones' Verhalten verbindet ebenfalls Sucht und Sexualität. Gascard (1983) weist auf ein Bestrafungsritual hin, das Jones an einer schwarzen Anhängerin vorgenommen hat. In dieser Szene verbinden sich Sadismus, Masochismus, Sexismus und Rassismus. Er nötigte seine Anhänger zum oralen Sex mit einer Schwarzen, ohne Rücksicht auf ihre Monatsblutung. Jones erlebte seine Befriedigung in projektiver Identifikation mit dem Geschehen, um aufgrund seines narzißtischen Charakters mit seinen Anhängern sado-masochistisch zu verschmelzen. Sowohl der auch hier offenkundige Drang zum Ekelhaften als auch das Erlebnis selbst dienten der Selbstbestätigung, so daß eine Parallele nicht nur zu Manfreds Verhalten gezogen werden kann.

Solche Einsichten verbieten daher, Charaktere wie Manfred vorbehaltslos als "harmlos" oder "naiv" einzuätzen. Entwicklungen bis hin zu Gewaltexzessen sind niemals auszuschließen. Sowohl Udo als auch Jones zeugen davon, wohin eine Fehlsteuerung, die auch der Sucht zugrundeliegt, führen kann. Wie in vielen psychoanalytischen Untersuchungen dargelegt wird, liefern diese Fälle von gestörten, frühen Mutter-Kind-Beziehungen genügend Material für die These, daß psychische Dispositionen im wesentlichen in den Vorgängen der Introjektion und der projektiven Identifikation ihren Ursprung haben. Sehr deutlich treten in ihnen die durch das regressive Verhalten aufgedeckten totemistischen Beziehungen zu dem Verfolgtwerden, dem Zerstören, Zerstückeln und dem Verschlingen zutage. Dies alles sind Phänomene, die dem Urverbrechen zuzuordnen sind.

Es sind die Lebensgeschichten, die uns den Schritt von der Korrelation zur Erklärung erlauben.

Roger Bastide

***

Von Geburt an liegt im Menschen eine gewisse Wesenheit! Das ist sozusagen der Kern des Menschen, sein Ich! Und es ist doch nicht bekannt, wer wen formt: das Leben den Menschen oder die geistige Kraft des Menschen das Leben.

Alexander Solschenizyn

9. Resultate

9.1 Verbrechen und Persönlichkeitsprofil

Aus psychoanalytischer Sicht ist das Verbrechen eine besondere, und zwar eine sozial unangepaßte und daher abweichende Verhaltensform. Das menschliche Verhalten dürfte unter zwei Aspekten zu analysieren sein:

Der erste bezieht sich auf die psychischen Inhalte, die das Verhalten bestimmen; der zweite orientiert sich an psychischen Verlaufs- und Geschehensformen, d. h. an der Psychodynamik. Die Psychoanalyse lehrt, daß kaum eine menschliche Handlung nur durch ein Motiv, sondern vielmehr durch einen vielschichtigen, oft sehr komplizierten Komplex von Beweggründen, der ein Netzwerk von Motiven zusammenhält, bestimmt wird. In der Untersuchung kommt es darauf an, die eigentlichen, zentralen und wesentlichen, im unbewußten Komplex steckenden Motive aufzuspüren. Diese sind es, die zum Teil das Verhalten determinieren, wenn gewisse Reizauslöser wirksam werden. Die Anfälligkeit für solche Reizauslöser ist von Faktoren abhängig, die in der Psychologie gemeinhin als konstitutionelle Übererregbarkeit oder Hypersensibilität bekannt sind. Solche Motivkomplexe sind von den Motivationen zu unterscheiden. Hierunter versteht man die nachträglichen vernunftsgemäßen Begründungen einer Tat, die der Täter später gibt.

Der Handelnde ist von diesen vorgeschobenen Gründen so überzeugt, daß er sie selbst für wahr hält, d.h. er rationalisiert seine Tat. Das gilt für den Kauf einer Ware ebenso wie für den Diebstahl einer Sache. Mitunter ist schon nicht auszuschließen, daß z.B. ein Dieb keine Erklärung für sein Handeln hat. Er spricht dann hilflos davon, daß "es über ihn gekommen ist" und ihm die Tat unbegreiflich erscheint. Die Tat scheint dann oft persönlichkeitsfremd zu sein. Doch die persönlichkeitsfremde Tat im strengen Sinne gibt es nicht, allenfalls ist dem Handelnden die eigene Persönlichkeit fremd.

Menschen, die in gleicher Weise handeln, haben ähnliche Persönlichkeitsprofile. Nicht alle Verhaltensäußerungen sind aber geeignet oder erlauben es, die Persönlichkeitsprofile und ihre möglichen Strukturen und Defekte zu erkennen, um sie analysierend beschreiben und vergleichen zu können. Es ist jedoch nicht auszuschließen, daß bei außergewöhnlichen Verbrechen, die offensichtlich ein Ausdruck geistiger Defekte oder gravierender Sozialisationsmängel des Täters sind, Anhaltspunkte bestehen, über die man zu einem bestimmten Persönlichkeitsprofil gelangen kann.

In der Kriminalistik könnten Analysen einer Tatphänomenologie, die zur Beschreibung eines Persönlichkeitsprofils führen, hilfreich bei der Täterermittlung sein. Eine solche Methode, die im wesentlichen aus der Psychoanalyse ihre Erkenntnisse bezieht, hat in den Vereinigten Staaten als Psychological Profiling an der FBI National Academy in die angewandte Kriminalpsychologie Eingang gefunden. Bei der "Behaviorial Science Unit" der FBI Academy wurde ein "National Center for the Analysis of Violent [168] gebildet. Mit dem Material einer Vielzahl von Sexualdelikten, Massen- und Serienmorden sowie rituellen Verbrechen wird versucht, anhand bestimmter Daten Beziehungen zwischen dem Erscheinungbild der Tat und dem Persönlichkeitsbild des Täters zu untersuchen, um ein zur Tat passendes Persönlichkeitsbild erstellen zu können. Eine solche Arbeit, in den USA seit 1984 auf elektronische Datenverarbeitung gestützt, die zur Erforschung der Persönlichkeitsprofile durchgeführt wird, zielt darauf ab, entsprechende Profile von unbekannten Tätern zu erstellen, die mit bekannten zu vergleichen sind. Die Anwendung eines solchen Verfahrens in der Praxis setzt eine gewissenhafte Schulung der Kriminalisten in der psychoanalytischen Kriminologie voraus. Die Erkenntnisse müssen bei der Tatbefundaufnahme dieser Verbrechen in die Analyse einfließen. Insbesondere ist die genaue Beschreibung und Analyse des Opfers von größter Wichtigkeit, z.B. Alter,

168 Zentrale zur Analyse von Gewaltverbrechen

Geschlecht und Aussehen. Das Opfer bietet bei der noch aufzuklärenden Tat die ersten Ermittlungsansätze. Bei Tötungsopfern ist in Verbindung mit dem Obduktionsbefund die Lage und die Morphologie der Leiche, z.B. die Zerstückelung oder der eventuelle kannibalistische Hintergrund zu berücksichtigen. Einen besonderen Stellenwert haben Hintergrundinformationen über das Opfer, z.B. Gewohnheiten, Sexualverhalten und -partner in Verbindung mit dem sozialen Umfeld. Das Verhalten des Opfers vor, während und nach der Tat ist zu dem möglichen oder tatsächlichen Täterverhalten in allen Tatphasen in Beziehung zu setzen. Auf besondere Tatumstände hinsichtlich des Ortes, z.B. Gebäude, Verkehrsmittel, Friedhof, Park usw. in Beziehung zur Tatsituation, z.B. Geschlechtsverkehr, Formen der Kontaktaufnahmen oder des möglichen Widerstands ist zu achten. Zur Beschreibung der Tatzeit spielen u.a. Besonderheiten der Tages- und Nachtzeit, der Lichtverhältnisse, des Wetters und der Mondphasen eine Rolle. Opfer- und täterbezogen sind alle verfügbaren Daten aus einer Querschnittsuntersuchung zu analysieren.

Die Verbrechensanalyse muß von einer möglichst exakten Tatrekonstruktion ausgehen. Jörg Reinwarth, Kriminalhauptkommissar in Wiesbaden, weist in seinem Beitrag "Psychological Profiling" in der Kriminalistik auf John E. Douglas (1981) hin und zitiert zum subjektiven Tatbefund, der für eine solche Analyse unerläßlich ist:

> Es ist die Beschreibung der hervorstechenden psychologischen und ethologischen Charakteristika einer Person; es zeichnet psychodynamisch die Person des Täters durch Identifikation der Persönlichkeits- und Verhaltensmuster, die sie eindeutig klassifizieren und von dem Durchschnittsbürger unterscheiden.

Diese Aussage kann durch Carl Klüwer (1976) ergänzt werden:

> Für den Psychoanalytiker kann Verbrechen in seinem Sinn immer nur verstanden werden auf dem Hintergrund der sozialen Strukturen, die historisch entstanden sind, und der Struktur der Persönlichkeit, die biographisch entstanden ist. Von Delinquenz einer Persönlichkeit zu sprechen, kann also nur Sinn bekommen, wenn es in der Struktur dieser Persönlichkeit bestimmte Ausformungen des auf die Umwelt antwortenden Verhaltens gibt, welche der Freiheit des Subjektes entzogen, doch zu subjektbedingten Störungen im Dialog führen.

Dieses Analyseverfahren eignet sich nicht für die Massenkriminalität, sondern muß sich an dem ausgesuchten Verbrechen orientieren, das nicht von jedermann begangen wird. Es wird der Auffassung entgegengetreten, daß unter dem qualitativen Aspekt jeder jede Tat begehen kann, und das Kriminalitätsphänomen nur auf das Problem von Definition und Selektion zurückgeführt wird. Abweichendes Verhalten ist jedoch nicht verallgemeinernd als ubiquitär [169] zu sehen.

Die Tat vermittelt ein Bild von dem Menschen, der sie begangen hat. Das Problem steckt in der Entschlüsselung und Deutung dieses Bildes. Es ist vergleichbar mit dem des Traumes. Dem Analytiker ist aufgetragen, das Unbewußte in der Traumanalyse bewußt zu machen. Hier ist der Vorgang umgekehrt. Das Bild der Tat ist real und bewußt. Der Analytiker muß auf das Unbewußte schließen, um die nicht an das Bewußtsein gelangten Komplexe, vor allem die Motive, zu ergründen. Möglicherweise gelangt man zu einem am Persönlichkeitsprofil orientierten strukturellen *Seinstyp*. Derartige Analyseverfahren bedürfen, wenn sie als Hilfsmittel bei der Verbrechensaufklärung eingesetzt werden sollen, der ständigen Absicherung und Verfeinerung durch weitere Grundlagenforschung. Gewonnene Analysedaten sind permanent einer empirischen Kontrolle zu unterziehen. Einen besonderen Raum sollte der Erhebung von Daten eingeräumt werden, die die Interaktion von Täter – Opfer – Objekt aufhellen, um psychodynamische Faktoren zu erkennen, die dem Persönlichkeitsprofil zugeordnet werden können.

9.2 Soziale Kontrolle und Behandlung des Täters

Die von mir behandelten Komplexe stellen nur einen Ausschnitt von Erscheinungsformen und ihren Entstehungszusammenhängen dar, die das Beziehungsgeflecht nicht nur von kriminellen Fehlentwicklungen, sondern auch Bereitschaften zum Verbrechen und Ersatzverhaltensmuster aufzeigen. Die untersuchten Phänomene sollen veranschaulichen, daß die Eigenschaft "kriminell" in einem viel größeren Maß un-

169 Kriminalität ist nach dem radikalen Ansatz des Labeling approach "ubiquitär", d.h. jedes Verbrechen kann von jederman überall begangen werden. Dies mag in bestimmten Bereichen unserer Kultur für die Eigentums- und Vermögenskriminalität zutreffen, jedoch kaum auf das klassische Verbrechen, insbesondere in der Form der Gewaltkriminalität.

serem Verhalten von Natur aus innewohnt, als es diejenigen annehmen, die einem solchen Verhalten erst in einem Definitions- und Bewertungsprozeß Kriminalität zuschreiben. Sie machen die Instanzen sozialer Kontrolle und nicht den deliktischen Menschen zum Objekt ihrer Hypothesen und Aussagen. Die Kriminalpolitiker wählen nur bestimmte Erscheinungsformen aus, um verbindliche Normen in dem von der jeweiligen Kultur abhängigen Wertesystem festzulegen. Sozialkontrolleure, u.a. Polizei und Justiz, verfolgen zunächst nur den Normbruch. Dabei sollen Sanktionen wenigstens das ethische Minimum des Wertesystems aufrecht erhalten. Sanktionen stellen die Reaktion auf den Normbruch dar.

Die Sozialkontrolleure bewerten zwar bei ihrer Tätigkeit Fehlverhalten als einen Normbruch und stellen ihn fest, aber sie begründen ihn nicht. Fehlverhalten wird nicht durch die soziale Kontrolle produziert. In erster Linie ist die Erfassung von der Verfolgungsintensität abhängig. Der Ladendieb, der nicht angezeigt wird, weil der Vorgang "intern" geregelt wird, oder der Dieb, der erst gar nicht entdeckt wird, lassen sich nicht wegdefinieren. Eine tätliche Auseinandersetzung bleibt auch ohne Einschreiten der Polizei ein deliktisches Verhalten. Einfluß auf die Entstehungszusammenhänge kann die soziale Kontrolle allenfalls dadurch erhalten, wenn ihr Wirken in der Gesellschaft mit den Bezugspersonen im nächsten und näheren sozialen Umfeld des Individuums gleichgesetzt oder zumindest in eine Beziehung zu ihnen gestellt wird. Sowie die Bezugspersonen durch den Einfluß der informellen Kontrolle Verhaltensprozesse mitsteuern und -prägen, wirken auch die Sozialkontrolleure auf der formellen Ebene. Die schädlichen Folgen, die z.B. Inkonsistenz durch den Wechsel von Härte und Verwöhnung für die individuelle Entwicklung und Charakterbildung hat, können auch formelle Sozialkontrollen sowohl durch Überreaktion als auch durch ein "Laisser-faire, laisser-aller" auslösen. Veränderungen des Rechtsbewußtseins bis hin zu kulturellen Auflösungserscheinungen können die Folge sein.

Unter dem Gesichtspunkt der Enkulturation, wie ich ihn im Kapitel zum Kulturgewissen (3.10) mit dem Hinweis auf Joachim Hellmer (1963) dargelegt habe, spielen solche Auflösungserscheinungen eine verhängnisvolle Rolle für den Sozialisationsprozeß. So kann die unverhohlene Propagierung von Rechtsbrüchen in einer bestimmten Gruppe, wie es die Vorgänge in der Hamburger Hafenstraße offenlegen, zu einem Normkonflikt führen, der die Rechtssicherheit und -gleichheit als gesellschaftsbildende Grundwerte in Frage stellt. Das was generell in der normalen Sozietät sanktioniert ist, wurde in der Hafenstraße, wo sich rechtsfreie Räume gebildet haben, geduldet. Folglich führen abweichende Gruppenstandards und -werte zu einer sozialisierten Kriminalität. Der Hafenstraßenbewohner hat folgerichtiges Verhalten wie andere Bürger gelernt - jedoch nur in bezug auf seinen Lebensraum. Seine Subkultur wird ihn nicht verurteilen. Es ist möglich, sein Handeln nachzuvollziehen und sich in seine Szene einzufühlen, was ihm teilweise eine gewisse Sympathie einträgt. Die Sympathie schlägt um in Ablehnung gegenüber den Sozialkontrolleuren, die durch ihr Einschreiten seine Eigenschaften als "kriminell" definiert hätten. Solche Mechanismen tragen zu einer gewissen Sozialisation des Verbrechens bei. Dieser Zusammenhang erklärt auch, warum sich bürgerliche und kriminelle Moral in unserer Gesellschaft ständig annähern. Sozialisierte Kriminelle mit normal ausgebildeten Charakterstrukturen unterscheiden sich nur durch ihr antisoziales Gewissen von dem Normalbürger. Die Sozialkontrolleure haben hier die Funktion, den Erhalt des Kulturgewissens zu gewährleisten, indem sie durch ihr Handeln kulturelle Güter schützen und bewahren halfen. Ohne ihr Tätigwerden würde eine Kultur ebenso verwahrlosen wie das aus der Geborgenheit genommene Individuum.

Am Beispiel der Rauschgiftsüchtigen lassen sich ähnliche Mechanismen aufzeigen. Sie werden erst in einem gesellschaftlichen Bewertungsprozeß als kriminell definiert. Ihre narzißtischen Störungen und Verwahrlosungssymptome, die durch den Suchtcharakter bestimmt werden, bleiben bei dieser Betrachtungsweise unberücksichtigt. Wenn Polizei und Justiz sie nur kriminalisieren würden, dann stellt sich die Frage, wie erfolgreich ihre Resozialisation ohne Sozialkontrolle sein kann. Die Antwort wird von der Prognose abhängig sein. Aus psychoanalytischer Sicht dürfte der Leidensdruck eines der wichtigsten Prognosekriterien darstellen. Die Analyse des Suchtkomplexes läßt erkennen, daß der Süchtige vor allem durch das Suchtmittel Unlust vermeiden will, d.h. der Leidensdruck soll beendet werden. Der Süchtige erfährt nun Zuwendung durch die Beratung und sein Schicksal wird mitfühlend wahrgenommen. Er zieht aus seiner Sucht einen gewissen Krankheitsgewinn, der ihm in Form besonderer Aufmerksamkeit aus seiner Umgebung zufließt. Der Süchtige fängt gewissermaßen zwei Fliegen mit einer Klappe. Er vermeidet Unlust und empfängt Aufmerksamkeit, die er als Zuwendung registriert. Darum wird er im Grunde genommen zunächst keine tiefe Behandlungsbereitschaft in seinem Innern aufbauen können, es sei denn, er wäre bereits in dem Stadium angelangt, daß der Leidensdruck jetzt vorhanden ist, aber erfolgreiche Behandlungsaussichten auf ein Minimum zusammengeschrumpft sind. Erst Leidensdruck, so hat Heigl auf dem internationalen Kongreß für Psychoanalyse 1961 in Düsseldorf vorgetragen, wird den Süchtigen dazu bringen, die Unlustschranke zu überwinden. Heigl (1964) begründet seine Auffassung folgendermaßen:

> Nur wenn das Leiden an der Symptomatik größer ist als der Gewinn aus der Krankheit, wird sich der Patient genötigt fühlen, in der Analyse ausreichend mitzuarbeiten.

Dieses Prinzip gilt für das psychoanalytische Verständnis der Dissozialität schlechthin. Das Problem des Kriminellen ist, daß sein sekundärer Lustgewinn überwiegt. Der Polizei und Justiz fällt daher eine besondere Rolle zu. Sie bedauern nicht, sondern üben durch ihre Maßnahmen und das Strafverfahren Druck aus. Dadurch kann das Leiden soweit verstärkt werden, bis es größer ist als der Gewinn, den der Delinquent daraus zu ziehen vermag. Auch Sanktionsdruck kann hier heilsam sein. Die entdeckte Kriminalität und ihre Verfolgung tragen oft zur Einsicht in die Notwendigkeit einer Therapie bei.

Das Ausmaß der durch die Sozialkontrolleure entdeckten und registrierten Kriminalität beeinflußt nicht nur allein die Kriminalitätsentwicklung, sondern ihre Erfolge wirken sich auch kriminalitätshemmend aus, bilden Voraussetzungen für eine Behandlungsprognose und fördern die Therapieaussichten.

Die Probleme der Täterbehandlung sollen abschließend nur resümeeartig angedeutet sein. Die Schwere der Persönlichkeitsstörung und die Ichnähe bilden für die Behandlungsaussichten eine erste Beurteilungsgrundlage.Unter der Ichnähe ist das Ausmaß der Integration von triebhaft aggressiver und/oder depressiver Dynamik in das Selbstbild zu verstehen. Die Abhängigkeit der Delinquenz von Lebens- und Persönlichkeitskrisen ist hierbei einzubeziehen. Schließlich muß die Objektbezogenheit der Affekte, Impulse und Phantasien bei der Straftat berücksichtigt werden. Bei den objektbezogenen Faktoren stellt sich die Frage, inwieweit Interaktionen Mitauslöser der Straftat waren und/oder wahllose Projektionen destruktiver Impulse eine Rolle gespielt haben. Die Behandlungsprognose wird sich auch an der Tat, durch die sich der Täter bedingt entlarvt, orientieren müssen. Tatbezogene Hinweise sind etwa, ob die Tat zielmotiviert ist, wobei es wieder graduelle Unterschiede gibt: Geht es dabei um materiellen Gewinn, um Macht, Einfluß und Ansehen, oder handelt es sich um bloße Angstabwehr.

Läuft die Tat immer stereotyp wiederkehrend ab, dann geht es nur um Spannungsreduktion, und die Zielmotivation tritt zurück. Die Behandlungsziele werden stets das Verhalten im Blick haben, und der Behandlungserfolg muß sich an der erreichten Verhaltensänderung messen lassen. In den meisten Fällen genügt es, Sozialisationsmängel zu beseitigen. Pädagogische Strafen dürften in einfachen Fällen bei Tätern ausreichen, die eine stabile Struktur haben und offen für pädagogische Ziele sind. Sozialtherapeutische Maßnahmen setzen teamfähige Probanden voraus, um soziales Lernen und Konfliktlösungstechniken in gruppentherapeutischen Prozessen zu ermöglichen. Für schwerstgestörte Delinquenten ist eine Psychotherapie erforderlich, denn Strafen erweisen sich nicht nur als nutzlos, sondern verstärken bei ihnen auch die Störungen. Der übliche Strafvollzug steht solchen Störungen noch weitgehend hilflos gegenüber: Die Haft isoliert das Individuum von der Außenwelt. Für Täter mit einer tiefen Beziehungsstörung, die sich kriminogen auswirkt, kann die Einschließung aufgrund einer Freiheitsstrafe nicht die alleinige Lösung sein. Die Beziehungsstörung wird in der Haft verstärkt und der Täter auf den Rückfall vorbereitet. Sühne und Resozialisationszweck der Strafe dürfen nicht miteinander konkurrieren. Der Konflikt ensteht aus den Möglichkeiten der Resozialisationsmaßnahmen und dem Ziel eines wirksamen Schutzes vor dem erneuten Ausagieren verbrecherischer Impulse. Jede Prognose, die die Wiedereingliederung des Verbrechers bejaht, birgt ein Risiko für die Gesellschaft. Es gibt keine Gewißheit, sondern nur Wahrscheinlichkeiten. Mitunter kommt es hier zu einem Irrtum, der in seinen Folgen nicht mehr reparabel ist. Am Einzelfall empört sich dann die Öffentlichkeit, wenn der "freigelassene" Mörder wieder zugeschlagen hat. Die Psychologen werden einseitig zum Prügelknaben einer öffentlichen Meinung, die einer "Kopf-ab-Justiz" das Wort redet. Dabei läßt sich auf diese

Weise eine naive Umwelt dazu provozieren, erneut den verzerrten Erwartungsvorstellungen des Kriminellen zu entsprechen. Solche kollektiven Reaktionsweisen blocken psychoanalytische Erkenntnisse ab, was zum Versagen einer Psychologie führen kann, deren Resultate und Vorschläge sinnvoll einzusetzen wären. Das Vorurteil, daß die Psychologen, insbesondere die Analytiker, den Verbrecher entschuldigen oder gar rechtfertigen wollen, entspringt der Angst, die von den eigenen unbewußten verbrecherischen Impulsen, die auf den Täter übertragen werden, ausgeht. Die Psychoanalyse bietet nur einen Weg des Verstehens des Verbrechers und des Zugangs zum Verbrechen, sie hilft uns mit einem bedrückenden, uns gefährdenden sozialen Phänomen in unserer Kultur besser umzugehen.

Weitere Grundlagenforschung ist erforderlich. Nicht immer sind die Mittel vorhanden, bisher Erkanntes auch adäquat umzusetzen. Weder die Auffassung, daß Kriminalität durch die Definitionsmacht der Sozialkontrolleure begründet werde, noch der bloße Ruf nach stärkerer Sozialkontrolle halten die Kriminalität in erträglichen Grenzen und erleichtern die Fortführung notwendiger Grundlagenforschung sowie deren Umsetzung in Prophylaxe und Therapie. In der Kriminalität erweist sich die Schwäche einer Gesellschaft gegenüber der ihr zugrundeliegenden Kultur. Weder *Law and Order*, noch *Laissez-faire, laissez-aller* sind ausreichende Strategien des Umgangs mit dieser Schwäche. Im kriminalpolitischen Denken müssen die Ergebnisse sorgfältiger Analysen der Entstehungszusammenhänge und -bedingungen des Verbrechens einfließen, damit der Verbrecher in bezug auf seine Diagnose, Prognose und Behandlung besser erkannt und beurteilt werden kann. Einer aus der Schwäche der Gesellschaft hervorgehenden Kriminalität kann nicht nur eine Kriminalpolitik der *Stärke* entgegengesetzt werden.

Der Kriminelle ist in seiner Tiefenperson mehr oder weniger verborgen oder offen gewaltbereit. Das in seiner Wirkung gefährlichste Phänomen bleibt daher stets die Gewalt. Das Kreuz, an dem die Gesellschaft trägt, besteht darin, daß derjenige, der sich der Gemeinschaft und ihren Regeln unterordnet, das kaum von Anfang an freiwillig tut. Vielmehr ist der Mensch als soziales Wesen zu einem großen Teil ein Produkt von Gewalt: Das körperliche Züchtigungsrecht ist als Erziehungsmaßnahme im bürgerlichem Recht verankert. Der Staat hat ein Gewaltmonopol, das er einsetzt, um Gewalt zu sanktionieren. In der ganzen Menschheitsgeschichte wurde bisher noch keine andere Methode gefunden, die die gleiche Wirkung zeigt. Darum ist sie auch so einfach zu gebrauchen. Nach Friedrich Hacker (1971) ist Gewalt das Problem, als dessen Lösung sie sich ausgibt. Mit der Gewalt ehrlicher umzugehen, würde einen Verzicht auf ihre Rechtfertigung und das Zugeständnis unserer Hilflosigkeit bedeuten. Der Mensch wäre dann offener für die Hilfe, die er braucht, um sich als soziales Wesen zu verwirklichen. Die psychoanalytische Kriminologie zeigt hierzu *einen* Weg.

Glossar

Abwehr

Unbewußte seelische Reaktion als Schutz gegen Triebimpulse, deren Befriedigung unmöglich ist.

Affekt

Intensives, auch heftiges, aber relativ kurz dauerndes Gefühl, sowohl lust- als auch unlustbetont, das durch den Willen oder die Vernunft kaum beherrschbar ist.

Agieren

Auch Ausagieren, Handeln aus unbewußten Motiven, während rationale Gründe vorgeschützt werden. Agieren dient der unbewältigten Triebbefriedigung.

Atavismus

Rückschlag auf stammesgeschichtlich ursprünglichere Eigenschaften und Verhaltensweisen.

Autismus

Schwerwiegende Beziehungsstörung, gestörte Beziehung zur Außenwelt. Es werden u.a. zwei Formen unterschieden: frühkindlicher A., schon in den ersten Monaten und autistische Psychopathie, etwa von 3. Lebensjahr an. Zu unterscheiden sind vom kindlichen A. autistische Syndrome im Erwachsenenalter.

Derivat

Abkömmling; in der Chemie Filtrierungsergebnis, in der Psychoanalyse Triebabkömmling im Sinne von Veränderungen ursprünglicher Triebimpulse, umgesetzt z.B. durch ➧Abwehr, Verdrängung u.a..

Determiniertheit

Festlegung; nach der philosophischen Lehre (Determinismus) ist der determinierte Mensch durch Anlage und Umwelt bestimmt und nicht frei in seinem Willen. Damit wird das Schuld- und Willenstrafrecht (➧Schuld) in Frage gestellt. Deterministen plädieren daher für ein Maßnahmenrecht. Weitgehend in der Bundesrepublik im Jugendgerichtsgesetz verwirklicht.

Enkulturation

Individuelles Verinnerlichen von Inhalten einer ➧Kultur durch soziales Lernen.

Exhibitionist

Person, die sich sexuell durch Entblößen oder Zurschaustellen der Genitialien gegenüber Personen des anderen oder eigenen Geschlechts befriedigt. Exhibitionismus, 1874 erstmals von Ch. Lasègue beschrieben, ist auch Symbolhandlung einer perversen Liebeserklärung. Die Tat verschafft das Gefühl einer psychischen Defloration. E. wird auch nach Freud und Stekel als Infantilismus gedeutet. Der Exhibitionist wird durch seine Tat zum Kind, darum zeigt er sich auch häufig vor Kindern. Männer, die vor Knaben oder anderen Männern exhibitionieren, sind keine Exhibitionisten, sondern es handelt sich dabei um eine besondere Erscheinungsform der Homosexualität. In der Bundesrepblik auf Antrag strafbar (§ 183 StGB); vor Kindern strafbar als sexueller Mißbrauch von Kindern (§ 176 StGB).

Fehlleistung

Auch Fehlhandlung, Störung oder Abweichung wie: Versprechen, Verlesen, Verschreiben, zeitweiliges Vergessen von Namen und Wörtern. Dadurch kommt meistens eine völlig unbewußte gegenläufige Absicht, die verdrängt werden sollte, zum Vorschein.

Fetisch/Fetischismus

Ursprünglich bei den Naturvölkern ein Gegenstand, dem übernatürliche Kräfte zugeschrieben wurden und der der Verehrung diente. In der Sexualwissenschaft bedeutet Fetischismus ein Verhalten, bei dem durch Besitz oder Berührung eines Gegenstandes Geschlechtslust befriedigt wird. Häufig ist F. Diebstahlsmotiv, z.B. bei gebrauchter Damenunterwäsche. Gegenstände, die der Beruhigung und der ➧Abwehr von Ängsten dienen, häufig bei Kleinkindern Kuscheltiere, bei Erwachsenen Amuletts, haben Fetischfunktion.

Frustration

Versagung, Enttäuschung, etwas Erwartetes vorenthalten zu bekommen. F. bringt das Mißverhältnis zwischen u.U. irrationaler Erwartung und tatsächlicher Möglichkeit zum Ausdruck. Frustration und Aggression stehen in einem bestimmten Verhältnis zueinander. Danach erfolgt aggressive Reaktion auf Frustration, die umso heftiger zutage tritt, je stärker die Frustration ist.

Gesellschaft

Ein soziales System voneinander abhängiger Teile, wo jede Veränderung eines Teils die anderen und das Ganze umfaßt und das sich im Gleichgewicht hält oder zum Gleichgewicht zurückstrebt. Gesellschaft übt nach E. Durkheim sowohl eine äußere Kontrolle als auch eine innere Macht über die Individuen aus. Man bezeichnet den Komplex, den eine Gesellschaft kennzeichnet, der vom Leben ihrer einzelnen Mitglieder unabhängig ist und der sie und ihre Beziehungen überdauert, als ➧Kultur.

Hysterie

Krankheitszustand, bei dem neben seelischen Störungen körperliche Gebrechen auftreten können, z.B. Lähmung, Erblindung, ohne daß organische Ursachen nachzuweisen sind. Sogenannte hysterogene Zonen (Körperstellen) können übererregte Zustände hervorrufen.

Identifizierung

Gleichsetzung des Subjekts mit dem geliebten, gehaßten und gefürchteten Objekt, gestützt auf einen Prozeß von Nachahmung und Erprobung von Verhaltensweisen, Äußerungen, Reaktionen aus der Umwelt. Konflikte werden durch Identifizierung gelöst, z. B. "wenn ich den Vater nicht beseitigen kann, dann will ich sein wie er" (Sprengung des ➧Ödipus-Konflikts).

Individuation

Erster Ablösungsprozeß des Kindes aus der Einheit mit der Mutter im ersten Lebensjahr. Vorgang wiederholt sich in den verschiedensten Stufen des Lebensablaufs.

Introjektion

Hereinnahme, Verinnerlichung von Objekten, Regeln und Haltungen.

Inzest, inzestuös

Inzucht, "Blutschande", sexuelle Beziehung innerhalb der Eltern-Kind- oder Geschwister-Beziehung. Wie in vielen Kulturen und Staaten auch in der Bundesrepublik strafbar (§ 173 StGB).

Inzesttabu

Magische Rituale und Mythen, die Unberührbarkeit und Unberührtheit (sexuell) beinhalten. In Primitivgesellschaften (totemistischen Kulturen) besteht der magische Glaube, daß die Übertretung des Tabus zum Tode führt. Daraus werden Inzestverbot und Strafandrohung abgeleitet.

Komplex

Zusammenhang; in der Psychoanalyse i. S. seelischer Komplexe Verdichtung von hochbesetzten (oft widersprüchlichen und auseinanderstrebenden) Inhalten. Die Aussage, dieser Mensch hat Komplexe, wird auf die Annahme zurückgeführt, daß er in der Kindheit und Jugend oft stark triebbesetzte (verbotene) Inhalte in Gedanken (komplex) verdrängt hat, die sich später nachteilig auswirken. Normalerweise werden in der Kindheit entstandene Angst-, Phantasie- und Wunschverdichtungen zugunsten des Realitätsprinzips aufgegeben, so daß keine "Komplexe" entstehen. Eine krankhafte Verdichtung im Unbewußten (neurotische Komplexbildung) bedarf der Auflösung durch Therapie.

Kriminalanthropologie

Lehre von der Erforschung der Persönlichkeit des Verbrechers in bezug auf die Entstehungszusammenhänge aus den körperlichen und geistig-seelischen Anlagen. Zur Kriminalanthropologie gehören die ➧Kriminalpsychologie, ➧Kriminalpsychopathologie und ➧Kriminalsomatologie.

Kriminalistik

Lehre von der repressiven und präventiven Verbrechensbekämpfung. Beinhaltet sowohl das planmäßige und sinnvolle Vorgehen (Kriminaltaktik) als auch die Anwendung naturwissenschaftlicher und technischer Hilfsmittel (Kriminaltechnik) im Rahmen geltender Gesetze.

Kriminalpsychologie

Lehre vom Seelenleben des Verbrechers.

Kriminalpsychopathologie

Lehre von den abnormen psychischen Zuständen und Reaktionen des Verbrechers.

Kriminalsomatologie

Lehre von der körperlichen Erscheinung und den körperlichen Eigenarten des Verbrechers.

Kriminalsoziologie

Lehre, die das Verbrechen durch das soziale Umfeld, nicht nur im mikrosoziologischen Bereich, sondern die auch die Entstehung und Entwicklung der Kriminalität auf der gesellschaftlichen Ebene (makrosoziologisch) zu erklären versucht; Betrachtungsweise der Kriminalität als soziales Massenphänomen.

Kriminologie

Allgemein: Wissenschaft vom Verbrechen, Lehre von den Erscheinungsformen (Phänomenologie) und den Entstehungszusammenhängen (Ätiologie) des Verbrechens. Nach der Satzung (§ 2 Abs. 1) der "Gesellschaft für die gesamte Kriminologie" (vormals kriminalbiologische Gesellschaft) befaßt sie sich "mit allen Umständen, die mit dem Zustandekommen, der Begehung, der Aufklärung und der Bekämpfung des Verbrechens sowie der Behandlung des Verbrechers zusammenhängen."

Kultur

Nach allgem. Sprachgebrauch: Gesamtheit der geistigen und künstlerischen Lebensäußerungen, einschl. Erziehung und Bildung einer Gemeinschaft. Kultur stellt die soziale Gemeinschaft als Ganzes dar, das komplex das Wissen, die Glaubensvorstellungen, Kunst, Moral, Recht, Sitten und alle anderen Fähigkeiten sowie Gewohnheiten umfaßt, die von Menschen als Mitglieder einer ➧Gesellschaft erworben werden. Materiell: wirtschaftliche und soziale Bedingungen einer Gemeinschaft (Zivilisation). Soziologisch: Gesamtheit der Lebensformen, Leitvorstellungen und der gesellschaftlich herausgebildeten Lebensbedingungen einer Bevölkerung in einem nach Raum und Zeit abgrenzbaren Bereich. Sack (1971) definiert kulturelle Bedingungen in bezug auf normative, situationsunabhängig geregelte Verhaltensweisen. Mikrostrukturell: in bezug auf Person, Gesellschaft und Kultur besteht Zusammenhang im Prozeß der ➧Enkulturation.

Libido

Psychische Energie oder Lebenskraft, mit der ein Mensch ein Objekt seiner Liebe besetzt und aus der er Lustgewinn zieht; auch aufbauende Kraft der Sexualität im Gegensatz zur "Destrudo", der zersetzenden Kraft.

Lustprinzip

Ein am Lustgewinn orientiertes Verhalten auf der Grundlage eines Systems von Trieben und Bedürfnissen, nach dem ein Teil der seelischen ➧Struktur - das Es - arbeitet.

Narzißmus

Seelische und körperliche Fixierung auf die eigene Person, wodurch schwere Beziehungsstörungen zu anderen Menschen ausgelöst werden.

Neurose

Ursprünglich von Neuron abgeleitet: Nervenzelle. Unter Neurose versteht man krankhafte seelische Phänomene, die darauf hindeuten, daß ein Konflikt zwischen Ich-/Über-Ich-Funktion und Triebstrebungen nicht wirklichkeitsgerecht gelöst werden kann.

Objektrepräsentanz

Innerseelische Erlebnis- und Vorstellungsbilder bzw. psychische Besetzungen von Objekten (z.B. Mutter). Solche Bilder, die ein Objekt im Innern verkörpern, können vom realen Objekt der Außenwelt abweichen, da eigene Gefühle mit dem Objekt verbunden werden.

Ödipus-Konflikt

Genannt nach dem thebanischen König Ödipus, der unwissend seinen Vater erschlug und seine Mutter heiratete, entsteht er aus der libidinösen Bindung (➧Libido) an den gleichgeschlechtlichen Elternteil, die verdrängt oder unzureichend verarbeitet wird. Gegen den gleichgeschlechtlichen Elternteil richten sich dann aggressive Impulse. Auf die Mutter-Tochter-Beziehung bezogen, spricht man vom Elektra-Konflikt. Der Konflikt wird über ➧Identifizierung mit dem gleichgeschlechtlichen Elternteil gelöst.

Partialtrieb

Teiltrieb nach den körperlichen Ursprungsregionen in der kindlichen Entwicklung benannt in der Reihenfolge: orale (zum Munde gehörig), anale (zum After gehörig), genitale (zu den Geschlechtsorganen, Penis und Vagina, gehörig) Triebstrebungen.

Projektion

➧Verdrängung seelischer Inhalte durch Übertragung dieser Inhalte auf andere. Eigene Fehler und Aggressionen aus völlig unbewußten Triebstrebungen, die man unterdrückt, werden bei dieser ➧Abwehr auf andere übertragen und an ihnen bekämpft, z.B. verdrängte Sexualneugier des Moralisten führt zur Verdächtigung und zur Verfolgung anderer.

Psychopath(ie)

Je nach Forschungsansatz und -richtung unterschiedlich ausgelegter Begriff für von der Norm abweichendes Verhalten in bezug auf die Psyche eines Menschen. Eine überwiegend in Amerika angelegte Psychiatrieforschung kennzeichnet den kriminellen Psychopathen als ➧Soziopathen. K. Schneider unterscheidet 10 Psychopathieformen bzw. Typen (vgl. dazu S. 145).

Regression

Vom Lat. abgeleitet: re–gredi (zurückgehen). Rückfall auf frühere seelische Erlebnisse und Entwicklungsstufen, d.h. im psychoanalytischen Sinne: Wenn ein seelischer (unbewußter) Konflikt nicht auf der aktuellen Entwicklungsstufe gelöst werden kann, wird auf Lösungsmodelle früherer Stufen zurückgegangen. Dabei verändern sich seelische Funktionen.

Schuld

Allgemein: vom Gewissen ausgelöstes Unrechtsgefühl aufgrund einer Verletzung von Sitte und Moral. Die Psychoanalyse geht von einem präexistenten Schuldgefühl aus. Sowohl ein verdrängtes als auch übermächtiges Schuldgefühl kann Neurosen auslösen. Strafrechtlich: Vorwerfbarkeit der Tat, Einsicht in strafrechtliches Handeln und die Fähigkeit, nach dieser Einsicht zu handeln. Im Schuld– und Willenstrafrecht (weitgehend geltendes Strafrecht in der Bundesrepblik) erfolgt die Strafzumessung nach dem Maß der Schuld des Täters. Kinder sind mangels Schuld strafunmündig; Jugendliche mangels Reife nur eingeschränkt schuldfähig (♦Determiniertheit).

Soziopath(ie)

Überwiegend auf die amerikanische Psychiatrieforschung zurückzuführende Bezeichnung für den kriminellen ♦Psychopathen. Er bleibt von Therapie und Strafe unbeeinflußt. Bei einer im allgemeinen intakten durchschnittlichen Intelligenz ist er unfähig, aus Erfahrung zu lernen und zwischen Wahrheit und Lüge zu unterscheiden. Moralisch insensibel, haltlos und willensschwach, entwickelt er einen starren Egoismus, der zu einem psychiatrisch nicht faßbaren ethischen Defekt führt.

Struktur

Allgemein: Bauart, Gefüge, Gliederung. Seelische Struktur bedeutet: der Aufbau der Psyche, Gliederungen in psychischen Instanzen von Es, Ich und Über–Ich. Die Strukturlehre ist eine Modellvorstellung im Sinne seelischer Funktionen und daher auch Bestandteil der dynamischen Psychiatrie und Psychoanalyse.

Symbiotisch

Zur Symbiose gehörig, allgem. biologisch: soziales Zusammenleben von Lebewesen, hier: Einheit zwischen Mutter und Kind. Nach psychoanalytischer Auffassung ein Zustand, den der Mensch auf den verschiedenen Lebensstufen immer wieder anstrebt.

Symptom

Kennzeichen einer Krankheit oder eines Konflikts. Treffen z.B. Wunsch und Verbot aufeinander, kann ein Symptom entstehen. Teil des Ichs, der das Verhalten den Erfordernissen der real existierenden Umwelt anpaßt.

Tiefenperson

Die Tiefenpsychologie geht von einem Denkmodell'einer mindestens zweigeschichteten Person aus: mit einem dem Bewußtsein zugänglichen Bereich und einem weiteren "räumlich" tiefer liegenden, nicht ohne weiteres zugänglichen Teil, der als "Tiefenperson" bezeichnet wird. Die Tiefenperson kann nur in besonderen Analyseverfahren erschlossen werden.

Trauma

Verwundung, Verletzung, auch im seelischen Bereich, wobei eine erste Erfahrung auf eine seelisch ungenügende Bereitschaft trifft.

Typologie/Typ

Lehre von der Typenbildung durch Merkmalskombination, die durch einen einheitlichen inneren Zusammenhang ihrer Merkmale gekennzeichnet ist oder deren Merkmale in einer bestimmten kausalen Beziehung zueinander stehen. Der Typ ist weder fest umrissen noch allseitig abgrenzbar. Die Typologie beschränkt sich auf die Beschreibung charakteristischer Formen und teilt sie nach bestimmten Gesichtspunkten ein. Die Typisierungsgesichtspunkte richten sich nach dem jeweiligen wissenschaftlichen Anliegen, hier: die der Kriminologie zuzuordnende Täter- und Tattypologie.

Verdrängung

♦Abwehr von Triebimpulsen und den damit verbundenen Inhalten, Wünschen, Ängsten, Einstellungen und Vorstellungen, die in das Unbewußte abgedrängt (vergessen) werden.

Literatur

Abraham, K.: Versuch einer Entwicklungsgeschichte der Libido. Leipzig, Wien, Zürich, 1924

Adler, A.:

- Über den nervösen Charakter; Grundzüge einer vergleichenden Individualpsychologie und Psychotherapie (1912). Frankfurt, 1972
- Der nervöse Charakter. In: Heilen und Bilden. Ärztlich–pädagogische Arbeiten des Vereins für Individualpsychologie (Hrsg. mit Furtmüller, C., 1913). Frankfurt, 1973
- "Verdrängung und männlicher Protest": Ihre Rolle und Bedeutung für die neurotische Dynamik. In: Heilen und Bilden(1914). Frankfurt, 1973
- Praxis und Theorie der Individualpsychologie. Vorträge zur Einführung von Psychotherapie für Ärzte, Psychologen und Lehrer (1920). Frankfurt, 1974
- Die Technik der Individualpsychologie, Bd. II: Die Seele des schwer erziehbaren Kindes (1930). Frankfurt, 1970
- Der Sinn des Lebens (1933). Frankfurt, 1973

Affemann, R.: Krank an der Gesellschaft, Symptome, Diagnose und Therapie. Stuttgart, 1973

Aichhorn, A.: Verwahrloste Jugend. Stuttgart, 1957

Alexander, F. u. Staub, H.: Der Verbrecher und seine Richter. Ein psychoanalytischer Einblick in die Welt der Paragraphen. Wien, 1929

Alexander, F.: Psychoanalyse der Gesamtpersönlichkeit. Neun Vorträge über die Anwendung von Freuds Ichtheorie auf die Neurosenlehre. Leipzig, Wien, Zürich, 1927

Bachofen, J.J.: Das Mutterrecht. Basel, 1948

Balint, A.: Psychoanalyse der frühen Lebensjahre. In: Beiträge zur Kinderpsychiatrie, Bd. 3 (Hrsg.: Biermann u. Richter). München, Basel, 1966

Balint, M.:
- Frühe Entwicklungsstadien des Ichs; primäre Objektliebe. In: Urformen der Liebe; dtsch. Stuttgart, 1966
- Psychosexuelle Parallelen zum biogenetischen Grundgesetz (Erstdruck in: Imago, 1932) in: Balint, Stuttgart, 1966

Bandura, A.: Sozial kognitive Lerntheorie. Stuttgart, 1979

Bennett, I.: Delinquent and Neurotic Children. London, 1960

Bergler, E.: The Superego. New York, 1952

Blatty, W.: Der Exorzist. Berlin, 1989

Bleuler, M.: Lehrbuch der Psychiatrie. 1969

Bonaparte, M.: Der Fall Lefebvre. Zur Psychoanalyse einer Mörderin. Leipzig, Wien, Zürich, 1929

Bowlby, J.: Fourty-four Juvenile Thiefs. Their Character and Home-Life. London, 1946

Bröckling, E.: Frauenkriminalität. Stuttgart, 1980

Caldwell, T.: Der Engel. München, 1986

Cassirer, E.: Philosophie der symbolischen Formen (3 Bände). Darmstadt, 1964

Churchill, C.: Top Girls (Hrsg. Nyssen, U.). Köln 1988

Cleckley, H.M.: Psychopathic State. In: Arieti, S. (Hrsg.): American Handbook of Psychiatrie. New York, 1959

Dietrich, H.: Manie - Monomanie - Soziopathie und Verbrechen. Stuttgart, 1968

Dobash, R.E. u. Dobash, R.: Violence Against Wives. New York, 1979

Dollard, J. u. Miller, N.E.: Frustration und Aggression. New Haven, 1937, dtsch. Weinheim, 1979

Douglas, J.E.: An Overview of Criminal Personality Profiling, FBI Academy, 1981

Durkheim, E.:
- Education et sociologie. Paris, 1923

- Les régles de la methode de sociologie. Paris, 1950, dtsch.: Die Regeln der soziologischen Methode. Neuwied, Berlin, 1967

Dührssen, A.: Psychogene Erkrankungen bei Kindern und Jugendlichen, Göttingen, 1955, 1965

Eco, U.: Der Name der Rose, München, Wien, 1980

Eggers, Chr.: Bindungen und Besitzdenken beim Kleinkind. München, Wien, Baltimore, 1984

Eibl-Eibesfeld, I.: Liebe und Haß. Berlin, 1961

Eissler, K.R.: Ego-psychological Implications of the Psychoanalytic Treatment of Deliquents. In: Psa. Study Child, 1950

Erikson, E.H.:

- Das Problem Identität. Psyche Bd. X, 1956
- Kindheit und Gesellschaft, Stuttgart, 1961

Federn, P.:

- Zur Psychologie der Revolution: Die vaterlose Gesellschaft. Der Aufstieg. Sonderdruck 12/13. Der österreichische Volkswirt. Wien, 1919
- Ichgefühl im Traum. Ichpsychol., 1932

Fenichel, O.: Psychoanalytische Neurosenrehre. Freiburg, 1974/75

Frankl, V.E.: Theorie und Therapie der Neurosen. UTB, 1978,

Freud, A.:

- Das Ich und die Abwehrmechanismen. München, 1964/1973
- Wege und Irrwege der Kindesentwicklung. Bern, Stuttgart, 1968

Freud, S.:

- Studien über Hysterie. G.W. I, 1895
- Die Traumdeutung. G.W. II/III, 1900
- Zur Psychopathologie des Alltagslebens. G.W. IV, 1901
- Drei Abhandlungen zur Sexualtheorie. G.W. V, 1905
- Analyse der Phobie eines fünfjährigen Knaben. G.W. VII, 1909
- Zur Einleitung der Selbstmord-Diskussion. Schlußwort. G.W. VIII, 1910

- Formulierungen über die zwei Prinzipien des psychischen Geschehens. G.W. VIII, 1911
- Totem und Tabu. G.W. IX, 1912–1913
- Zur Einführung des Narzißmus. G.W. X, 1914
- Triebe und Triebschicksale. G.W. X, 1915
- Die Verdrängung. G.W. X, 1915a
- Trauer und Melancholie. G.W. X, 1917
- Jenseits des Lustprinzips. G.W. XIII, 1920
- Massenpsychologie und Ichanalyse. G.W. XIII, 1921
- Das Es und das Ich. G.W. XIII, 1923
- Neurose und Psychose. G.W. XIII, 1924
- Hemmung, Symptom und Angst. G.W. XIV, 1926
- Das Unbehagen der Kultur. G.W. XIV, 1930
- Neue Folge der Vorlesungen zur Einführung in die Psychoanalyse. G.W. XV, 1933
- Warum Krieg? G.W. XVI, 1933a
- Abriß der Psychoanalyse. G.W. XVII, 1940

Friedlander, K.: Latente Delinquenz und Ich-Entwicklung. In: Searchlights on Delinquency. New Psychoanalytic Studies. (Hrsg.: Eissler, K.R., Federn, P., Freud, A., Jones, E. u.a.) New York, 1949

Fromm, E.:
- Märchen, Mythen, Träume. Eine Einführung zum Verständnis von Träumen, Märchen und Mythen. Zürich, 1957
- Jenseits der Illusionen. (deutsch) Zürich, 1962
- Anatomie der menschlichen Destruktivität. Hamburg, 1977 (München, 1974)
- Die Seele des Menschen. Stuttgart, 1979, erste deutsche Ausgabe unter dem Titel: Das Menschliche in uns. Die Wahl zwischen Gut und Böse, Zürich, 1968

Gascard, J.R.: Die Perversion der Erlösung. Eine tiefen- und sozialpsychologische Untersuchung des Massenselbstmords von Jonestown. Arbeitsgemeinschaft für Religions- und Weltanschauungsfragen. Mat. Ed., München, 1983

Giffin, M.E., Johnson, A. u. Litin, E.M.: Specific Factors, Determining Antisocial Acting Out. In: Am. J. Orth, 1954, Vol. 24

Gipser, D.: Frauen und Konflikte: Die gesellschaftliche Benachteiligung der Frauen. In: Gipser, D., Stein-Hilbers (Hrsg.): Wenn Frauen aus der Rolle fallen. Alltägliches Leiden und abweichendes Verhalten der Frauen. Weinheim, 1980

Glueck, S. u. E.: Jugendliche Rechtsbrecher. Wege zur Vorbeugung. Stuttgart, 1963

Göppinger, H.: Kriminologie. München, 1971

Griesinger, W.: Die Pathologie und Therapie der psychischen Krankheiten. Berlin, 1892

Grotjahn, M.: Das Urverbrechen und das Unbewußte. In: Searchlights on Delinquency. New Psychoanalytic Studies. (Hrsg.: Eissler, K.R., Federn, P., Freud, A., Jones, E. u.a.) New York, 1949

Gruhle, H.W.: Verstehende Psychologie. Stuttgart, 1956

Hacker, F.: Aggression. Die Brutalisierung der neuen Welt. Wien, München, Zürich, 1971

Haeckel, E.:

- Der Kampf um den Entwicklungsgedanken. Berlin 1905
- Die Welträtsel. Gemeinverständliche Studien über Monistische Philosophie. Leipzig, 1908

Haffner, S.: Anmerkungen zu Hitler. München, 1978

Hafter, E.: Psychoanalyse und Strafrecht. In: Schweizerische Zeitschrift für Strafrecht 1/1930

Häfner, H.: Schulderleben und Gewissen. Beitrag zu einer personalen Tiefenpsychologie. Stuttgart, 1956

Healy, W. u. Bronner, A.F.: New Light on Delinquency, and its Treatment. New Haven, 1936

Heigl, E.: Persönlichkeitsstruktur und Prognose. Z. f. Psych.-som. Med., 1964

Hellmer, J.: Sozialisation, Personalisation und Kriminalität. In: Der Mensch als soziales und personales Wesen. (Hrsg.: Wurzbacher, G., 1963)

Henseler, H.:
- Die Suizidhandlung unter dem Aspekt der psychoanalytischen Narzißmustheorie. Psyche, 1974
- Narzißtische Krisen. Zur Psychodanamik des Selbstmords. Reinbeck, 1974

Hentig, H. v.: Der Mordbrand und neun andere Verbrecherstudien. In: Strafrecht, Strafverfahren. Kriminologie. Bd. 11, Neuwied/Rh., Berlin, 1965

Herren, R.: Freud und die Kriminologie. Stuttgart, 1973

Hoeveler, H.J.: Kriminologie des Täters. In: Schriftenreihe des Bundeskriminalamtes Wiesbaden, 1967/1-3

Horney, K.:
- Der neurotische Mensch unserer Zeit. Stuttgart, 1951
- Dressur und Erziehung. Frankfurt, 1967
- Neue Wege in der Psychoanalyse. München, 1973

Johnson, A.: Bestätigungen für Überichlücken bei Adoleszenten. In: Searchlights on Delinquency. New Psychoanalytic Studies. (Hrsg.: Eissler, K.A., Federn, P., Freud, A., Jones, E. u.a.) New York, 1949

Jones, E.:
- Das Leben und Werk von Sigmund Freud, 3 Bände, Bd. I: Die Entwicklung zur Persönlichkeit und die großen Entdeckungen, 1956-1900 Bd. II: Jahre der Reife, 1901-1919 Bd. III: Die letzte Phase, 1919-1939, Bern - Stuttgart, 1960-62
- Was ist Psychoanalyse? Eine Einführung in die Lehre von Sigmund Freud. München, 1967

Jorswieck, E.: Die psychoanalytische Begriffswelt. Göttingen, 1972

Jung, C.G.:
- Wandlungen und Symbole der Libido. Ein Beitrag zur Entwicklungsgeschichte des Denkens. Leipzig, Wien, 1925, 1938. Neubearbeitung: Symbole der Wandlung, G.W. V, (1912) 1952
- Instinkt und Unbewußtes , G.W. VIII, (1919) 1928
- Psychologische Typen, G.W. VI, 1921

- Die Beziehung zu dem Ich und dem Unbewußten. G.W. VII, 1928

Kaiser, G.: Kriminologie. Karlsruhe, Heidelberg, 1976

Kallwass, W.: Der Psychopath, 1969

Karpmann, B.: Conscience in the Psychopath: Another Version. In: Am. J. Orth., XVIII, 1948

Kaufmann, H.: Kriminologie I. Entstehungszusammenhänge des Verbrechens. Stuttgart, Berlin, Köln, Mainz, 1971

Kielholz, A.: Symbolische Diebstähle. In: Zeitschrift für die gesamte Neurologie und Psychatrie. Berlin, 1920

Klein, M.: The Psycho-Analysis of Children. London, New York, 1932 dtsch. Die Psychoanalyse des Kindes. München, 1973

Klüwer, C.: Die Delinquenten und ihre Behandlungsmöglichkeiten. In: Kindlers Psychologie des 20. Jahrhunderts. Tiefenpsychologie, Bd. 2, Zürich, 1976, 1977

Kohut, H.: Die Heilung des Selbst, Frankfurt, 1979

Köhn, K.:

- Fußball und Gewalt. In: Kripo-Campus. FHS-Zeitschrift BDK/LV.NW 10/1986
- Die aktive Rolle des Mädchens unter 14 Jahren bei Sexualdelikten. In: Kriminalistik, 7/1975

Konopka, G.: The Adolescent Girl in Conflict, New Jersey, 1966

Kretschmer, E.: Körperbau und Charakter. Berlin, 1961

Krohner, B.: Die Bedeutung von Spiel und Spielzeug für die kindliche Entwicklung. In: Geschäftsstelle der nationalen Kommission für das Internationale Jahr des Kindes (Hrsg.). Bonn, 1980

Künkel, F.: Grundbegriffe der Individualpsychologie. Berlin, 1927

Künzel, E.: Jugendkriminalität und Verwahrlosung. Ihre Entstehung und Therapie in tiefenpsychologischer Hinsicht. Göttingen, 1971

Laing, R.D.: Phänomenologie der Erfahrung. Frankfurt, 1975

Lamnek, S.:

- Kriminalitätstheorien - kritisch. Anomie und Labeling im Vergleich. München, 1977

– Theorienabweichendes Verhalten. München, 1979

Langer, S.: Philosophie auf neuen Wegen. Das Symbol im Denken, im Ritus und in der Kunst. Frankfurt, 1965

Leakey, R.E. u. Lewin, R.: Origins. London, 1978. Der Spiegel Nr. 2/78

Lehmann, R.F.: Der Omuldi–Glaube. Jahrbuch des Museums für Völkerkunde zu Leipzig. Berlin, 1959

Lombroso, C.: Neue Verbrecherstudien, Halle a.S., 1907

Lorenz, K.:

– Das sogenannte Böse. Zur Naturgeschichte der Aggression. Wien, 1963

– Die acht Todsünden der zivilisierten Menschheit. München, 1973

– Der Abbau des Menschlichen. München, Zürich, 1983

Mahler, M.S.: Les Enfants–Terrible. In: Searchlights on Delinquency. New Psychoanalytic Studies. (Hrsg.: Eissler, K.R., Federn, P., Freud, A., Jones, E. u.a.) New York, 1949

Malinowski, B.: Das Geschlechtsleben der Wilden in Nord–West–Malanesien. Zürich, 1929

Mannheim, H.: Vergleichende Kriminologie, Bd. I. Stuttgart, 1974

Matussek, P.: Süchtige Fehlhaltung. In: Frankl, V.E. und v. Gebsattel, Schultz, J.H. (Hrsg.), Handbuch der Neurosenlehre und Psychotherapie. München, 1959 – 61

McCord, W. u. McCord J.: The Psychopath. Princeton, N.J., 1964

Meixner, F.: Sexuelle Außenseiter. In: Kriminalistik, Heft 11/12, 1949

Menninger, K.A.: Selbstzerstörung – Psychoanalyse des Selbstmords. Frankfurt, 1974

Mergen, A.: Die Kriminologie. Frankfurt a. M., Berlin, 1967

Meyer, C.A.: Die Empirie des Unbewußten. Mit besonderer Berücksichtigung des Assoziationsexperiments von C.G. Jung. Lehrbuch der komplexen Psychologie C.G. Jungs, Bd. I. Zürich, Stuttgart, 1969

Michaels, J.J. u. Stiver, I.P.: The Impulsiv Psychopathic Character According to the Diagnostic Profile. In: Psa. Study Child, XX, 1965

Miller, A.:
- Das Drama des begabten Kindes und die Suche nach dem wahren Selbst. Frankfurt a. M., 1979
- Das verbannte Wissen, Frankfurt 1988

Mitcherlich, M.: Rede in den Münchner Kammerspielen über Deutschland. In: Nachdenken über Deutschland (Hrsg. C. Bertelsmann), 1988

Mitscherlich, A.:
- Aggression und Anpassung (II). Psyche, 12/1958
- Auf dem Weg zur vaterlosen Gesellschaft. München, 1965

Moser, T.: Jugendkriminalität und Gesellschaftsstruktur. Zum Verhältnis von soziologischen, psychologischen und psychoanalytischen Theorien des Verbrechens. Frankfurt, 1970

Naegeli, E.: Verbrechen und Strafe als Form der Aggression. In: Plack, A. (Hrsg.): Der Mythos vom Aggressionstrieb. München, 1973

Opitz, E.: Verwahrlosung im Kindesalter. Göttingen, 1959

Parin, P.: Die Abwehrmechanismen der Psychopathen. Psyche, 1961

Piaget, J.: Das moralische Urteil beim Kinde. Zürich, 1954

Portmann, A.: Zoologie und das neue Bild vom Menschen. Biologische Fragmente zu einer Lehre vom Menschen. Hamburg, 1956

Quetelet, A.:
- Sur l'homme et le développement des ses facultés.Paris, 1835
- Soziale Physik. Brüssel, 1889

Radó, S.: Psychoanalyse der Pharmakothymie (Rauschgiftsucht). Int. Z. Psa. 20/1934

Reik, Th.: Strafbedürfnis und Geständniszwang. Wien, 1925

Reinwarth, J.: Psychological Profiling. Kriminalistik 4/86

Richter, H.E.:
- Die narzißtischen Projektionen der Eltern auf das Kind. In: Jahrb. der Psychoanal., Bd. I, 1960
- Eltern, Kind und Neurose. Die Rolle des Kindes in der Familie. Stuttgart, 1963

Riesman, D.: Die einsame Masse. Darmstadt, Berlin , Neuwied, 1958

Ritvo, S. u. Solnit, A.J.: Influences of Early Mother-Child Interactions on Identification Processes. In: Psa. Study Child XIII, 1958

Rode, I. u. Scheld, S.: Sozialprognose bei Tötungsdelikten. Unveröffentlichtes Manuskript, 1985

Sack, F. u. König, R.: Kriminalsoziologie. Frankfurt, 1968

Salewski, W. u. Schäfer, K: Geiselnahme und erpresserischer Menschenraub. Eine interaktionsanalytische und motivationspsychologische Studie für den Sozialpraktiker. In: BKA-Forschungsreihe, Bd. 10, Wiesbaden, 1979

Scheidt, J. vom: Der falsche Weg zum Selbst. München, 1976

Schmidbauer, W.:

- Aspekte der Aggression. In: Plack, A.: Der Mythos und der Aggressionstrieb. München, 1973
- Alles oder Nichts. Über die Destruktivität von Idealen. Reinbeck, 1980

Schneider, H.J.: Kriminologie. Berlin, 1974

Schneider, K.:

- Die psychopathischen Persönlichkeiten. Wien, 1950
- Klinische Psychopathologie. 1966

Schreiber, F.R.: Der Mörder, Zürich, 1985

Schultz, H.J.:

- Arzt und Neurose. 1953
- Die seelische Krankenbehandlung. Stuttgart, 1963
- Definition und Klassifikation der Neurosen. Der medizinisch-psychologische Gesichtspunkt. In: Hdb. Neuros. I

Schultz-Hencke, H.:

- Lehrbuch der analytischen Psychotherapie. 1951/1965
- Ist Psychoanalyse ein Dogma. Zentralbl. für Psychopath. und ihre Grenzgebiete. 1931

Seelig, E.: Lehrbuch der Kriminologie. Darmstadt, 1963

Simmel, E.: Die psychoanalytische Behandlung in der Klinik. Int. Z. Psychoanal. 14/1928 Wien

Sobota, H.: Der Minus-Mann. Köln, 1978

Spitz, R.:

- Nein und Ja, Stuttgart, o.J.
- Hospitalismus I u. II. In: Bittner, G. und Schmid-Cords, E.(Hrsg.): Erziehung in früher Kindheit. München 1968

Stekel, W.:

- Nervöse Angstzustände und ihre Behandlung (mit einem Vorwort von S. Freud). Berlin, Wien, 1908
- Die Träume der Dichter. Eine vergleichende Untersuchung der unbewußten Triebkräfte bei Dichtern, Neurotikern und Verbrechern. (Bausteine zur Psychologie des Künstlers und des Kunstwerks) Wiesbaden, 1912

Stengel, E.:

- Neuere Forschungsarbeiten über das Selbstmordproblem. In: Zwingmann, Ch. (Hrsg.): Selbstvernichtung. Frankfurt, 1965
- Neuere Ergebnisse der Suizidforschung. Zbl. Neurol. Psychiat., 1971

Szondi, L.: Ich-Analyse. Viertes Buch der Schicksalsanalyse. Bonn, Stuttgart, 1956

Ulam, A.: Stalin, Koloss der Macht. Esslingen, 1977

Vogel, E.F. u. Bell, N.W.: The Emotionally Disturbed Child as the Family Scapegoat. In: Bell u. Vogel (Hrsg.). New York, 1968

Winnicot, D.W.:

- Vom Spiel zur Kreativität. Stuttgart, 1973
- Psychoanalyse und Schuldgefühl. In: Reifungsprozesse und fördernde Umwelt. München, 1974

Wulffen, E.:

- Psychologie des Verbrechens, Bd 2, Encyklopädie der modernen Kriminalstatistik. Berlin, 1908
- Das Weib als Sexualverbrecherin. Berlin, 1923

- Kriminalpsychologie. Berlin, 1926

Wurzbacher, G.: Sozialisation - Enkulturation - Personalisation. In: Der Mensch als soziales und personales Wesen. Beiträge zu Begriff und Theorie aus der Sicht von Soziologie, Psychologie, Arbeitswissenschaft, Medizin, Pädagogik, Sozialarbeit, Kriminologie, Politologie. (Hrsg. Wurzbacher) Stuttgart, 1963

Würtenberger, Th.: Das Menschenbild unserer Zeit und die Kriminalität als sozial-kulturelles Phänomen, In: Vorbeugende Arbeitstagung des BKA. Wiesbaden, 1964

Zilboorg, G.: Suicide among Civilized and Primitive Races. New York, 1936

Zulliger, H.:
- Psychische Naturvölkerreaktionen im Kinderkollektiv. Psyche, 1950/51
- Über symbolische Diebstähle von Kindern und Jugendlichen. In: Arbeiten zur Psychohygiene. Biel, 1953
- Umgang mit dem kindlichen Gewissen. Stuttgart, 1954, 1960

Personenregister

Sachregister

GPSR Compliance

The European Union's (EU) General Product Safety Regulation (GPSR) is a set of rules that requires consumer products to be safe and our obligations to ensure this.

If you have any concerns about our products, you can contact us on ProductSafety@springernature.com

In case Publisher is established outside the EU, the EU authorized representative is:

Springer Nature Customer Service Center GmbH
Europaplatz 3
69115 Heidelberg, Germany

Batch number: 10815964

Printed by Printforce, the Netherlands